Casemanagement

Casemanagement

Een leer-werkboek over de organisatie en coördinatie van zorg-, hulp- en dienstverlening

Nora van Riet en Harry Wouters

2010 Van Gorcum

© 2010, Koninklijke Van Gorcum BV, Postbus 43, 9400 AA Assen.

Behoudens de in of krachtens de Auteurswet van 1912 gestelde uitzonderingen mag niets uit deze uitgave worden verveelvoudigd, opgeslagen in een geautomatiseerd gegevensbestand, of openbaar gemaakt, in enige vorm of op enige wijze, hetzij elektronisch, mechanisch, door fotokopieën, opnamen of op enige andere manier, zonder voorafgaande schriftelijke toestemming van de uitgever. Voor zover het maken van reprografische verveelvoudigingen uit deze uitgave is toegestaan op grond van artikel 16 h Auteurswet 1912 dient men de daarvoor wettelijk verschuldigde vergoedingen te voldoen aan de Stichting Reprorecht (Postbus 3060, 2130 KB Hoofddorp www.reprorecht.nl). Voor het overnemen van gedeelte(n) uit deze uitgave in bloemlezingen, readers en andere compilatiewerken (artikel 16 Auteurswet 1912) kan men zich wenden tot Stichting PRO (Stichting Publicatie- en Reproductierechten Organisatie, Postbus 3060, 2130 KB Hoofddorp, www.cedar.nl/pro).

NUR 740

ISBN 978 90 232 4614 5

1^e druk, 1996
2^e druk, 1997
3^e druk, gewijzigd, 2000
4^e druk, gewijzigd, 2003
5^e druk, gewijzigd, 2005
6^e druk, 2007
7^e druk, gewijzigd, 2010

Grafische verzorging: *Koninklijke Van Gorcum, Assen*

Inhoudsopgave

Voorwoord bij de zevende druk	IX
Voorwoord bij de vijfde druk	X
Voorwoord bij de vierde druk	XII
Voorwoord bij de derde druk	XIII
Voorwoord bij de eerste druk	XV
Afkortingen	XVII

Hoofdstuk 1 Waarom casemanagement ... XVIII
- 1.1 Inleiding ... 2
- 1.2 Verandering in denken ... 2
- 1.3 Aansluitings- en continuïteitsproblemen ... 6
- 1.4 Aansluitingsproblemen op verschillende niveaus ... 10
- 1.5 Drie samenhangende trends ... 18
- 1.6 Verandering in organisatie van de hulp- en dienstverlening ... 19

Hoofdstuk 2 Wat is casemanagement? ... 24
- 2.1 Casemanagement in de literatuur ... 26
- 2.2 Centrale uitgangspunten van casemanagement ... 27
- 2.3 Niveaus van coördinatie ... 30
- 2.4 Cliëntgericht casemanagement en instellingsgericht casemanagement ... 34
- 2.5 Aanbodgerichte hulpverlening: de functionele benadering en de programmatische hulpverlening ... 35
  - 2.5.1 Programmatische hulpverlening in de jeugdhulpverlening ... 35
  - 2.5.2 Programmatische hulpverlening in de GGZ ... 37
- 2.6 Modellen van casemanagement ... 40
- 2.7 Verschillende varianten ... 42
- 2.8 Vraaggerichte of vraaggestuurde hulpverlening ... 43
- 2.9 Functies van de casemanager ... 44
- 2.10 Wie is de casemanager? ... 47
- 2.11 Profiel van een casemanager ... 48
- 2.12 Zorgvernieuwing, zorgcoördinatie, casemanagement ... 50

Hoofdstuk 3 Casemanagement: een keuze — 52
- 3.1 Zorgcoördinatie en casemanagement: tweemaal de cliënt centraal — 54
- 3.2 De persoon van de hulpvrager en de kwaliteit van diens sociale netwerk — 57
- 3.3 Visie van de casemanager op hulpverlening — 58
- 3.4 Een glijdende schaal — 64
- 3.5 Wat betekent dit nu voor het casemanagement — 66
  - 3.5.1 De relatie tussen casemanager en cliënt — 67
  - 3.5.2 De relatie tussen casemanager en instelling(en) en organisaties — 68
- 3.6 De casemanager: opnieuw een profiel — 69

Hoofdstuk 4 Assessment — 70
- 4.1 Wat is assessment? — 72
  - 4.1.1 Diagnose en diagnostiek — 73
  - 4.1.2 Het nemen van adequate beslissingen — 74
  - 4.1.3 Assessment — 76
- 4.2 De praktijk van assessment — 78
  - 4.2.1 Onderzoeken wat de behoeften zijn — 78
- 4.3 Problematiseren — 81
- 4.4 Behoeften — 82
  - 4.4.1 Vaststellen op welke behoeftegebieden de vragen van de cliënt liggen — 83
- 4.5 Omzetten van behoeften in deelbehoeften — 86
- 4.6 Omzetten van een genuanceerde behoefte in een hulpvraag en doelstelling — 87
- 4.7 Mogelijkheden en beperkingen van de cliënt in relatie met zijn hulpvraag — 88
- 4.8 Assessment van de omgeving van de cliënt — 89
  - 4.8.1 De ecologische benadering — 89
- 4.9 Het sociale netwerk — 93
  - 4.9.1 Structurele kenmerken van netwerken — 94
  - 4.9.2 De functionele kenmerken van een netwerk — 95
  - 4.9.3 Stadia in het werken met sociale netwerken — 96
  - 4.9.4 Zichtbaar maken van het netwerk — 96
  - 4.9.5 Tips bij het werken met sociale netwerken — 97
- 4.10 Probleemvelden — 97
- 4.11 De rol van de professionele hulp- en dienstverlening — 99
- 4.12 Het assessmentproces samengevat — 102

Hoofdstuk 5 Planning en plan — 104
- 5.1 Het hulpverleningsplan — 106
- 5.2 De globale inhoud van het plan — 106
- 5.3 Hulpverleningsprotocol — 111
- 5.4 Dossiervorming — 113
- 5.5 Contract met de cliënt — 114

Hoofdstuk 6 Linking 116
    6.1 Het samenstellen van een uitvoeringsteam 118
    6.2 Samenwerken 119
        6.2.1 Samenwerkingscondities 120
        6.2.2 Oefening samenwerken 121
        6.2.3 Teamsamenwerking 121
        6.2.4 Conflicten bij samenwerking 122
    6.3 Onderhandelen 122
        6.3.1 Onderhandelen: wederzijdse afhankelijkheid 123
        6.3.2 Oefening onderhandelen I 123
        6.3.3 Belangen, zienswijzen, standpunten, communicatie en relatie 124
        6.3.4 Onderhandelaar 126
        6.3.5 Houding 127
        6.3.6 Voordat je met anderen gaat onderhandelen 128
        6.3.7 Oefening onderhandelen II 129
        6.3.8 Onderhandelen, bemiddelen, arbitrage 129
        6.3.9 Tot slot 130

Hoofdstuk 7 Monitoring 132
    7.1 Waar het om gaat bij monitoring 134
    7.2 Dimensies van monitoring 135
    7.3 Soorten monitoring 135
    7.4 Voorwaarden voor monitoring 137
    7.5 Monitoring en signaleren 138

Hoofdstuk 8 Evalueren 140
    8.1 Evaluatie van het hulpverleningsplan, de doelen en de uitkomsten 142
    8.2 Evaluatie van de werkwijze van het uitvoeringsteam 145
    8.3 Evaluatie van de tevredenheid van de cliënt 147

    Literatuur 149

Voorwoord bij de zevende druk

Een overweging om de zevende druk te herzien is niet zozeer de veronderstelling dat casemanagement inhoudelijk veranderd zou zijn – want dat is het ons inziens niet en zeker niet in een mate die een bewerking van de voorgaande drukken zou rechtvaardigen.
Zo zijn de veranderingen in denken over mens en samenleving zoals wij die in het eerste hoofdstuk hebben beschreven en zoals die als leidraad fungeren voor het overheidsbeleid, nu, in 2009, nog steeds actueel.
Een nieuwe druk is veeleer te zien als een 'update' van veranderde wetgeving, van ontwikkelingen op het terrein van de hulpverlening en van achtergrondliteratuur.
De casus die in het boek en op de cd-rom als illustratie gebruikt wordt is onveranderd omdat deze nog steeds aan de voorwaarde voldoet dat hiermee het handelen van de op emancipatie gerichte casemanager verduidelijkt wordt.
Helaas moeten we constateren dat de samenwerking tussen verschillende instellingen en disciplines die bij één cliëntsysteem zijn betrokken, nog steeds in vele gevallen verre van ideaal te noemen is. Dat betekent dat zich nog steeds drama's voordoen waarbij falende hulpverleners zijn betrokken. Falend, omdat de noodzakelijke samenwerking ontbreekt of tekortschiet. Er worden steeds weer opnieuw door de overheid nieuwe maatregelen bedacht om versnippering op het terrein van de hulpverlening tegen te gaan en samenwerking te bevorderen. Maar zolang hulpverleners (overigens hiertoe gestimuleerd door een overheid die concurrentie als een groot goed beschouwt) bezig blijven met terreinafbakening en onderlinge machtsspelletjes zal het slecht gesteld blijven met de noodzakelijke samenwerking.
Hoewel rampspoed met hulpvragers aanleiding geeft tot ongerustheid en vraagt om veranderingen, is de persoon van de hulpvrager nog steeds niet goed in beeld. Dat betekent dat nog steeds mensen met complexe en langdurige problematiek niet die hulp krijgen die goed is voor deze mens in deze situatie en die overeenkomt met de wensen die deze mens kan hebben met betrekking tot de inrichting en vormgeving van zijn leven.
We hopen opnieuw dat dit boek hulpverleners zal helpen hulp op maat te geven, dus met respectering van de individuele hulpvraag, aan mensen die op grond van de complexe probleemsituatie waarin ze verkeren of op grond van hun lichamelijke of psychische toestand, goed georganiseerde en goed gecoördineerde hulp nodig hebben.

Nora van Riet
Harry Wouters

Voorwoord bij de vijfde druk

Vlak nadat in 2003 de vierde druk van dit boek verscheen bereikte ons de vraag van de landelijke projectgroep 'SPH competent' in het kader van hun e-learning project het boek Casemanagement om te werken tot een gedigitaliseerde uitgave.
Geen geringe opgave, zoals we in de praktijk merkten.
In overleg met de uitgever en met Jos Terhaag, docent aan de Fontys Hogeschool die namens de projectgroep betrokken was bij de digitalisering van dit boek, hebben we een model ontwikkeld waarmee we het boek in twee delen, namelijk een gedrukt deel en een deel op de bij dit boek gevoegde cd-rom hebben verdeeld.
De keuze met betrekking tot wat er in het gedrukte gedeelte moest worden opgenomen hebben we gebaseerd op de overweging dat wat gedrukt wordt een langere 'houdbaarheid' moet hebben.
Dat wil zeggen dat in het gedrukte gedeelte die delen uit de oorspronkelijke uitgave zijn opgenomen waarin de theorie van het casemanagement is beschreven. Dit betekent dat het eerste deel, wat de hoofdstukken een, twee en drie van de oorspronkelijke uitgave omvat, grotendeels ongewijzigd is gebleven.
De hoofdstukken 4 en 5 uit de vorige uitgave hebben wij samengevoegd tot één hoofdstuk 'Assessment'. In de hoofdstukken 5, 6, 7, en 8 zijn de onderdelen 'planning', 'linking', 'monitoring' en 'evaluatie' beschreven.
Hoofdstuk 10 uit de vorige drukken is als artikel geplaatst op de cd-rom omdat de vragen uit de praktijk relatief snel veranderen en daarom eerder voor verandering in aanmerking komen dan bijvoorbeeld de eerste drie hoofdstukken van het boek.
Hoewel in het boek, evenals in de vorige uitgave, alle stappen van het casemanagementproces beschreven zijn, ligt wat ons betreft de nadruk op een *emanciperende* benadering van casemanagement zoals onder woorden gebracht in hoofdstuk 3 in de beschrijving van de modellen 'cliënt centraal I' en 'cliënt centraal II'.
Om het verschil tussen beide modellen beter zichtbaar te maken hebben we op de cd-rom een casus, de familie Fransen, opgenomen die als oefen- en illustratiemateriaal bij met name hoofdstuk 4 dient. De intake en de aanzet tot vervolg-hulpverlening zijn in filmbeelden zichtbaar gemaakt.
Bij de verschillende filmfragmenten zijn oefeningen gemaakt waarnaar vanuit het boek wordt verwezen. Ook andere opdrachten en oefeningen zijn op de cd-rom te vinden.
Naast het oefengedeelte zijn op de cd-rom achtergrondartikelen te vinden waarnaar zowel vanuit het boek als vanuit oefeningen wordt verwezen. Deze zijn te vinden in het informatiegedeelte. Ook zijn er artikelen te vinden waarnaar niet direct vanuit het boek of vanuit de oefeningen wordt verwezen. Wij vinden dat deze artikelen aanvullende achtergrondinfor-

matie geven, speciaal bestemd voor diegenen die zich op bepaalde onderwerpen wat verder willen oriënteren.
Wanneer op de cd-rom een *geel* blokje te vinden is, betekent dat: lees in het boek de betreffende informatie.

We realiseren ons dat e-learning in principe een tamelijk eenzame leerweg voor de student betekent. Dat is in zoverre een verschraling van het onderwijs dat het leren door interactie met elkaar beperkt wordt. We nodigen daarom in de opdrachten de student zoveel mogelijk uit zijn bevindingen en argumenten te delen met collega's.

We hopen dat ook deze nieuwe uitgave zal bijdragen tot onderbouwing van de functie van casemanager, een functie waaraan gezien de complexe problematiek waarmee hulpverleners worden geconfronteerd, veel behoefte bestaat.

Voorwoord bij de vierde druk

In deze vierde druk hebben wij opnieuw de inhoud moeten aanpassen aan de ontwikkelingen zoals die zich tussen nu, 2003 en het jaar 2000 waarin de derde druk verscheen, hebben voorgedaan.
Deze ontwikkelingen laten zien dat de overheid onverdroten is voortgegaan met het benadrukken van de mondigheid van de burger. Vraaggestuurde hulpverlening is het modewoord van 2003 en als zodanig in de lijn van de bedoelingen van de overheid. Een voorbeeld hiervan is de modernisering van de AWBZ waardoor mensen die geïndiceerd zijn voor een persoonsgebonden budget beter in staat moeten zijn die zorg te kopen die zij werkelijk willen. Maar nog steeds is de kloof tussen wat de overheid *bedoelt* en wat de overheid *doet* erg groot. Vele voorbeelden hiervan zijn te vinden in het zwartboek *Vastgelopen in de zorg* wat de Consumentenbond in december 2002 aan de staatssecretaris van VWS overhandigde. Kern van de 'ellende' is dat de uitvoering van wet- en regelgeving op verschillende overheidsniveaus niet op elkaar is afgestemd, dat er een oerwoud aan regels nodig lijkt te zijn om de in principe toegekende hulp ook werkelijk te krijgen zodat nog steeds – en misschien wel steeds meer – mensen verdwalen op weg naar hun recht.
Ook op het terrein van de hulpverlening zelf zijn verschillende veranderingen doorgevoerd die in 2000 nog in voorbereiding waren. Een belangrijk voorbeeld hiervan is de jeugdzorg: de Bureaus Jeugdzorg zijn in vrijwel het hele land operationeel, maar wat er nu achter de voordeur precies gebeurt is nog lang niet overzichtelijk en ook nog niet afdoende geregeld. Helaas, ook hier zien we dat de goede bedoelingen nogal eens stranden in het onvermogen en soms ook de onwil van de uitvoerders van de hulpverlening om over te gaan tot integrale hulp- en dienstverlening. De institutionele mores blijken buitengewoon taai. De gebeurtenissen in Roermond in 2002 hebben dit op pijnlijke wijze gedemonstreerd. (zie blz. 7, onderste alinea)
De vermaatschappelijking van de geestelijke gezondheidszorg is verder doorgegaan, maar de negatieve effecten hiervan zijn – afgezien van positieve effecten – ook duidelijker geworden. In 2002 heeft het Trimbos-instituut een publicatie uitgebracht naar het effect van samenwerkingsprojecten ten behoeve van sociaal kwetsbare mensen. Een van de conclusies is dat de belangrijkste bij de uitvoering ervaren belemmeringen zijn: capaciteitsproblemen bij voorzieningen, de gehanteerde toelatingscriteria en – hiermee samenhangend – cliënten die nergens meer welkom zijn. Juist omdat er vaak sprake is van complexe meervoudige problematiek schuiven nog steeds allerlei instanties en instellingen cliënten naar elkaar door in een vicieuze cirkel. De hierboven geschetste problemen in samenhang met het beleid waardoor deze problemen worden versterkt worden – opnieuw – in deze vierde druk aan de orde gesteld.
We hebben de websites aan het slot van deze uitgave gescreend en uitgebreid.
We hopen dat dit boek de (a.s.) casemanager kan ondersteunen in zijn noodzakelijke werkzaamheden.

Voorwoord bij de derde druk

Was het nog zo dat bij het verschijnen van de tweede druk van dit boek in 1997 er onvoldoende aanleiding was om een nieuwe uitgave te bewerken, nu, in 2000 is die noodzaak er wel degelijk.
Er hebben zich in hoog tempo, vooral op organisatorisch gebied, veranderingen voorgedaan op het terrein van hulp- en dienstverlening die niet onvermeld kunnen blijven.
De rol van de overheid in dit alles is op z'n minst curieus te noemen. De ideologie van het hedendaags politiek establishment valt te karakteriseren als een doordrenkt zijn van het marktdenken met daarin een zeer sterke nadruk op concurrentie tussen aanbieders van wat dan ook. De neiging om het private deel van het ondernemen voortdurend groter te laten worden ten koste van de publiek gefinancierde sectoren was en is een van de belangrijke kenmerken van het huidige overheidsbeleid. Ook de welzijnssector wordt steeds weer aangespoord tot concurrentie. Daarbij wordt uitgegaan van mondige cliënten die precies weten wat ze willen en waar ze dat tegen de beste condities kunnen halen.
Daar staat tegenover dat ook de overheid in toenemende mate gaat inzien dat de vergaande decentralisatie met name in de publieke sector zoals dat tot na het midden van de jaren negentig aan de orde was, geen problemen oploste, maar eerder problemen erbij veroorzaakte, geen besparingen opleverde, maar eerder de vraag om meer geld en middelen deed toenemen en uiteindelijk voor met name hulpvragers op het terrein van zorg en welzijn geen betere en meer toegankelijke hulpverlening opleverde. Een eerste signaal van dit veranderende inzicht werd gegeven met betrekking tot het lokaal sociaal beleid in de vorm van een beleidskader van het Ministerie van VWS (1998) getiteld Sturen op doelen, faciliteren op instrumenten.
De boodschap was duidelijk: als er niet gestuurd wordt op samenwerking, als de maatregelen die links en rechts genomen worden niet in verband met elkaar worden gebracht, komt er van een integrale aanpak niets terecht.
Tegelijkertijd wordt ook geconstateerd dat de bereidheid om samen te werken op het terrein van de uitvoering van hulp- en dienstverlening nog niet dat niveau heeft wat wenselijk is om tot integrale hulpverlening te kunnen komen.
En de mondige cliënt die met behulp van zijn persoonsgebonden budget – gesteld dat het hem gelukt is het te krijgen – die zorg inkoopt die hem het beste lijkt, behoort ook nog steeds tot de uitzonderingen. Met name daar waar het gaat om mensen met complexe en langdurige problematiek waar veel verschillende hulpverleners bij betrokken zijn, om mensen die de weg zijn kwijtgeraakt in het oerwoud van regels en bepalingen (de overheid trekt zich terug maar blijft wel stug verder redderen en regelen) en dus maar afhaken, om mensen die om welke reden dan ook de aansluiting met de samenleving zijn kwijtgeraakt, is een casemanager geïndiceerd.

We zien dat het fenomeen 'casemanager' geen onbekende meer is op allerlei terreinen van hulp- en dienstverlening. Het aanstellen van een casemanager of het introduceren van casemanagementfuncties betekent echter niet automatisch een oplossing van de problemen. De drang tot autonomie is in verschillende werksoorten diep geworteld en heeft daardoor soms ook z'n uitstraling op de hulpverleners op die terreinen. De overstap van 'mijn cliënt' naar 'onze cliënt' blijkt nog steeds een heel lastige.

Ondanks allerlei reorganisaties en herstructureringen op het terrein van zorg en welzijn die de illusie wekken dat het 'dus' allemaal beter zal gaan, constateren we dat de vraag, laat staan de behoefte van de cliënt(en) nog steeds niet het uitgangspunt van de hulpverlening is, met name daar waar het gaat om complexe problematiek. Het is te wensen dat de casemanager een werkelijk onafhankelijke positie kan innemen ten opzichte van alle zorgaanbieders en de cliënt kan steunen bij de realisering van diens vraag.

Een en ander heeft ertoe geleid dat wij de hoofdstukken 1 en 2 in dit boek hebben aangepast aan de laatste ontwikkelingen. Ook hoofdstuk 10 is gewijzigd.

Omdat we het van belang vinden dat hulpverleners/casemanagers niet alleen goed op de hoogte zijn van de sociale kaart maar ook hun kennis actueel houden, hebben we als bijlage aan dit boek een aantal internetadressen toegevoegd waarvan de casemanager gebruik kan maken om de laatste ontwikkelingen op zijn vakgebied bij te houden. We realiseren ons wel dat websites veranderen, soms verdwijnen en dat er talloze bijkomen. Het gaat ons er meer om dat de casemanager internet *leert gebruiken*, voor zover hij dat al niet doet. En in de tweede plaats wordt de hulpverlener/casemanager misschien op het idee gebracht om in die gevallen waarin dat mogelijk en nodig is, zijn cliënt(en) te stimuleren zelf ook van internet gebruik te maken.

De kern van het boek, deel 2, waarin het methodisch handelen van de casemanager is beschreven is grotendeels ongewijzigd gebleven. Onze overtuiging dat de casemanager vanuit een emanciperende visie op hulpverlening dient te helpen en te handelen is, gezien alle ontwikkelingen op het terrein van hulp- en dienstverlening, alleen maar sterker geworden.

Voorwoord bij de eerste druk

Na gedurende een aantal jaren cursussen casemanagement ten behoeve van werkers in allerlei werksoorten op het terrein van zorg en welzijn te hebben gegeven, leek het ons een goed idee onze ervaringen en ons lesmateriaal op schrift te stellen om een groter bereik te verkrijgen.
We zien namelijk op allerlei terreinen van zorg- hulp- en dienstverlening de behoefte ontstaan om te gaan werken met vormen van casemanagement.
Weliswaar zijn er verschillende experimenten met casemanagement, zorgcoördinatie, zorgconsulentschap (of onder welke titel ook werd gewerkt) in de literatuur beschreven, een uitwerking van het *inoefenen* van de functie van casemanager hebben wij niet gevonden. Daarom heeft dit boek het karakter van een leer-werkboek.

Het boek is opgedeeld in drie delen.
In het *eerste deel* beschrijven wij de theorie van het casemanagement. In hoofdstuk 1 komen de achtergronden van het ontstaan van casemanagement aan de orde: welke bewegingen zijn er gaande in de maatschappij die maken dat er zowel van de kant van cliënten als van de kant van hulpverleners behoefte is ontstaan aan een andere organisatie en uitvoering van de zorg- hulp- en dienstverlening.
Het beschrijven van ons materiaal heeft ons geconfronteerd met de vraag wat casemanagement nu eigenlijk is. We stelden nogmaals vast dat er geen eensluidende definitie te geven is. Nu is dat niet zo verwonderlijk want in de praktijk blijkt dat allerlei projecten op met name het terrein van de (geestelijke) gezondheidszorg onder de naam 'zorgvernieuwingsproject' op de hulpverleningsmarkt zijn verschenen, waarbij de werkwijze als 'casemanagement' wordt omschreven.
Uit onderzoeken blijkt - en we komen daar in de tekst van hoofdstuk 2 op terug - dat het in de praktijk vooral gaat om *zorgcoördinatie*. We proberen het begrip 'casemanagement' af te zetten tegen 'zorgcoördinatie' omdat dat in onze optie twee verschillende zaken zijn. Wij nemen afscheid van het fenomeen 'zorgcoördinatie' voor zover dat te maken heeft met een aanbodgerichte reorganisatie van de hulp- en dienstverlening en komen tot een nieuwe definiëring van casemanagement.

In hoofdstuk 3 gaan wij nader in op onze omschrijving van casemanagement. Wat betekent onze opvatting voor de opstelling van de cliënt in de hulp- en dienstverlening en van de hulpverlener? Wat kenmerkt hun onderlinge relatie?
Hoe krijgt de relatie tussen casemanager en organisaties vorm? We besluiten dit hoofdstuk met een nieuw profiel van de casemanager.

In het *tweede deel* beschrijven we de praktijk van het casemanagement in die zin, dat wij de vijf basisfuncties van het casemanagement uitwerken als oefenmateriaal.

In het *derde gedeelte* besteden wij aandacht aan vragen uit de praktijk zoals wij die in ons cursuswerk tegenkomen. Het is voor werkers in verschillende werkvelden mogelijk om vanuit dit gedeelte van het boek antwoorden te vinden op veel vragen die in hun specifieke werkveld spelen. Wij hebben geprobeerd actuele ontwikkelingen voor zover die van belang zijn voor de praktijk van het casemanagement aan de orde te stellen.

Tot slot nog iets over de ondertitel van dit boek: leer-werkboek over de organisatie en coördinatie van zorg- hulp- en dienstverlening.

Het zal de lezer wellicht opvallen, dat in het boek niet gesproken wordt over zorg- hulp- en dienstverlening, maar over hulp- en dienstverlening. Dit heeft te maken met het feit, dat wij vanaf hoofdstuk 2 de term 'zorg' uitsluitend van toepassing laten zijn op verzorgen. Dat neemt niet weg, dat ons inziens onze overwegingen met betrekking tot een emanciperende benadering van de cliënt ook van toepassing zijn op terreinen waar van 'zorg' gesproken wordt. Daarom hebben wij in de ondertitel het woord 'zorg' gehandhaafd.

Een emanciperende benadering houdt tevens in dat de twee andere begrippen uit de ondertitel: 'organiseren en coördineren' in dit licht gezien moeten worden.

Afkortingen

In de tekst van dit boek wordt een aantal afkortingen gebruikt die (soms) niet in de tekst zelf worden verklaard. Daarom volgen hieronder enkele verklaringen.

Arbowet: Arbeidsomstandigheden-wet
AWBZ: Algemene Wet Bijzondere Ziektekosten
CG-raad: Chronisch zieken en Gehandicapten Raad Nederland
CJG: Centrum voor Jeugd en Gezin
CIZ: Centrum Indicatiestelling Zorg
CWI: Centrum voor werk en inkomen, vanaf 1 januari 2009 onderdeel van UWV onder de naam UWV Werkbedrijf
FvO: Federatie van Oudervereniging en
IPO: Interprovinciaal overleg
LPJ: Landelijk Platform Jeugdzorg
LVG: Landelijke Vereniging Georganiseerde eerste lijn
MEE: opvolger van de SPD, Sociaal Pedagogische Dienst
MFE: Multifunctionele Eenheid
MOG: Maatschappelijk Ondernemers Groep
NASW: National Association of Social Workers
NGBZ: Vereniging voor deskundigheidsbevordering in de zorg voor mensen met een verstandelijke handicap
NVMW: Nederlandse Vereniging van Maatschappelijk Werkers
OGGZ: Openbare Geestelijke gezondheidszorg
RIBW: Regionale Instellingen Beschermende Woonvormen
RMO: Raad voor Maatschappelijke Ontwikkeling
RVZ: Raad voor de Volksgezondheid en Zorg
UVI: Uitvoeringsinstelling, per 2002 opgegaan in UWV
UWV: Uitvoeringsinstituut Werknemersverzekeringen
VGN: Vereniging Gehandicaptenzorg Nederland
WIJ: Wet investeren in jongeren
WJZ: Wet op de Jeugdzorg
Wmo: Wet maatschappelijke ondersteuning
Wpb: Wet Bescherming Persoonsgegevens
WRR: Wetenschappelijke Raad voor het Regeringsbeleid
ZAT: Zorg Advies Team
ZMLK: Zeer moeilijk lerende kinderen
ZZP: Zorg Zwaarte Pakket

1

Waarom casemanagement

In dit hoofdstuk wordt beschreven welke maatschappelijke en sociaal-economische ontwikkelingen aanleiding hebben gegeven tot een toenemende aandacht voor en invoering van casemanagement.
Enerzijds hebben we te maken met veranderingen in het denken over de verzorgingsstaat, anderzijds zijn er steeds meer mensen in onze gecompliceerde maatschappij die het op eigen kracht niet (meer) redden.
Vanuit de beschreven veranderingen wordt de lijn doorgetrokken naar de huidige hulp- en dienstverlening: wat betekenen deze veranderingen voor de organisatie van de hulp- en dienstverlening?

1.1 Inleiding

Sinds het begin van de jaren negentig van de vorige eeuw vinden op het terrein van hulp- en dienstverlening ingrijpende veranderingen plaats. Deze veranderingen zijn onder andere gebaseerd op emancipatieprocessen, tot uitdrukking komend in het mondiger worden van cliënten, en op de overtuiging dat samenwerking tussen verschillende hulpverleningsinstellingen en disciplines noodzakelijk is. Die samenwerking moet leiden tot de coördinatie van hulp- en dienstverlening rond één cliënt(systeem).

Een werkwijze die als antwoord op deze ontwikkelingen in toenemende mate wordt gebruikt is casemanagement[1].

Soms lijkt het erop dat casemanagement een uitvinding van de jaren negentig is met het karakter van de nieuwe kleren van de keizer. Toch is casemanagement een antwoord op het verschijnsel dat in onze huidige samenleving steeds meer mensen met complexe en/of langdurige problematiek als pionnen tussen instellingen heen en weer geschoven worden. Te denken valt aan psychiatrische patiënten die door het extramuraliseringsbeleid van de laatste jaren zonder adequate opvang 'losgelaten' worden in de maatschappij waar zij niet welkom zijn, noch als medeburger, noch als medebewoner in buurten, noch als cliënt van diverse instellingen.

Maar ook is bijvoorbeeld te denken aan jongeren die op tal van levensterreinen problemen ondervinden en die door de versnipperde hulpverlening tussen wal en schip vallen.

De maatschappelijke realiteit vergt dus – voor zover onze samenleving bereid is zorg te dragen voor deze mensen – dat er vormen van hulp gevonden worden die voorkomen dat mensen door de mazen van het net vallen.

Een ander aspect van de maatschappelijke realiteit is dat de hulp- en dienstverlening soms dermate gefragmentariseerd en ingewikkeld georganiseerd is, dat mensen met complexe problemen daar niet zelfstandig hun weg in kunnen vinden.

Echter, niet alleen de maatschappelijke realiteit dwingt ons ons te bezinnen op het functioneren van de hulpverlening.

Ook politieke en sociaal-culturele veranderingen (zoals het wegvallen van sociale verbanden en netwerken, vergrijzing, e.d.) maken de noodzaak zichtbaar vanuit de bestaande hulpverlening andere vormen van hulp- en dienstverlening te ontwikkelen en te praktiseren. Daarnaast gaat het om het aanleren van een andere *beroepshouding*. Het belangrijkste daarin is het leren afzien van de houding dat het in de hulpverlening gaat om 'mijn' cliënt, maar dat het gaat om 'onze' cliënt. Dat is meer dan woorden, want het gaat om het inhoudelijk met elkaar samenwerken van verschillende hulpverleners die ieder vanuit een eigen deskundigheid, met eigen opvattingen en mogelijkheden, daarin begeleid door de casemanager, komen tot een vorm van integrale hulpverlening.

Zoals wij hiervoor aangaven, is er een aantal ontwikkelingen in Nederland te benoemen die geleid hebben tot het introduceren van casemanagement. Wij willen in dit hoofdstuk enkele van deze ontwikkelingen schetsen.

1.2 Verandering in denken

Wanneer we ons bezighouden met het opsporen van veranderingen in denken die geleid hebben tot veranderingen in handelen, gaat het er vooral om te ontdekken waar men als

het ware een wissel is overgegaan: waar heeft men gewisseld van spoor, op grond waarvan, welke trends zijn daarbij richtinggevend geweest en waartoe heeft dat tot nu toe geleid?
Het gaat er dus om erachter te komen of van bestaande ideeën met betrekking tot hulp- en dienstverlening wordt afgeweken en of er een andere richting wordt ingeslagen.
Ook in de wetenschap geldt dat ontwikkelingen niet volgens een rechte lijn lopen. Begin jaren zestig van de vorige eeuw bracht het boek van Thomas Kuhn (1962) *'The structure of scientific revolutions'* de nodige verwarring in de wetenschappelijke wereld.
Kuhn stelt dat de ontwikkeling van de wetenschap vooral mogelijk is omdat er strijd gevoerd wordt over de verschillen in theoretische uitgangspunten, benaderingswijzen en paradigma's. Wanneer in een bepaalde periode wordt getwijfeld aan de geldigheid van een paradigma, omdat er vragen overblijven die van daaruit niet beantwoord of opgehelderd kunnen worden, is de kans groot dat een ander paradigma terrein wint en nieuwe verklaringen, opheldering en mogelijkheden biedt. De ontwikkeling van wetenschap ontstaat dus niet door een opeenstapeling van kennis en weten, maar vindt plaats omdat andere theoretische uitgangspunten aan de winnende hand zijn. Op dergelijke breukvlakken ontwikkelt zich wetenschap. Het overgaan van zo'n wissel heeft soms grote gevolgen. Een enkel voorbeeld uit de geschiedenis van de techniek kan dat illustreren (Van Houten, 1987).

VOORBEELD: De Romeinen bouwden al watermolens, aangedreven door stromend water (onderstroom). Later ontdekten zij dat wanneer watermolens worden aangedreven door vallend water (bovenstroom), het rendement van de kracht die wordt opgewekt drie maal zo hoog is als bij molens met onderstroom.
Het heeft daarna meer dan tien eeuwen geduurd voordat in Engeland (1185) een windmolen (met een horizontale as) van de watermolen werd afgeleid en gebouwd.
Waarom was de windmolen nu zo anders dan de watermolen?
Dat met tandwielen die in elkaars verlengde staan beweging kan worden overgebracht, was al heel lang bekend. Op dat idee berust de watermolen. Toch duurde het dus bijna elf eeuwen voordat men op het idee kwam dat beweging ook kan worden overgebracht wanneer de tanden van het ene wiel met een hoek van 90° staan op de tanden van het andere wiel: het principe van de windmolen.
De uitvinding van de windmolen had enorme – ook maatschappelijke – gevolgen.
Het koren dat men nodig had voor het dagelijks voedsel moest voor de uitvinding van de windmolen, met behulp van stenen, worden fijn gewreven. Zwaar en langdurig werk dat eerst door slaven en later door vrouwen werd verricht. Door de komst van de windmolen werd dat op de duur overbodig.
De uitvinding van de volmolen[2], afgeleid van de windmolen, leidde tot de industriële revolutie van de 13e eeuw.
De molen was een krachtbron geworden die vele mogelijkheden tot mechanisatie gaf en zelf weer aanleiding was tot allerlei technische en maatschappelijke veranderingen.

Verandering ontstaat niet door 'zomaar' door iets nieuws te bedenken. Want het denken borduurt voort op wat reeds is bedacht. Het is een zich anders verhouden tot de bestaande werkelijkheid. Hoe moeilijk dat is kan geïllustreerd worden aan de hand van de kruk (letterlijk: kromme stok). Om rechtdoor te kunnen gaan moet men de deurkruk rechtsom (of linksom) naar beneden duwen. Een andere richting uit dan men wil gaan. Anders gezegd: men moet eerst een andere beweging maken, voordat men de beoogde beweging kan uitvoeren. Het heeft eeuwen en eeuwen geduurd voordat men op dit idee kwam.

Verandering ontstaat onder andere wanneer men anders gaat *denken*. Eén van de denkwetten die Aristoteles formuleerde is de wet van de uitgesloten middenterm. Iets is altijd óf A óf niet-A. Bijvoorbeeld: een bepaalde tijdsduur is een uur (er moet dan wel nauwkeurig gedefinieerd worden wat een uur is), of niet een uur. Einstein bedacht dat de 'werkelijkheid' anders, genuanceerder in elkaar zit dan de 'logica' van de wet van de uitgesloten middenterm: een uur op aarde is niet gelijk aan een uur in de ruimte. Het is een 'ander' uur. Op grond daarvan formuleerde hij de tweelingparadox en ontwikkelde hij de relativiteitstheorie.

Verandering ontstaat ook wanneer men anders gaat *waarderen*. Leibnitz (1646-1716), bekend Duits filosoof, wis-, rechts-, taalkundige en uitvinder, ontdekte dat je ieder getal hoe groot het ook is, kunt maken met twee cijfers: 0 en 1, in plaats van met de gebruikelijke cijfers 0 t/m 9. Op basis daarvan ontwierp hij de rekenmachine die omstreeks 1690 in serie werd vervaardigd. Computers zijn op dit idee gebaseerd. Een computer zet letters, cijfers en tekens om in nullen (stroom uit) en enen (stroom aan).

Verandering ontstaat eveneens wanneer men anders gaat *waarnemen*. Het raderuurwerk wordt het eerst beschreven door de Italiaanse dichter Dante in zijn *La Divina Commedia*. Het raderuurwerk had grote gevolgen. De klok in de toren van de kerk is één van de toepassingen. Het eeuwige werd tijdelijk gemaakt. De tijd werd gemeten, gespaard, berekend en gerantsoeneerd en de eeuwigheid verloor steeds meer haar betekenis als doel en maat van de mens.

Verandering kan ook ontstaan wanneer men op een ander wijze *verbanden legt*. Zo ontdekte men bijvoorbeeld bij de uitvinding van de windmolen dat raderen niet alleen in elkaars verlengde kracht kunnen overbrengen, maar ook wanneer ze haaks op elkaar staan.

Bij het in kaart brengen van veranderingen gaat het erom die veranderingen én de gevolgen daarvan zichtbaar te maken

Aanleiding tot verandering zijn vaak de gevoelde breukvlakken in het bestaande, de geconstateerde scheuren in de werkelijkheid.

Wanneer fundamenteel wordt getwijfeld en men zich vragen stelt die men zich voordien niet stelde, of wanneer theorieën geen afdoende verklaringen en antwoorden geven, of wanneer men geconfronteerd wordt met crises[3], kan een voedingsbodem ontstaan waarop men zich anders gaat verhouden tot het bestaande. Zo was een militaire crisis in de achtste eeuw aanleiding tot verandering in de toepassingsmogelijkheden van de stijgbeugel.

> **TERZIJDE**
>
> De stijgbeugel werd in China uitgevonden en bereikte begin 700 Europa. De mensen waren vroeger een stuk kleiner dan nu en hadden een opstapbeugel nodig om op het paard te komen.
>
> Karel Martel (Martel = de strijdhamer) begreep de waarde van de stijgbeugel. Door aan beide zijden van het paard een stijgbeugel te hangen (terwijl je toch maar aan één kant kan opstappen) en die met elkaar te verbinden krijgt de ruiter een prima houvast aan het paard. Dat had op militair gebied verstrekkende gevolgen. Tot dan toe moesten zwaar bewapende krijgers van hun paard afstijgen om te kunnen vechten. Door de verandering die Karel Martel aanbracht in het gebruik van de stijgbeugel was dat niet meer nodig. Hij voerde een nieuw legeronderdeel in: de bewapende ruiterij. Op het slagveld konden zij te paard blijven omdat de ruiters door de verbonden stijgbeugels niet meer tijdens het gevecht van hun paard dreigden te vallen. Met deze ruiterij versloeg hij in 732 op vernietigende wijze de Saracenen die via Spanje Frankrijk waren binnengedrongen. De langdurige opmars van de Islam in Zuid-Europa was tot staan gebracht.

Hiervoor stelden we al dat problemen en crises aanleiding kunnen zijn tot verandering in denken en handelen.
In de trendstudie *Sociale Vernieuwing* (Van Riet/Wouters, maart 1992) is een aantal hedendaagse structurele problemen geconstateerd waarop een antwoord wordt gezocht.

1. *De verzorgingsstaat is onbetaalbaar geworden*

Veranderingen worden onder andere gezocht in de richting van:
- revisie van de verzorgingsstaat;
- beheersbaarheid en registratie;
- nadruk op efficiency en effectiviteit;
- controle en afrekenen op resultaat;
- een terugtredende overheid.

2. *De staat heeft zich paternalistisch opgesteld en heeft teveel verantwoordelijkheden naar zich toegetrokken*

Veranderingen worden gezocht in de richting van:
- decentralisatie;
- deregulering;
- geen inspraak maar participatie. De burger dient de eigen verantwoordelijk terug te krijgen.

3. *De samenleving als een geheel van sociale betrekkingen dreigt uit elkaar te vallen. Er is een onderklasse aan het ontstaan (Dahrendorf 1987)*

'Vastgesteld moet worden dat ondanks grote inspanningen van maatschappelijke organisaties en overheden en ondanks veel persoonlijke inzet groepen medeburgers in de zijlijn dreigen te raken.' (Nota Sociale Vernieuwing, 1990)
'Omdat de problematiek zo ernstig en omvangrijk is, is het kabinet van mening dat alleen een geconcentreerde actie effect zal hebben.
- bundeling van de inspanning van alle betrokkenen: rijk, lokale overheden, maatschappelijke organisaties en burgers;
- het leveren van maatwerk gericht op de totale situatie van een doelgroep of individuen daaruit;
- een zoeken naar een nieuw evenwicht tussen rechten en plichten, zowel individueel als collectief' (Dales 1990).

Veranderingen worden onder meer gezocht in de richting van:
- maatschappelijke integratie;
- participatie;
- decentralisatie;
- scholing en werkgelegenheid;
- interculturalisatie;
- activerende benadering met prikkels;
- verbetering van de leefomgeving.

4. *Complexe en structurele problematiek wordt niet opgelost. Het effect van hulp- en dienstverlening ten aanzien van deze problematiek is meestal gering: een 'dweilen met de kraan open'*

Veranderingen worden onder andere in gang gezet in de richting van:
- integrale hulpverlening;
- functionele benadering;
- casemanagement;
- netwerkontwikkeling;
- protocollering.

De hiervoor geschetste problemen en de richting waarin veranderingen en oplossingen worden gezocht hebben grote invloed op de verdere ontwikkeling en organisatie van de hulp- en dienstverlening.

In onze studie *Met het oog op morgen* (Van Riet en Wouters 1997) hebben wij veranderingen in onze samenleving op nog weer andere wijze beschreven, namelijk door een drietal verschuivingen in onze samenleving te benoemen.

Het gaat dan om een verschuiving van een *zekerheidsmaatschappij naar een risicomaatschappij* (de term 'risico-maatschappij' is ontleend aan Beck 1986), van een *verzorgingsmaatschappij naar een marktmaatschappij* en van een *weetmaatschappij naar een leer- en informatiemaatschappij*.

Elk van deze verschuivingen levert weer nieuwe probleemsituaties op voor mensen die buiten de boot vallen, die niet in staat zijn zich op de juiste manier en in het juiste tempo te verhouden tot deze ontwikkelingen. De kern van deze verschuivingen is dat de verantwoordelijkheid om te kunnen deelnemen aan onze samenleving in hoge mate bij de burger zelf wordt gelegd. Van Houten (1999) spreekt in dit verband van 'de standaardmens', dat wil zeggen de burger die gezond is en in staat is deel te nemen aan de samenleving door middel van betaalde arbeid. Degenen die hier niet aan voldoen zijn 'de nieuwe marginalen'. Schnabel (2000) benoemt in dit verband vijf risicogroepen: zorgbehoevende ouderen, jongeren met een slechte start, langdurig werklozen en jonge arbeidsongeschikten, allochtonen en maatschappelijk marginalen.

Bij elk van deze risicogroepen is sprake van aansluitings- en continuïteitsproblemen.

1.3 Aansluitings- en continuïteitsproblemen

De nationale overheid onderkent deze problemen en probleemgroepen en probeert op het niveau van sociaal beleid te interveniëren. Hortulanus (2000) noemt hierbij vier centrale motieven namelijk: sociale rechtvaardigheid of het tegengaan van grote achterstand, zelfredzaamheid, maatschappelijke participatie en sociale samenhang.

Hij zegt hierover:

> Als we de vier centrale motieven voor beleidsinterventie van het huidige sociale overheidsbeleid als uitgangspunt nemen (...) dan worden allerlei sociale problemen van deze maatschappij zichtbaar. Vooral de interventies gericht op achterstandsbestrijding en participatiebevordering zijn gericht op het herverdelen van maatschappelijke hulpbronnen. De maatschappelijke positie van burgers is object van beleid, en daarbij past een sociaal-structurele aanpak, dat wil zeggen dat onderwijs, werk, inkomen en huisvesting de te beïnvloeden bestaansvoorwaarden zijn. Een grondige analyse van de oorzaken van achterstand heeft ons echter geleerd dat persoonlijke zelfredzaamheid en de betekenis van sociale netwerken (familiebanden, vriendschappen, buurtcontacten, verenigingsleven, lidmaatschappen) een even grote rol spelen als de sociale distributie van genoemde bestaansvoorwaarden (Room 1995). Hierbij komen fysieke of verstandelijke beperkingen, de opvoeding en psychische stoornissen in beeld als achtergronden van achterstand. In beleidsmatige zin gaat het dan vooral om dienstverlening en begeleiding.

In het algemeen gezien gaat de discussie onder meer over de vraag of marginalisering op individueel niveau of op structureel niveau moet worden aangepakt.
Tonkens en Gabriëls (2000) analyseren in hun artikel over de visie op sociale problemen in het kader van het grote-stedenbeleid dat er nauwelijks een relatie is tussen de sociale problemen en de bestuurlijke aanpak in de stedelijke visies.

> Men signaleert sociale problemen en je zou dan ook vooral sociale oplossingen verwachten. Maar nee, men komt met bestuurlijke oplossingen. Daarachter zou je bestuurlijke problemen verwachten, maar nee, men had het immers over sociale problemen. (Bekend is natuurlijk het bestuurlijke probleem 'verkokering', maar daaraan wijdt men in de stadsvisies nauwelijks woorden.)
> Omdat de sociale problemen onvoldoende zijn verholpen, stelt men voor om de wijze van besturen te herzien. Het is alsof je kiespijn hebt, en daarom de loodgieter belt. Maar laten we aannemen dat men hier toch een reden voor heeft. De impliciete diagnose luidt waarschijnlijk dat er aan de hardnekkige sociale problemen een bestuurlijk probleem ten grondslag ligt.

De constatering is dus, dat met name overheden de neiging hebben meer heil te verwachten van structurele maatregelen en, zoals Van der Veen (2000) het stelt 'geïndividualiseerde ondersteuning van werklozen en armen als broddelwerk te beschouwen, zoiets als dweilen met de kraan open. Ik daarentegen neig ertoe te zeggen dat structurele maatregelen, zoals het bevorderen van economische groei, grotere inkomensgelijkheid en hogere uitkeringen, het soort werkloosheid en armoede waarmee we nu worden geconfronteerd helemaal niet kunnen oplossen.'
Ook in de verschillende werkvelden op het terrein van zorg en welzijn wordt aansluitings- en continuïteitsproblematiek gesignaleerd, speciaal wanneer het gaat om mensen met complexe hulpvragen. Lohuis, Schilperoort en Schout (2002) spreken van 'probleem-kluwen-klanten' wanneer zij de praktijk beschrijven van de Openbare Geestelijke gezondheidszorg (OGGZ) in Groningen.
In 2002 werd Nederland opgeschrikt door een tragische gebeurtenis: een vader stichtte brand in het huis waar zijn vrouw en zes van zijn kinderen lagen te slapen. Alle zes de kinderen kwamen bij deze brand om. Hulpverleners kregen al in 2000 signalen dat het met het gezin de verkeerde kant op ging maar werkten langs elkaar heen. De inspecteur Jeugdhulpverlening noemt ingesleten gewoonten, een vastgeroeste cultuur en achterhaalde werkwijzen als oorzaken voor het slechte functioneren. Een gegeven dat niet alleen voor Roermond

geldt: een drama als dat in Roermond had zich overal kunnen voordoen. En helaas moeten we constateren dat er zich na de gebeurtenis in Roermond nog meer drama's hebben afgespeeld waarbij kinderen het leven hebben verloren, zoals Gessica, het 'Maasmeisje'.

In mei 2007 rapporteerden de gezamenlijke Inspecties hun bevindingen uit het onderzoek naar de hulpverlening rond het 'Maasmeisje' Gessica. Conclusies hieruit zijn onder andere dat de jeugdgezondheidszorg geen informatie uitgewisselde, scholen niet genoeg communiceerden en jeugdzorg geen compleet beeld had. Er was nooit sprake van een warme overdracht of brede zorgcoördinatie; geen enkele zorgverlener had overzicht over het gehele gezinssysteem en niemand voelde zich 'probleemeigenaar'. Op basis van het onderzoek adviseren de inspecties om de zorgcoördinatie voor alle niet-geïndiceerde zorg te beleggen bij de Centra voor Jeugd en Gezin – zolang die centra er niet zijn bij de jeugdgezondheidszorg – en voor de geïndiceerde zorg bij Bureau Jeugdzorg. GGD Nederland heeft in haar brief van 3 juli aan de Tweede Kamer deze aanbeveling van de inspecties wederom onderstreept en gepleit voor doorzettingsmacht van de toekomstige coördinator van het CJG. (Bron: GGD-Kennisnet)

> *Ga nu naar het informatiegedeelte op de cd-rom. Lees het rapport 'Brede zorgcoördinatie noodzakelijk'.*

Door de toenmalige staatssecretaris van VWS zijn maatregelen genomen om verbetering in dit soort situaties te bereiken ondermeer door het aanstellen van gezinscoaches, een soort casemanagers dus.

> *Ga nu naar het informatiegedeelte op de cd-rom. Lees het artikel 'Wat werkt bij multi-probleem gezinnen?'*

Samenwerking zou dus voor de hand liggen, maar nog steeds constateren we, zoals in het voorbeeld van Roermond, dat instellingen en disciplines zich autonoom opstellen waardoor er van een integrale benadering van complexe problematiek niet of nauwelijks sprake is. De afstemming laat te wensen over en de benodigde samenwerking laat zich soms vertalen in een strijd om de macht.

SER: één loket voor probleemjongere

Jongeren met gedragsstoornissen moeten één hulpverlener krijgen die alle zorg coördineert. De jeugd is tegenwoordig niet gestoorder dan vroeger. De run op specialistische hulp wordt veroorzaakt door een verbeterde signalering van problemen bij jongeren. Deze problemen worden verergerd doordat afwijkend gedrag minder geaccepteerd wordt en doordat hulp niet gecoördineerd wordt gegeven, maar door een reeks aparte instanties.

Dit schrijft de Sociaal-Economische Raad in een nog vertrouwelijk conceptadvies aan het kabinet over participatie van jongeren met ontwikkelings- of gedragsstoornissen. Minister Rouvoet van Jeugd en Gezin heeft om het advies gevraagd, ter voorbereiding op een herziening van de jeugdzorg.

Bureau Jeugdzorg
Specialistische hulp aan jongeren wordt nu verleend via de Bureaus Jeugdzorg. Daarnaast hebben de geestelijke gezondheidszorg voor de jeugd (de jeugd GGZ), het speciaal onderwijs, jeugdbescherming, en Justitie hun eigen aanpak.
De SER stelt voor dat alle instanties, die nu vaak langs elkaar werken, één 'indicatie' opstellen voor hulpverlening. Per jongere moet er één hulpverlener komen die de zorg coördineert.
De Raad oppert dat het kabinet samenwerking tussen alle hulpinstanties moet afdwingen en financieel lonend moet maken. Een mogelijke werkwijze is volgens de SER dat 'de eerste instelling die de verantwoordelijkheid accepteert voor de behandeling van een jongere, verantwoordelijk blijft voor het hele behandeltraject, tot een jongere stabiel in de samenleving functioneert.'

Extra geld
De Raad stelt dat een dergelijke benadering op korte termijn extra geld kost. Maar dat leidt op langere termijn tot lagere kosten, omdat jongeren op eigen benen kunnen staan.
De SER wil ook strengere preventie van alcohol- en drugsgebruik onder jongeren en het ontmoedigen van het aangaan van kredieten: 'Zowel overmatig alcoholgebruik als schulden hebben een probleemversterkend effect.'

Bron: Gijs Herderscheê, Aimée Kiene in de Volkskrant 26 oktober 2009

Ook binnen afzonderlijke instellingen doet dit probleem zich regelmatig voor, bijvoorbeeld wanneer een cliënt binnen de instelling een heel traject (aanmelding, indicatie, toewijzing en uitvoering binnen verschillende programma's) moet doorlopen.

Ga nu naar het informatiegedeelte op de cd-rom. Lees het artikel 'De problemen worden alleen maar groter'.

Willems (1991b) gebruikt het voorbeeld van de bouwwereld waarin diverse vaklieden nodig zijn om een huis te bouwen: de timmerman, de metselaar, de loodgieter, et cetera. Als al deze vakmensen tegelijkertijd op de bouwplaats verschijnen kan dat behoorlijk wat verwarring, ergernis en verspilling van energie opleveren. Het is dan beter, zo zegt Willems, een aannemer in te schakelen die een plan maakt, een offerte indient en vervolgens de werkzaamheden regelt. De casemanager is in die zin te vergelijken met de aannemer.
Het verschil met de bouwwereld en de wereld van de hulp- en dienstverlening zit 'm echter onder andere hierin dat, met alle respect overigens voor de aannemer, het organiseren van een bouwproject duidelijker en overzichtelijker is dan het werken als casemanager. De (onder)scheiding tussen de disciplines die zich bezighouden met een onderdeel van de bouw is scherper en duidelijker dan de (onder)scheiding tussen de disciplines die zich bezighouden met een vorm van sociaalagogische dienstverlening. Visie op wat een probleem is en wat daaraan kan of moet gebeuren leidt nogal eens tot verschillen van mening die samenwerking, laat staan werken met een casemanager, bemoeilijken. Er is nog een ander verschil met de bouwwereld aan te geven:

Casemanagers zullen, als het goed is, met de hulpvrager nagaan wat deze zelf kan bijdragen aan de oplossing van zijn probleem, of wat zijn omgeving aan mogelijkheden biedt alvorens een uitvoerig casemanagementplan op te stellen.

De metselaar die ingehuurd wordt om een muurtje te metselen zal niet eerst aan de klant vragen of deze het echt niet geheel of ten dele zelf kan doen, of dat er niet een handige buurman naast hem woont. De metselaar gaat er vanuit dat hij de vraag krijgt omdat de klant zelf niet kan of wil metselen.

De overeenkomst tussen de aannemer en de casemanager is op een andere manier te maken.

Wolk (1994) citeert Kast en Rosenzweig die stellen dat het doel van management is:

> ongeorganiseerde bronnen zoals mensen, machines, materiaal, geld, tijd en ruimte om te zetten in een bruikbare en effectieve onderneming. Preciezer gezegd: management is het proces waarmee deze als losse onderdelen bestaande entiteiten geïntegreerd worden in een samenhangend doelgericht systeem.

Toegepast op de organisatie van hulp- en dienstverlening betekent dit dat het management in dergelijke instellingen hulpbronnen en structurele en psychologische ondersteuning organiseert waarmee het mogelijk wordt dat de instelling functioneert op een wijze die een positieve opbrengst heeft voor de cliënt die daar geholpen wordt en, uiteindelijk, een bijdrage levert aan een meer rechtvaardige wereld.

We merken hierbij op dat impliciet ook gerefereerd wordt aan een bijdrage die (case)management heeft aan maatschappelijke veranderingen. We komen hier nog op terug.

1.4 Aansluitingsproblemen op verschillende niveaus

Aansluitingsproblemen in de zorg- en welzijnssector doen zich voor op verschillende niveaus: op het niveau van de relatie hulpverlener-hulpvrager (micro), op het niveau van de instelling en organisatie (meso) en op het niveau van de wetgever, beleidsmaker en financier (macro).

Oplossingen voor dergelijke aansluitings- c.q. continuïteitsproblemen moeten ook op verschillende niveaus gevonden worden en in samenhang met elkaar gepresenteerd worden.

Op *macro-niveau* probeert de overheid sturend op te treden waar het erom gaat versnippering van hulp- en dienstverlening tegen te gaan: op allerlei terreinen wordt aangedrongen op het doorbreken van verkokering, door het aanbieden van hulp via één loket en door instellingen te dwingen de hulpverlening niet langer voorzieningen-gericht aan te bieden maar functiegericht. Het rapport van de Commissie Dekker (1987) is hier een belangrijke aanzet toe geweest.

Op het terrein van de GGZ wordt in toenemende mate met zorgprogramma's gewerkt. Op de website van de Kennisring Gezondheidshulp staat hierover:

HOOFDSTUK 1 Waarom casemanagement?

> Een zorgprogramma vormt een samenhang van hulpactiviteiten voor een bepaalde doelgroep, bijvoorbeeld voor mensen met een bepaalde psychische stoornis. Zo zijn er zorgprogramma's angststoornissen bij jeugdigen, stemmingstoornissen bij ouderen, maar ook zorgprogramma's arbeidsgerelateerde problematiek en zorgprogramma's voor delinquente jongeren.
> Zorgprogramma's sluiten aan op de persoonlijke hulpvraag en individuele behoeften. Ze bieden de zorg waarvan wetenschappelijk is aangetoond dat zij het meest effectief is. Aanmelding, diagnostiek, behandeling, begeleiding/ondersteuning en nazorg sluiten daarbij naadloos op elkaar aan.

Bij regionale en lokale GGZ-organisaties wordt op grote schaal met zorgprogramma's gewerkt. Richtinggevend hierbij zijn de cliëntprofielen en de door de overheid opgelegde diagnose behandelcombinaties (DBC). Het zal overigens duidelijk zijn dat hierbij geen sprake is van maatwerk.
Wat betreft de jeugdhulpverlening is er na het instellen van een apart ministerie voor Jeugd en Gezin veel in gang gezet. In 2007 zijn de eerste Bureaus Jeugdzorg opgericht en thans, in 2009, zijn in veel gemeenten zogenaamde Centra voor Jeugd en Gezin opgericht.

Centrum voor Jeugd en Gezin
Kinderen en ouders moeten dicht bij huis terechtkunnen voor informatie en advies over en hulp bij opgroeien en opvoeden. Daarom wordt het aanbod gebundeld via het Centrum voor Jeugd en Gezin: samenwerking door diverse instellingen met één of meerdere fysiek herkenbare, laagdrempelige inlooppunten, waar ouders en kinderen kunnen binnenlopen met vragen die snel worden beantwoord. Idealiter bieden deze inlooppunten ouders ook de gelegenheid elkaar te ontmoeten. Vanuit het Centrum voor Jeugd en Gezin wordt jeugdgezondheidszorg aangeboden en waar nodig hulp en ondersteuning geboden bij ingewikkelder problemen. Alleen als het nodig is vindt overdracht naar gespecialiseerde hulp plaats.

Eén gezin, één plan
Sommige gezinnen hebben problemen op meerdere fronten tegelijk: bijvoorbeeld schulden, verslaving, psychiatrische problemen en opvoedproblemen. Vaak komen dan hulpverleners van verschillende instellingen over de vloer. Dan is het belangrijk dat de samenwerking tussen hen goed loopt. De professionals moeten daarom gaan werken volgens het principe 'één gezin, één plan': passende, effectieve en samenhangende hulp aan het gezin die snel start, met als doel de eigen kracht van het gezin zo goed mogelijk te herstellen.

Bron: Samenwerken voor de jeugd, brochure van het ministerie voor Jeugd en Gezin 2009

Gezien de bedoeling van de wetgever met de Bureaus Jeugdzorg, namelijk dat het Bureau Jeugdzorg geen aanbieder van jeugdzorg is maar de hulpvraag van de jeugdigen met hen verduidelijkt en vertaalt in een indicatie voor de gewenste zorg (pagina 23 uit het Beleidskader), is het duidelijk dat in deze optiek ook sprake zal zijn van casemanagement. Dit naast de overweging die hiervoor al werd aangegeven bij de visie van het ministerie op de introductie van de gezinscoach.
In het Beleidskader voor de nieuwe Wet op de Jeugdzorg (2000) wordt hier dan ook als volgt over geschreven[4]:

Casemanagement

❝ Het onderdeel casemanagement houdt in: het begeleiden en ondersteunen van de cliënt gedurende de toegang en tijdens de uitvoering van het zorgaanbod. Het belang van het casemanagement ligt bij de individuele ondersteuning van de cliënt, het vergroten van de kwaliteit en daarmee effectiviteit van de hulpverlening en het terugdringen van het aantal mislukte hulpverleningstrajecten. Casemanagement omvat de volgende elementen:
- het verduidelijken van de vraag voor en met de cliënt;
- het opstellen van een hulpverleningsplan;
- het feitelijk regelen van het benodigde zorgaanbod, zo nodig met hulp van de voor de zorgtoewijzing verantwoordelijke financier;
- het bewaken van de voortgang van de hulp;
- de evaluatie van de geboden hulp;
- de toegang tot herindicatie.

De casemanager is voor de cliënt een vast aanspreekpunt. De inhoud van het casemanagement verschilt per cliënt al naar gelang de fase in de toegang of de uitvoering van de zorg. Onder voorwaarden kan de casemanager de coördinatie overdragen aan een functionaris van de zorgaanbieder. De casemanager biedt met name tot en met de indicatiestelling en zorgtoewijzing ondersteuning aan de cliënt die door de cliënt aanvaard, maar ook geweigerd kan worden. Gedurende de zorgverlening en het bewaken van de voortgang van de hulp heeft de casemanager echter ook taken die overeenkomen met die van de plaatsende instantie, zoals deze nu omschreven zijn in de Wet op de jeugdhulpverlening. Deze taken hebben dan een verplichtend karakter. ❞

In de voortgangsrapportage 2003-2006 (2002) staat over casemanagement het volgende:

❝ De invulling van casemanagement als taak van het Bureau Jeugdzorg wordt meegenomen in het reguliere traject van de voorbereiding van de algemene maatregelen van bestuur. In verschillende overleggen waaronder het sectoroverleg en de landelijke cliëntentafel en in bilaterale overleggen met het IPO en de MOGroep zijn de kwaliteitseisen in verschillende stadia van ontwikkeling besproken en getoetst. In de nota naar aanleiding van het verslag is uitgebreid ingegaan op casemanagement. ❞

> Uit het feit dat er steeds nieuwe (wets)voorstellen worden gelanceerd om 'de toestand te verbeteren' blijkt dat in de hulp- en dienstverlening de aansluitingsproblemen op macroniveau tot op de dag van vandaag allerminst zijn opgelost. Het aanstellen van een casemanager brengt in deze problematiek geen verbetering zolang de structurele voorwaarden niet zijn verbeterd.
> Om een indruk te krijgen van wat bijvoorbeeld het ministerie voor Jeugd en Gezin aan plannen heeft om de voortdurende problemen in de jeugdhulpverlening aan te pakken verwijzen wij naar de cd-rom.

> *Ga nu naar het informatiegedeelte op de cd-rom. Lees het artikel 'Naar een nieuwe visie stelsel jeugdzorg'.*

Op *meso-niveau* wordt het opheffen van aansluitingsproblemen vooral gezocht in schaalvergroting en vorming van geïntegreerde organisaties, met een brede 'range' aan zorg, hulp en diensten.

Voorbeelden hiervan zien we op het gebied van lokaal sociaal beleid, waarbij het grote-stedenbeleid, zoals geïnitieerd en gestimuleerd door het ministerie van Binnenlandse Zaken een van de peilers is. In de praktijk betekent dit dat op verschillende plaatsen in het land niet alleen nauw wordt samengewerkt tussen instellingen voor maatschappelijk werk en sociaal-cultureel werk, maar dat in sommige gevallen ook daadwerkelijk wordt gefuseerd. Dat dit, gezien de geschiedenis van het Nederlandse welzijnswerk[5] niet geheel van discussie en spanningen[6] is ontbloot zal duidelijk zijn.

Ook het ontstaan van de zogenaamde 'brede school' is een uitdrukking van de ervaren noodzaak tot samenwerking waar het gaat om een integrale aanpak van complexe problemen waarbij jongeren en hun gezinnen betrokken zijn. De Vensterschool in Groningen is als eerste brede school te zien, gestart in 1995. In een zogenaamde brede school worden niet alleen extra activiteiten georganiseerd voor de leerlingen, soms tijdens een verlengde schooldag, maar er wordt ook door maatschappelijk werk en jeugdhulpverlening hulp geboden aan kinderen en ouders met problemen.

> **Voor wie meer wil weten over de brede scholen in Nederland is op de website www.bredeschool.nl informatie over de Nederlandse brede scholen te vinden en over de activiteiten die zij organiseren.**

Door de minister van Jeugd en Gezin is in 2008 een begin gemaakt met het instellen van Zorg Advies Teams (ZAT) in het hele land.
Het Landelijk Steunpunt Zorg- en Adviesteams meldt hierover:

> ZAT's in het onderwijs zijn multidisciplinaire teams waarin professionals uit (speciaal) onderwijs, leerplicht, maatschappelijk werk, jeugdzorg, gezondheidszorg en politie/justitie structureel samenwerken om scholen en kinderen/jongeren met (vermoedens) van sociaal-emotionele, gedrags- ontwikkelings- en/of schoolleerproblemen én de gezinnen waaruit zij afkomstig zijn, vroegtijdig, efficiënt en effectief te ondersteunen. De 'a' van 'advies' in de afkorting ZAT is overigens de laatste jaren ontwikkeld naar óók de 'a' van 'activering' en van 'afstemming' van zorg. De functies van het ZAT betreffen die welke zijn gericht op de leerling en ouders (bijvoorbeeld multidisciplinaire probleemtaxatie, en coördinatie van zorg), op de school (bijvoorbeeld handelingsadvisering) en op beleidsontwikkeling (bijvoorbeeld het leveren van gegevens over aantallen en soorten aanmeldingen). De structurele samenwerking tussen genoemde professionals geschiedt zowel in de vorm van bi- of mulitilaterale contacten rond een leerling, als ook in de vorm van een periodiek teamoverleg. Het ZAT functioneert met andere woorden als netwerk/uitvoeringsteam én als casusoverleg. Het ZAT wordt geactiveerd wanneer eerdere – lichtere – interventies via de schoolinterne leerlingenzorg niet toereikend zijn gebleken.

Uit allerlei publicaties[7] blijkt dat verschillende vormen van herstructurering zoals die nu aan de orde zijn, op zichzelf nog geen enkele garantie bieden dat de aanbodzijde niet langer domineert in de hulp- en dienstverlening. We willen deze bewegingen eerder zien als een poging orde op zaken te stellen op instellingenniveau en om in financieel opzicht het hoofd boven water te houden dan dat het een garantie is voor een betere aansluiting van de vraag van de cliënt op het aanbod van de instellingen. Om dát te garanderen is niet zozeer een structuurverandering nodig als wel een cultuurverandering. Een aardige illustratie hiervan lezen we in het artikel van Van Bekkum en Filedt Kok-Weimar (2000):

❝ De medische, psychiatrische, psychologische, pedagogische, veiligheids-, welzijnsvisies op kinderen en jongeren hebben zich de afgelopen honderd jaar maatschappelijk en wetenschappelijk verzelfstandigd. Het gevecht voor autonomie en het 'discipline-centrisme' van deze beroepsgroepen werkte en werkt verkokering in de hand. Een jeugdarts spreekt vanuit een academische, klinische achtergrond, een jongerenwerker vanuit een welzijnskader, een wijkagent of leerkracht vanuit weer een ander opleidings- en denkkader. Dit schept voor de preventieve netwerken een Babylonische spraakverwarring. ❞

De bestuurskundigen Kerkhoff en Van Heffen formuleerden de kenmerken in interdisciplinaire samenwerking (1997). Zij citeren hun collega Hollander over samenwerking:

❝ Elke discipline heeft een geheel andere kijk op de patiënt-cliënt en een eigen taal om daarover te communiceren. Deze taal is dusdanig binnen de eigen discipline ontwikkeld dat zij, zoals elke vaktaal, verkeer met collega's gemakkelijk maakt en met een vertegenwoordiger van een andere discipline niet of nauwelijks tot elkaar-begrijpen leidt. ❞

Volgens Kerkhoff en Van Heffen liggen de oorzaken van wederzijds onbegrip echter nog dieper. Het gaat niet alleen om terminologische verschillen maar ook om andere logica's, paradigma's van denken en handelen, om andere referentiekaders of rationaliteiten. Maar het kader van Kerkhoff en van Heffen is niet voldoende. Voor de complexiteit voor buurtnetwerken is een breder verklarend kader nodig (Van Bekkum, 1998). Naast de spraakverwarring tussen beroepsgroepen in buurtnetwerken bestaat een tweede: die tussen overheids- en ambtelijke sectoren. Hoewel in verandering, heeft de verkokering van ministeries en beleidssectoren in provincies en gemeente haar weerslag op het functioneren van de netwerken. De derde spraakverwarring, hoewel meer op afstand, bestaat tussen theorie en praktijk. Beleidsmaker en managers bedenken wat goed is voor de werkvloer, ouders en kinderen. Dat strookt lang niet altijd met de behoeftes van deze partijen. Om deze drievoudige Babylonische spraakverwarring werkbaar te maken zijn, ten aanzien van preventieve netwerken, ook duidelijke afspraken tussen landelijke overheid, provincie en gemeente nodig (Van Bekkum & Gorissen, 2000).

❝ De kwaliteit van samenwerking is te verbeteren met bijzondere ondersteuning vanuit provincie (jeugdzorg), gemeente (jeugdbeleid) en directies van zorginstellingen (primair proces). Daarvoor is een organisatorisch en methodisch kader, op provinciaal, instellings- en lokaal niveau nodig. De gemeente is als regisseur van het jeugdbeleid als eerste verantwoordelijk voor de organisatie en kwaliteit van de netwerken. ❞

Dit citaat van Van Bekkum e.a. dateert van 2000. Het heeft nu, in 2009, nog niets aan actualiteit ingeboet.
Langzamerhand wordt ook binnen de hulpverleningswereld zelf duidelijk dat er iets fundamenteel moet veranderen, zo is te lezen in het volgende vignet.

TERZIJDE

Advies: jeugdzorg niet langer laten lopen langs vele loketten
Overheid moet in de toekomst jeugdzorg financieren uit één budget
Van onze verslaggevers Gijs Herderscheê, Aimée Kiene

De jeugdzorg moet volledig op de schop. Kinderen en opvoeders met problemen moeten met één loket en één compleet aanbod van de diverse zorginstellingen te maken krijgen. De overheid moet alle zorg met één budget betalen.
Alleen voor kinderen met complexe problemen moet nog een 'indicatie' worden opgesteld. Hulpverleners moeten direct aan de slag kunnen met kinderen die relatief eenvoudige problemen hebben. Dit bepleiten de Bureaus Jeugdzorg en de uitvoerders – de zorginstellingen – gezamenlijk bij minister Rouvoet van Jeugd en Gezin.
Dat standpunt is voorbereid in de werkgeversorganisatie MO Groep Jeugdzorg van voorzitter Hans Kamps. Volgens hem is het probleem dat de zorg nu in aparte circuits wordt verleend. Die hebben nauwelijks onderling contact. 'Neem justitie, de jeugdzorg, de GGD, het onderwijs en de geestelijke gezondheidszorg: het zijn allemaal gescheiden organisaties.' Al deze circuits hebben hun eigen financiering van de overheid.
Kamps stelt met de Bureaus Jeugdzorg en de zorguitvoerders voor dat jongeren 'minder zware problemen' direct hulp kunnen krijgen. Hulpverleners op scholen en de Centra voor Jeugd en Gezin moeten kinderen en hun ouders direct kunnen doorsturen naar specialistische hulp. Nu moeten kinderen vaak eerst een 'indicatie' halen die het recht geeft op zorg. Volgens Kamps leidt het afschaffen van de indicaties voor de jeugd tot 'ontbureaucratisering'. 'Er komt ook capaciteit vrij voor vroegtijdige signalering, zorgcoördinatie en snelle interventie.'
De organisaties stellen Rouvoet voor alle jeugdzorg uit één budget te financieren. Dat maakt het niet langer aantrekkelijk om probleemjongeren 'door te schuiven', omdat die bij een andere organisatie voor rekening van een ander budget komt.
Rouvoet bereidt een reorganisatie van de jeugdzorg voor. Daarvoor verzamelt hij nu adviezen. Begin 2010 wil de minister een plan voor een nieuwe aanpak van de jeugdzorg aan de Tweede Kamer voorstellen.

Bron: de Volkskrant 29 oktober 2009

> *Ga nu naar het informatiegedeelte op de cd-rom. Het artikel* 'Waar hulpverlening faalt moet je als ouders doorgaan' *maakt op schrijnende wijze duidelijk dat de herstructurering van de zorg geen garantie biedt voor adequate hulpverlening.*

Het antwoord van de overheid op dit soort situaties is te vinden in het artikel *'Donner en Ross willen beter aanbod voor jongeren met ernstige gedragsproblemen'*.
In dit artikel zijn de voornemens van de regering te lezen om een eind. te maken aan het tekort aan behandelplaatsen voor jongeren met gedragstoornissen. Nu, in 2009 blijkt dat de toestand nog net zo is.

> *Ga nu naar het informatiegedeelte op de cd-rom. Lees het artikel* 'Je voelt je als ouder zo machteloos'.

> *Ga nu naar het oefengedeelte op de cd-rom en doe de oefening 'Ieder voor zich'.*

Op *micro-niveau* lijkt casemanagement een bruikbaar instrument te zijn om de geconstateerde aansluitingsproblemen binnen en tussen sectoren op te lossen. Het gaat daarbij vooral om aansluitingsproblemen die de klant, de gebruiker, heeft met de aanbieder. Casemanagement vormt dan de verbindende schakel tussen gebruiker en voorziening, tussen vraag en aanbod.

Over het aansluiten van vraag en aanbod in de hulpverlening is eerder onderzoek gedaan door Hageman-Smit (1976). Zij kwam tot de conclusie dat de cliënt in de hulpverlening geconfronteerd wordt met een hulpverlener die een andere doelstelling in petto heeft dan hijzelf. Bovendien verschillen cliënt en hulpverlener van mening over het belang van verschillende doelstellingen. Uit haar onderzoek blijkt dat streven naar gelijkwaardigheid geen garantie biedt dat ook in de praktijk rekening wordt gehouden met de doelstellingen van de cliënt. Dat er sindsdien niet écht veel veranderd is blijkt uit een onderzoek naar de werking van (zorg)programma's in de GGZ.

Verburg, Franx en Geelen (2002) stellen de vraag aan de orde of cliënten krijgen wat ze willen. Zij komen tot de conclusie dat de vraag van de cliënt nog steeds niet het uitgangspunt van de hulpverlening is. Als redenen hiervoor geven zij aan:

> De eerste is dat zorgprogrammering zich in veel regio's helemaal niet primair heeft gericht op het versterken van de vraaggerichtheid van de GGZ. Het idee van zorgprogramma's is, in het kader van de fusie van regionale GGZ-aanbieders, vooral ingezet met het doel het gezamenlijke hulpaanbod na de fusie te herordenen. Dat was een klus van en voor professionals in opdracht van het GGZ-topmanagement. Cliënten wilde men bij dit proces liever nog niet betrekken.
> Een tweede reden is dat men het in veel regio's ook moeilijk vindt om cliënten te vinden die men bij de zorgprogrammering zou kunnen betrekken. Men wil niet de eigen cliënten hiervoor vragen – dat zou problemen kunnen geven met de lopende hulpverlening (waarom eigenlijk?) – en men vindt het ook lastig om anderen te vinden die vanuit hun ervaring als cliënt zouden kunnen meespreken. Soms wordt de cliëntenraad bij de zorgprogrammering betrokken, maar dan meestal toch achteraf, als de programma's eenmaal geschreven zijn.
> Een derde reden is de meer fundamentele kloof tussen hulpverleners en hulpvragers. Zorgprogrammering is een abstracte exercitie, terwijl cliënten denken vanuit hun eigen levensverhaal en levenssituatie. Hulpvragers en hulpverleners moeten nog leren hun kennis met elkaar te delen, vaak ontbreekt het aan de daarvoor noodzakelijke communicatieve houding en vaardigheden.

Ook op het terrein van de jeugdhulpverlening blijkt hoe moeilijk het is cliënten bij de hulpverlening te betrekken en rekening te houden met wat zij zelf willen.

In opdracht van het Landelijk Platform Jeugdzorg (LPJ) heeft JP2000+ (sinds 1 januari 2002: Collegio) in de periode van juni 2001 tot april 2002 gesprekken gevoerd met jongeren over hun ervaringen in en verwachtingen ten aanzien van de jeugdzorg en het Bureau Jeugdzorg in het bijzonder. Ook de ouders is naar hun mening gevraagd door Attie Wolff Projecten. De ervaringen, knelpunten en oplossingen zijn vastgelegd in het rapport *Nu doen*.

De tekst van het rapport *'Nu doen'* is op de cd-rom te vinden.

De onderzoekers stellen: 'Veel van de kritiek van de jongeren op de hulpverleners komt neer op een gebrek aan respect, aan het onvoldoende serieus nemen van de jongere en het slecht luisteren naar de jongere. Jongeren geven aan dat hulpverleners het vaak te druk hebben en onvoldoende tijd aan hen kunnen besteden. Ze ervaren nauwelijks echte betrokkenheid bij hun problematiek en krijgen het gevoel een nummer te zijn. Daar komt een gebrek aan continuïteit nog bij: steeds wisselende hulpverleners, die bovendien de overdracht slecht verzorgen.(...) Daarnaast geven de jongeren aan dat hulpverleners meer onderling moeten overleggen en afstemmen en veel meer afspraken op schrift zouden moeten stellen.'
Ook de ouders verwachten volgens de onderzoekers meer serieus genomen te worden door hulpverleners en gezien te worden als deskundigen die hun kind het beste kennen. Zij zouden meer aangesproken moeten worden op de bijdrage die zij vanuit die specifieke deskundigheid aan de hulpverlening zouden kunnen leveren.
Zowel jongeren als ouders ventileerden een aantal ergernissen die van grote invloed zijn op de sfeer en de verstandhouding tussen hulpverlener en hulpvrager:
- meerdere malen hetzelfde verhaal te moeten vertellen;
- geen vast contactpersoon waardoor je niet meer weet bij wie je terecht kunt met vragen;
- veel verschillende hulpverleners;
- bij wisseling van hulpverlener wordt de jongere daarover niet geïnformeerd;
- te weinig contact;
- te weinig schriftelijk vastleggen van afspraken;
- te weinig tijd voor een afspraak, de volgende staat al weer te dringen;
- te vaak op het horloge kijken, dat geeft het gevoel alsof je een nummer bent;
- slechte telefonische bereikbaarheid.

Het voorkómen van aansluitingsproblemen op de hiervoor genoemde drie niveaus zal ongetwijfeld de doelmatigheid van de hulp- en dienstverlening vergroten. De overheid verwacht echter niet alleen een grotere doelmatigheid, maar ook een accentverlegging van 'compenseren naar activeren': hulpvragers moet ondersteuning geboden worden zonder onnodig verantwoordelijkheden over te nemen: de steun moet niet gericht zijn op compensatie van tekorten, maar sterk gericht op het activeren van mogelijkheden (Clarijs 1992).
In de nieuwe subsidiesystematiek krijgt niet meer een 'gevestigde' instelling als zodanig subsidie. In dit systeem wil de overheid betalen voor 'producten'. De overheid wil het hulpaanbod zowel kwalitatief als kwantitatief gaan normeren. Steeds vaker worden in instellingen op het terrein van hulpverlening normen ontwikkeld die niet alleen gericht zijn op controle van de kwaliteit van de hulp, maar die ook de kwantiteit aan banden legt. Er worden systemen ingevoerd waarmee kwaliteit en kwantiteit controleerbaar en meetbaar gaan worden.
Het marktmechanisme is ingevoerd en instellingen moeten met elkaar gaan concurreren.[8] Een groeiend probleem hierbij is de onevenwichtige verhouding tussen enerzijds de gesubsidieerde instellingen die met handen en voeten gebonden zijn aan overheidsmaatregelen en anderzijds de private ondernemingen die op eigen wijze, soms beneden de kostprijs van gesubsidieerde instellingen, hulp 'verkopen'. Deze beweging is nog versterkt door de invoering van het persoonsgebonden budget.

Aan het slot van deze paragraaf nog enkele opmerkingen over de Wet verbetering Poortwachter.

Op 1 januari 2002 is deze wet ingevoerd om instroom van werknemers in de WAO terug te dringen. In deze wet wordt uitdrukkelijk gesproken over de aanstelling, c.q. aanwijzing van een casemanager die tot taak heeft de reïntegratie van de zieke werknemer in het bedrijf waar hij werkt te bevorderen.

> *Ga nu naar het informatiegedeelte op de cd-rom. De regels voor de zieke werknemer zijn terug te vinden in het artikel* **'Nieuwe regels bij langdurig ziekte verzuim'**.

1.5 Drie samenhangende trends

De hiervoor beschreven ontwikkelingen spitsen zich toe op drie, met elkaar samenhangende, trends voor wat betreft de hulp- en dienstverlening (Van Lieshout 1991):

1. Empowerment (toerusten)

Mensen en groepen dienen door de hulp- en dienstverlening zo goed mogelijk toegerust te worden zodat ze een volwaardige plek in de samenleving kunnen innemen en greep op hun leven en hun bestaansontwerp kunnen krijgen of houden. Dit betekent dat de hulp- en dienstverlening zich moet richten op activeren in plaats van op compenseren, op inspraak en participatie van de cliënt aan het hulpverleningsplan in plaats van verzorgd te worden. Het betekent een afstappen van het in kaart brengen van tekorten en defecten van de cliënt en het maken van de overgang naar het in kaart brengen van de mogelijkheden die de cliënt en het cliëntsysteem hebben en die kunnen worden gemobiliseerd bij het tegemoetkomen aan de behoeften van de cliënt.

Het betekent de cliënt in staat stellen om te leren – door middel van programma's – zelfstandig te worden en onafhankelijk van hulp- en dienstverlening binnen zijn eigen marges. Op die manier wordt het mogelijk dat de cliënt marktpartij wordt. Waar de cliënt dat niet of nauwelijks kan, dient de casemanager deze positie over te nemen.

2. Accountability (rekenschap afleggen)

De hulp- en dienstverlening dient inzichtelijk te maken op welke manier, met welke middelen, de professionals werken aan welk doel. Met andere woorden: hulpverleners moeten kunnen verantwoorden wat zij doen. Bij accountability gaat het om vragen als: worden de gestelde handelplannen gehaald, wordt de cliënt geraadpleegd bij het bepalen van de output, en dergelijke.

Bij accountability gaat het dus niet om ideologie (wat wil men bereiken), maar om het effect (laten zien hoe men bereikt wat men wil).

Dat betekent rekenschap afleggen met betrekking tot de doelen die worden gesteld, welke alternatieven er eventueel aanwezig zijn, welke werkwijzen gebruikt worden, wat de inbreng van de cliënt en het cliëntsysteem zal zijn, wat het effect van de hulpverlening is, in hoeverre de gestelde doelen bereikt zijn want op basis daarvan wordt afgerekend. Het gaat er niet alleen om om rekenschap af te leggen met betrekking tot de vraag of de hulp effectief was, maar ook of deze efficiënt geleverd is.

3. Feedback

Met feedback wordt bedoeld het systematisch verzamelen en rapporteren van die zaken waar men als hulpverlener en als instelling tegenaan loopt bij de uitvoering van de hulp- en dienstverlening. Deze gegevens zijn een venster voor politici. Op basis daarvan baseren zij hun keuzen.

Terugtredende overheden richten zich vooral op het reguleren van voorzieningen door middel van richtlijnen en voorwaarden en niet zozeer op wat er inhoudelijk gebeurt op het terrein van de hulp- en dienstverlening. Deze richtlijnen en voorwaarden worden ontwikkeld op basis van de gegevens die door de instellingen worden ingebracht.

Feedback heeft tot gevolg dat instellingen door middel van:
- protocollering,
- registratie,
- signalering en
- het aanbieden van alternatieven

terug dienen te rapporteren aan overheid en politici.

1.6 Verandering in organisatie van de hulp- en dienstverlening

Naast de hierboven beschreven veranderingen in denken zijn nog andere trends te constateren. Al begin jaren tachtig van de vorige eeuw kwamen verschillende hulpverleners en beleidsmakers tot de conclusie dat de hulp- en dienstverlening niet of nauwelijks (efficiënte) antwoorden gaf op *complexe* problematiek van hulpvragers.

De hulp- en dienstverlening is georganiseerd in instellingen op grond van deelproblemen, disciplines en werkwijzen. De instellingen zijn niet zo georganiseerd dat zij de complexe hulpvraag van de cliënt als uitgangspunt kunnen nemen. Het hulpaanbod bij complexe problematiek is daarom versnipperd en gefragmentariseerd. Het aanbod van de instellingen staat centraal en niet de complexe vraag van de cliënt.

Men constateert:
- Het creëren van voorzieningen om ergens anders een vraag af te remmen, betekent meestal het creëren van een nieuwe vraag zonder afremming van de vraag elders. De substitutie werkt niet (Goudriaan, 1989).
- De lijnen (eerste en tweede lijn) zijn scheidslijnen geworden. Echelonnering is een proces van scheiding (Kolkman en Visser, 1986).
- De starre hantering van de termen eerste en tweede lijn, belemmert het vinden en stimuleren van allerlei nuttige vormen van zorg die niet precies in de bestaande hokjes passen (Commissie Dekker, 1987).
- Het echelonneringsmodel weet moeilijk raad met mensen die langdurig of met tussenpozen behoefte hebben aan zorg, de ene keer in een klinische setting, de volgende keer in een extramurale setting en weer een andere keer thuis.
- Het lijnenmodel is een verwijzingsmodel. Het is ontwikkeld vanuit het behandelingsperspectief en de arbeidsverdeling binnen de medische beroepsgroep en wordt als organisatiemodel gehanteerd voor het hele veld.
- Selectie en verwijzing zijn niet anders dan een gang door de deskundigheidshiërarchie (Van Lieshout en Stoelinga, 1988).

Daartegenover wordt ondermeer gesteld:
- Men moet niet uitgaan van personen, disciplines of instellingen, maar van het soort hulp dat nodig is (functionele opbouw: zorgfuncties).

- Voorzieningen en hulpverleners die hetzelfde doel nastreven worden als één geheel beschouwd (een functie).
- Een functiegerichte ordening geeft meer mogelijkheden tot een pasklaar antwoord (zorg op maat) en geeft meer flexibiliteit.[9]

Op grond van deze constateringen vinden begin jaren negentig verschillende ingrijpende veranderingen in de hulp- en dienstverlening plaats.
Deze veranderingen zijn gebaseerd op de overtuiging dat samenwerking tussen verschillende hulpverleningsinstellingen en disciplines noodzakelijk is bij complexe en/of langdurige problematiek. Die samenwerking moet leiden tot de coördinatie van hulp- en dienstverlening rond één cliënt of cliëntsysteem.
Deze coördinatie van hulp (casemanagement) is noodzakelijk, wil de hulpverlening efficiënter en met beter resultaat werken.
In dit kader stimuleert de overheid een vergaande samenwerking tussen instellingen, door aan samenwerking voorwaarden met betrekking tot subsidiëring te verbinden: gestreefd wordt naar een gedifferentieerd hulpverleningsaanbod vanuit gelijksoortige voorzieningen, boven differentiatie tussen voorzieningen op basis van gespecialiseerde categorieën. Dit moet leiden tot een wijziging van de categoriaal en sectoraal geregelde en gefinancierde voorzieningen.
Voor de hulp- en dienstverlening is het vooral van belang te onderkennen dat vanuit de *overheid* de nadruk wordt gelegd op de *vraagkant* (wat is de vraag van een cliënt), tegenover de eenzijdige gerichtheid op het *aanbod* van de voorzieningen.
Door de Stichting Gehandicapten Overleg Amsterdam is een onderzoek gedaan (Stam 2003) naar 'de vraag achter de vraag'. Onderzoek naar de verborgen vraag van mensen met een handicap in de Chassébuurt in Amsterdam is gedaan in opdracht van de regiocommissie gehandicapten Noord-Holland, een overleg van zorgaanbieders, cliëntenorganisaties en zorgkantoren. Het doel van het onderzoek was meer zicht te krijgen op wat er in een wijk speelt.
Het bleek dat nogal wat mensen met een verstandelijke of lichamelijke handicap niet de zorg kregen die zij vroegen omdat instellingen alleen de zorg leverden die zij kunnen leveren en daarmee was de kous af. Meer of andere (aanvullende) zorg dan in hun aanbiedingspakket zat, werd niet gegeven. Het merendeel van de cliënten liet het daarop ontmoedigd afweten.

Een vast coördinatiepunt, waar alle vragen terecht komen, moet de vraag aan de juiste hulpverleningsinstelling doorgeven. (...) Al tijdens het onderzoek is de werkgroep geformeerd die de zorgvraag in de Chassébuurt beter wil samenbrengen en afstemmen. Men wilde de mensen die geïnterviewd waren ook direct hulp bieden voor hun verborgen vraag. In die werkgroep werken de sociaal-pedagogische dienst, de wijkpost voor ouderen, de thuiszorg, het wijkopbouwwerk en het woningbedrijf samen.
De afspraak is dat elke hulpverlener die bij een cliënt een nieuwe, verborgen hulpvraag tegenkomt, de vraag naar de geëigende instantie doorsluist. Eerst door de cliënt zelf daar op te wijzen. Doet hij het niet, dan vraagt de zorgverlener toestemming aan de cliënt zelf contact op te nemen met de hulpverleningsinstelling. Komt de vraag daar aan, dan moet de instelling binnen twee dagen contact met de cliënt opnemen. De initiërende hulpverlener houdt de vinger aan de pols of de cliënt ook de gevraagde hulp krijgt. De nieuwe hulpverlener koppelt weer terug naar de initiator wat eraan hulp naar de cliënt is gegaan.

De vraag van de cliënt/consument komt dus centraal te staan en niet het aanbod van de instelling.
Hoe belangrijk (en soms kostenbesparend) dat is, blijkt uit een onderzoekje (Calis en Van Gennep 1990). Hierin wordt geconcludeerd dat de verscheidenheid in het voorzieningenaanbod in de zorg voor verstandelijk gehandicapte personen weliswaar veel groter is dan vroeger en nog steeds groeit, maar dat toch het aanbod niet volledig aansluit bij de behoeften van de ouders, de zorgvragers. Dat geldt in het bijzonder voor ouders van kinderen die op een wachtlijst staan. Het onderzoek spreekt in dit opzicht duidelijke taal. De onderzoekers hebben zeventien ouders van kinderen met een verstandelijke handicap geïnterviewd die wachtten op een plaats voor hun kind in een inrichting. Slechts drie van die zeventien wensten echt zo'n traditionele plaats. De andere veertien hadden een voorkeur voor een kleinschalige woonvoorziening. Dezelfde voorkeur leefde bij ouders die wachtten op een plaats in een gezinsvervangend tehuis. Van Gennep en Calis constateerden dat er onvoldoende keuzevrijheid is. Ouders moeten het antwoord op hun hulpvraag zoeken binnen 'een voorgesorteerd aanbod van voorzieningen en diensten.'

> *Ga nu naar het informatiegedeelte op de cd-rom. Lees* 'Het verhaal van Hans van Putten (54) over 250.000 euro investeren in de zorg'.

De tevredenheid, ook bij de ouders van kinderen in inrichtingen, neemt niet weg dat de structuur van de zorg voor verstandelijk gehandicapten nog tekort schiet. Niet de vraag van de ouders en hun verstandelijk gehandicapte kind is het uitgangspunt, maar het aanbod van de voorzieningen. Een werkelijke doorbraak zal hieruit moeten bestaan dat de zorgvragers het beslissingsrecht krijgen. Hun wensen moeten het uitgangspunt zijn voor het zorgsysteem Dit betekent dat de hulpverlening zowel tot andere vormen van hulpaanbod moet komen als tot andere en intensievere vormen van samenwerking.
De belangrijkste wissel die in dit denken wordt overgegaan kan als volgt worden samengevat: *niet het aanbod, niet de methode, niet de discipline, niet de instelling staat centraal, maar de vraag van de cliënt.*

Dit fundamenteel andere uitgangspunt houdt onder andere in dat zowel inhoudelijk als organisatorisch de nadruk komt te liggen op:
- Hulp op maat;
- Integrale hulpverlening;
- Organisatie van de hulp- en dienstverlening: casemanagement;
- Een klantgerichte manier van kijken;
- De klant als marktpartij, met name wanneer sprake is van een persoonsgebonden budget.

Casemanagement is een poging om in de hulp- en dienstverlening hieraan gestalte te geven.

> *Ga nu naar het oefengedeelte cd-rom. Doe de oefening* 'Visie op inhoud en organisatie van de hulpverlening.'

Casemanagement

Noten

1. In de Nederlandse literatuur wordt het woord 'casemanagement' geschreven op de Engelse wijze, namelijk: case-management. Wij gebruiken de 'vernederlandste' schrijfwijze van het woord, namelijk 'casemanagement'. Dit in overeenstemming met de schrijfwijze van 'casework' en 'casestudy' (Van Dale, Groot Woordenboek der Nederlandse Taal).
2. Vollen is een bewerking, waardoor wollen stoffen, vooral laken, vaster en dichter werden gemaakt door trappen of slaan, geholpen door warmte, vocht, zeep en dergelijke. Tijdens de bewerking krimpt de stof.
3. Het woord crisis bestaat in het Chinees uit twee karakters. Eén voor gevaar en één voor mogelijkheden.
4. Pagina 27.
5. Zie bijvoorbeeld: Nora van Riet, Op weg naar Social Work. In V. van den Bersselaar (red.) *Zorgvuldig hulpverlenen*. Assen 1999 en de repliek hierop van Marcel Spierts 'Diversiteit als kracht van sociale professies' in *Maatwerk, vakblad voor maatschappelijk werk*, nr. 2, april 2000.
6. Deze spanningen komen duidelijk naar voren in het verslag van Jan Rycken (1997) naar samenwerking tussen Algemeen Maatschappelijk Werk, Sociaal Cultureel Werk en Welzijn Ouderen.
7. Zo is – nu al – een van de kritiekpunten op de Nieuwe wet voor de jeugdhulpverlening dat het vraaggerichte karakter van de hulpverlening tenietgedaan wordt door onduidelijke formuleringen met betrekking tot:
   - welke vraag;
   - van wie;
   - als hulpvraag wordt gehonoreerd;
   en hoe zo'n vraag zich verhoudt tot deskundige diagnostiek (die sterk bepleit wordt in de nieuwe wet) die tot een andere probleemformulering kan leiden.
8. In dit opzicht heeft het werk van de Commissie Dekker (1987), vastgelegd in het rapport 'Bereidheid tot verandering' mede geleid tot een verandering in denken met name waar het gaat om het optreden van de (hulp)aanbodzijde.
9. Wij komen in hoofdstuk 2 nader terug op de functiegerichte hulpverlening. Wij zullen daarbij aangeven dat wij een functiegerichte benadering in de hulpverlening zien als een aanbodgerichte benadering en niet als een vraaggerichte.

2

Wat is casemanagement?

In dit hoofdstuk willen we aandacht besteden aan hoe casemanagement in de literatuur wordt omschreven, in welke vormen het wordt uitgevoerd en wat dat betekent voor de hulp- en dienstverlening aan cliënten.

2.1 Casemanagement in de literatuur

Wanneer we ons afvragen wat de essentie van casemanagement is bestaat natuurlijk de behoefte aan een definiëring van het begrip. Wanneer we dan in de literatuur zoeken valt op dat er diverse omschrijvingen zijn die, zoals Wolf (1995) stelt, geen van alle duidelijk en algemeen geaccepteerd zijn. Dat wil niet zeggen dat er geen bruikbare omschrijvingen van casemanagement zouden zijn.

Stikker (1989), die het casemanagement vooral onderzocht heeft vanuit het maatschappelijk werk hanteert een definitie van Rosenthal en Levine die zij als volgt samenvat:

> een reeks activiteiten door middel waarvan gevallen worden behandeld, in overeenstemming met het algemene beleid (van de organisatie) en met aandacht voor de kwaliteit van de behandeling.

Moxley (1989) beschrijft casemanagement als:

> een strategie op cliëntniveau, erop gericht om de samenhang tussen de dienstverlening, mogelijkheden en ondersteuning te bevorderen. De casemanager is dan een daartoe aangewezen persoon (of team) die een netwerk van formele en informele hulpverleners organiseert, coördineert en ondersteunt en activiteiten organiseert die erop gericht zijn het functioneren en het welbevinden van mensen met meervoudige problematiek te verbeteren.

Hesser (1991) geeft als omschrijving:

> Case management is op te vatten als een vorm van methodiekontwikkeling (een poging om taak- en resultaatgericht te werken) én als een vorm van organisatieontwikkeling (een poging om ten dienste van de cliënt en diens hulpvragen gecoördineerd samen te werken). Beide aspecten horen onlosmakelijk bij elkaar.

Rubin (1992) omschrijft casemanagement als:

> een vorm van dienstverlening waarin men probeert te bereiken dat cliënten met complexe, meervoudige problematiek en mensen met een handicap tijdig en op de juiste manier de hulp ontvangen die zij nodig hebben.

Het feit dat er geen eensluidende definitie bestaat zou wel eens te maken kunnen hebben met het feit dat de definities worden opgesteld vanuit de praktijk waarbinnen het casemanagement plaatsvindt. In die gevallen draagt de definitie van casemanagement kenmerken in zich van de specifieke werksoort.

Uit vele omschrijvingen blijkt dat het bij casemanagement in ieder geval gaat om het organiseren van een samenhangend hulppakket rond een bepaalde, meestal complexe hulpvraag van een cliënt. Goudriaan (1989 p.26) zegt hierover:

> Het gaat daarbij niet alleen om de coördinatie en afstemming van de hulp bij gelijktijdige hulpverlening door verschillende disciplines en/of voorzieningen, maar ook om de continuïteit van de hulp als die in verschillende periodes plaats vindt.

Op individueel hulpvragers-niveau is casemanagement synoniem voor: ervoor zorgdragen dat een hulpvrager de benodigde hulp en zorg krijgt. En wel zo dat de manier waarop, ondersteunend, effectief en efficiënt is, zodat de hulpvrager zo onafhankelijk mogelijk blijft functioneren (Vugs 1991 p.34).

Casemanagement is een functie in de hulp- en dienstverlening waarbinnen gebruik gemaakt wordt van verschillende (agogische) methoden.

We nemen hiermee stelling in de discussie die op dit moment nog gaande is rond de inhoud en positie van het casemanagement. Casemanager is ons inziens geen apart beroep, maar een functie. Deze stellingname betekent ook dat wij expliciet de mogelijkheid open laten dat niet-professionals een functie als casemanager vervullen.

Intagliata e.a.(1986) beschrijven de rol die familieleden kunnen hebben bij het casemanagement ten behoeve van hun chronisch psychiatrisch gestoord familielid. De schrijvers hebben de betrokkenheid van familieleden bij zes belangrijke casemanagement-functies waaronder assessment, linking, monitoring, hulp bij activiteiten dagelijks leven, crisisinterventie en pleitbezorging onderzocht. Bij elk van deze functies bezagen zij de mogelijkheden van familieleden om een bijdrage te leveren. Daarnaast hebben zij beschreven welke specifieke activiteiten meer op het terrein van professionele hulpverleners liggen en welke beperkingen of onmogelijkheden familieleden ervaren in de casemanagement-situatie waarin zij betrokken zijn.

Het artikel maakt duidelijk dat familieleden zeer wel in staat zijn een belangrijke bijdrage te leveren aan vrijwel alle onderdelen van het casemanagement ten behoeve van hun familielid, maar dat hun bijdragen maar al te vaak ontkend zijn of niet gebruikt worden door professionals. De schrijvers doen de aanbeveling dat professionals meer kennis overdragen aan familieleden ten aanzien van het casemanagement van hun familielid, dat zij meer werken aan integratie van de bijdragen van deze natuurlijke helpers binnen het formele casemanagement-systeem en dat zij familieleden helpen bij hun behoefte hun bijdragen in de zorg te vergroten. Ook aan de mogelijkheden die mensen zelf hebben, ook al zijn deze beperkt, dient veel meer aandacht besteed te worden.

> *Ga naar het informatiegedeelte op de cd-rom. Lees het artikel 'Elling'.*

In z'n algemeenheid kunnen we zeggen dat casemanagement niet noodzakelijk in alle situaties van hulp- en dienstverlening behoeft te worden ingezet. Integendeel zelfs. Omdat het een arbeidsintensief instrument is, dient het te worden gereserveerd voor die situaties waarin sprake is van aansluitings- en continuïteitsproblematiek op cliëntniveau zoals wij in het voorgaande hoofdstuk al aangaven. Wij verstaan onder 'cliëntniveau' de situatie zoals omschreven in hoofdstuk 3: cliënt centraal II.

2.2 Centrale uitgangspunten van casemanagement

Het casemanagement kent een aantal centrale uitgangspunten (Willems 1991 b), die in alle vormen van casemanagement die ons land nu alweer rijk is, terugkeren.

a. In de eerste plaats de *case* zelf: zonder case (Kees) geen casemanagement. Het gaat altijd om een (individuele) hulpvrager. De traditie in de hulp- en dienstverlening is er vaak een geweest (en nog) van gerichtheid van de hulpverlener op 'wat het probleem is'. De persoon van de hulpvrager werd dan vooral beschouwd in relatie tot de gediagnosticeerde problematiek. Wanneer we echter *de vraag* als uitgangspunt nemen (in de Amerikaanse literatuur wordt zelfs gesproken van *behoefte* in plaats van probleem) verandert niet alleen de optiek op de hulpvrager maar ook de positie die deze inneemt in de hulp- en dienstverlening. De context van de hulpvrager wordt bezien op kwaliteiten die deze heeft zowel voor wat betreft het ontstaan van de behoeften van de hulpvrager alsook op de mogelijkheden die er liggen om aan de behoeften van de hulpvrager tegemoet te komen. Dat betekent een beroep doen op de hulpvrager zich actief te verhouden tot zijn sociale omgeving.

b. In de tweede plaats gaat het om *management*, maar dan vooral in de betekenis van regelen, coördineren (op basis van samenwerkingsafspraken) en organiseren van de benodigde hulp- en dienstverlening. De verwarring die het begrip 'management' soms oproept heeft te maken met opvattingen over macht. De casemanager is niet degene die de macht heeft in de hulp- en dienstverlening, maar hij is degene die het proces mede organiseert en begeleidt op basis van gemaakte afspraken. Managen is in die zin te verstaan. Casemanagement wordt daarom ook wel omschreven als 'het organiseren door onderhandelen' (Willems, 1991b).

c. Een derde belangrijk uitgangspunt is dat casemanagement het hele traject *van vraag naar aanbod* beslaat. Van aanmelding tot afsluiting wordt de case 'gemanaged'. Afhankelijk van de organisatie waarin met casemanagement gewerkt wordt, betreft dit inzet van de casemanager vanaf de aanmelding van de hulpvrager of direct na een korte intake waarin is vastgesteld dat de hulpvrager op grond van complexe problematiek of continuïteitsproblematiek, in aanmerking komt voor hulp via een casemanager.

d. Dit leidt tot een vierde uitgangspunt, namelijk dat casemanagement zich beperkt tot *complexe problematiek* of *continuïteitsproblematiek.*
Het gaat dus om behoeften van hulpvragers waaraan door verschillende organisaties of verschillende disciplines tegemoet gekomen moet worden. Het maakt hierbij niet uit of de verschillende disciplines in één organisatie aanwezig zijn of niet. Ook wanneer te voorzien valt dat de hulpverlening zich over een langere periode zal uitstrekken (zoals in de psychiatrie of bij de zorg voor mensen met een verstandelijke handicap) kan gedacht worden aan de inzet van een casemanager. Het zal duidelijk zijn dat binnen de hulpverleningsorganisaties duidelijkheid moet bestaan met betrekking tot de vraag wat dan complexe problematiek is en wat niet én welke hulpvragen een langdurige begeleiding van een casemanager vragen. Overigens moeten we hierbij opmerken dat een langdurige psychosociale begeleiding zoals we die soms in het maatschappelijk werk tegenkomen geen casemanagement is. Het gaat dan immers niet om de begeleiding van een georganiseerd proces. We komen op dit verschil later terug.

e. We moeten vaststellen dat de *positie* van de casemanager van belang is. Deze positie moet in alle opzichten een onafhankelijke positie zijn. De casemanager moet zowel tegenover de hulpvrager als tegenover alle deelnemers aan de hulpverlening in handel en wandel duidelijk kunnen maken dat hij geen belang heeft bij welke partij dan ook. Dat neemt niet weg dat hij in eerste instantie een vertegenwoordiger van de hulpvrager is in die gevallen waarin deze niet voor zijn eigen belangen kan opkomen.
Het belang van alle participanten aan een casemanagementproces is echter hetzelfde, namelijk dat er kwalitatief zo goed mogelijk hulp geboden wordt die afgestemd is op de *hulpvraag.*

f. Het zesde en laatste uitgangspunt ten slotte is: casemanagement is *geen beroepsgebonden activiteit*, dat wil zeggen dat het niet is voorbehouden aan een bepaalde beroepsgroep. Het is zelfs denkbaar dat iemand uit het sociale netwerk van de cliënt diens casemanager wordt, of de cliënt zelf.

HOOFDSTUK 2 Wat is casemanagement?

Casemanagement is meer dan alleen gericht zijn op coördinatie en samenwerking tussen autonome instellingen en disciplines. Er is tevens sprake van een andere, zo men wil nieuwe benadering van de behoeften van de cliënt (Davies and Challis, 1986).
Wat houdt deze benadering in?

1. Er is sprake van een bredere vorm van diagnostiek (assessment) op grond waarvan de gewenste doelen en de benodigde vaardigheden en de mogelijke hulpbronnen uit de omgeving vastgesteld kunnen worden.
2. De cliënt is actief betrokken bij de voorbereiding en de uitvoering van de hulpverlening. Tijdens het gehele proces is het de bedoeling dat de cliënt zijn programma mee bepaalt en ook begrijpt. Daar moeten procedures en technieken voor uitgewerkt worden.
3. Er moet een systematisch individueel begeleidingsplan opgesteld worden, waarin alle stappen beschreven staan die gezet moeten worden om de gewenste doelen te bereiken.
4. Er dient een inschatting van de omgeving (onderdeel van assessment) en een eventuele verandering daarvan plaats te vinden (de omgeving als object van interventie). Om met de aangeleerde vaardigheden succesvol te kunnen functioneren in de eigen omgeving, moet daarvoor voldoende steun voor de cliënt of het cliëntsysteem aanwezig zijn. Die steun kan bestaan uit immateriële voorzieningen (bijvoorbeeld contacten met anderen) en uit materiële voorzieningen (bijvoorbeeld huisvesting, werk, vervoer).
5. Er is sprake van integratie van formele en informele zorg. Het is van groot belang familie, vrienden en kennissen van een cliënt niet te zien als mensen die een deel van de professionele hulp over kunnen nemen, maar als mensen die onderdeel uitmaken van een systeem waartoe ook de cliënt en de professionele hulpverlener behoren. Zij moeten bijvoorbeeld geïnstrueerd worden over wat hun aandeel kan zijn, betrokken worden bij de opstelling van het begeleidingsplan en eens in de zoveel tijd ontlast worden van hun (zware) taak, om uitputting tegen te gaan. Er is dus altijd sprake van een hulpverleningsteam waarvan cliënt, (leden van) diens sociale netwerk en professionals deel uit maken.
6. Verwijzingen dienen doelgericht te zijn. Vaak zijn diensten nodig die verzorgd worden door andere instellingen. De verwijzingen dienen doelgericht in plaats van activiteitgericht te zijn. Dit houdt in dat een verwijzing naar bijvoorbeeld een dagbestedingsproject op zich niet afdoende is, maar dat dit dient te gebeuren in het kader van een duidelijk geformuleerde doelstelling: wat moet met de dagbesteding bereikt worden?
7. Dat houdt een regelmatige evaluatie in die gebruikt wordt om te kijken of het begeleidingsplan moet worden bijgesteld.
    Daarbij is de betrokkenheid, de motivatie en de tevredenheid van de cliënt een cruciaal gegeven. Regelmatig worden diens ervaringen op deze punten geïnventariseerd om op grond daarvan het beleid en de samenhang van de geboden hulp- en/of dienstverlening zonodig bij te stellen.

Veel hulpverleners zullen, wanneer ze deze punten lezen, stellen dat zij allang op deze manier werken en daarmee het casemanagement tot 'de nieuwe kleren van de keizer' uitroepen. Nu zal het zeker zo zijn dat er hulpverleners zijn die casemanagement-achtige taken vervullen. Met name maatschappelijk werkers claimen dat zij allang als casemanager werken (Roberts-DeGennaro 1987; NASW 1992; Kamphuis 1991). Het gaat hier echter niet om dat wat individuele werkers op basis van hun inzichten en ervaring aan casemanagement(achtige)

zaken doen. Willen we werkelijk spreken van casemanagement, dan komt er meer kijken (Van Lieshout 1991):
- een uitgewerkte, bredere en adequate diagnostiek (assessment);
- de vaststelling van een samenhangend en volledig hulpverleningsplan (planning);
- de systematische (tussentijdse) evaluatie van de hulp- en dienstverlening (monitoring);
- teamorganisatie die het totaal van de individuele inbreng overstijgt (linking).

Casemanagement, zo stelden we al eerder, is meer dan alleen het organiseren en coördineren van de benodigde hulp- en dienstverlening. Het is een raamwerk waarbinnen vernieuwende hulp- en dienstverlening met en voor mensen met meervoudige en continuïteitsproblematiek kan worden opgezet, uitgevoerd en getoetst.

2.3 Niveaus van coördinatie

Bij complexe problematiek zijn vaak meerdere disciplines, instellingen, professionals en vrijwilligers betrokken. Wil de hulp- en dienstverlening in een dergelijke situatie effectief en efficiënt zijn, dan kan het niet anders of die hulp- en dienstverlening dient gecoördineerd te worden.
Deze coördinatie speelt zich af op drie niveaus:
- Op het niveau van instellingen;
- Op het niveau van het teamoverleg;
- Op het niveau van de uitvoerende hulpverlening.

Coördinatie op het niveau van instellingen houdt zich bezig met:
- De ontwikkeling en de coördinatie van beleid ten aanzien van integrale hulp- en dienstverlening aan groepen cliënten;
- Het ontwikkelen en coördineren van samenwerkingsprocedures en structuren tussen de onderscheiden instellingen teneinde de integrale hulpverlening voor die groepen cliënten mogelijk te maken;
- De totstandkoming en coördinatie van de benodigde randvoorwaarden.

Coördinatie op het niveau van instellingen is dus coördinatie op managementniveau. Dit wordt soms ten onrechte casemanagement op managementniveau genoemd. Er is echter geen sprake van een case (Kees) en dus niet van casemanagement.

Coördinatie op het niveau van het uitvoeringsteam betekent:
- Het organiseren en coördineren van de benodigde hulp- en dienstverlening bij complexe hulpvragen van een cliënt in overleg met alle betrokkenen;
- Het opstellen van een gemeenschappelijk en op elkaar afgestemd hulp- en dienstverleningsplan;
- De coördinatie van de teamsamenwerking die nodig is om die hulp effectief en efficiënt te realiseren.

Het hulpverleningsteam bestaat uit professionals van verschillende instellingen en disciplines, zo mogelijk de cliënt zelf, personen die deel uitmaken van het netwerk van de cliënt en eventuele vrijwilligers.

De inbreng van elk van de deelnemers van het team (inclusief de cliënt) zal op elkaar afgestemd en gecoördineerd (samenvoeging van taken tot één geheel) moeten worden tot een kwalitatief en houtsnijdend integraal hulpaanbod.

Daartoe dient binnen het team, op gezamenlijk vastgestelde condities, samengewerkt te worden: teamsamenwerking. *Teamsamenwerking* is de samenwerking die nodig is om de hulpvraag van cliënten effectief en efficiënt te beantwoorden. Men kan hier spreken van 'cliëntteam-coördinatie'.

Coördinatie op het niveau van de cliënt: casemanagement

Coördinatie op het niveau van de cliënt noemen wij casemanagement mits het voldoet aan het uitgangspunt dat wij aan het eind van dit hoofdstuk zullen beschrijven.

Casemanagement op cliëntniveau is de meest voorkomende vorm van coördinatie in de praktijk tot nu toe. Dat heeft waarschijnlijk te maken met het gegeven dat in vele gevallen elementen van casemanagement zijn ingevoegd in de bestaande hulp- en dienstverlening. Henselmans (1990) beschrijft dat zowel in de sociale psychiatrie als in de huisartsenpraktijk en bijvoorbeeld het maatschappelijk werk in de eerste lijn al lange tijd allerlei casemanagementfuncties worden uitgevoerd. Ook familieleden en vrienden van chronisch psychiatrische patiënten verrichten casemanagementfuncties. Casemanagement is echter meer dan het uitvoeren van (enkele) casemanagementtaken.

Daar waar in Nederland in literatuur en onderzoek van casemanagement gesproken wordt, gaat het bijna altijd om vormen van (intensief) casemanagement, gericht op een beperkte groep cliënten, die zonder intensieve, gecoördineerde begeleiding blijvend uit de boot dreigen te vallen. Deze conclusies zijn te trekken uit onderzoek van Wolf (1995, 2002) op het terrein van de GGZ.

Van Rest en Roosma (1999) beschrijven een aantal veldprojecten op het terrein van de jeugdhulpverlening. Zij vermelden dat de onderzoekers die deze projecten begeleiden constateren dat het ontwikkelen en daadwerkelijk uitvoeren van een zorgprogramma voor de veldprojecten een zware en complexe opdracht is. Dat blijkt ook wel uit wat bekend is over het programma 'Doen wat werkt' wat in Noord Nederland in 2009 is opgezet ten behoeve van jongeren van 12-18 jaar met ernstige gedragsproblemen en hun gezinnen. Nadruk ligt op een integrale behandeling van de jongeren in hun gezin door verschillende hulpverleningsorganisaties.

 Informatie over dit project is te vinden op webpagina www.doen-wat-werkt.nl

Het gaat ons hier in eerste instantie om de uitkomsten van het onderzoek van Wolf omdat de conclusies daaruit – gezien meer recente rapportages uit diverse projecten – nog steeds relevant zijn.

Bij de deelnemende cliënten zijn als gemeenschappelijke kenmerken vastgesteld dat het gaat om over het algemeen relatief jonge mensen (62% is tussen de 20 en 40 jaar oud), merendeels ongehuwd (65%, waaronder vooral veel mannen), een vijfde deel gescheiden (vooral vrouwen) en typerend is de geringe controle van deze mensen over hun bestaan. Ruim de helft van de mensen heeft overdag weinig of niets te doen met als gevolg dat bij velen (54%) het dag-nachtritme ernstig is verstoord. In het oog springen verder de ernstige eenzaamheidsproblemen (72%). Het sociale netwerk is bij de meesten ook beperkt; alleen familieleden, lotgenoten en professionele hulpverleners maken er veelal deel van uit. Contacten met familieleden zijn over het algemeen schaars en breekbaar, terwijl de persoonlijke relaties zich nogal eens kenmerken door conflicten en geweld. Nogal wat cliënten zijn voor primaire levensbehoeften op anderen aangewezen en velen hebben schulden of financiële problemen. Veel cliënten hebben diverse, veelal kortdurende, opnamen achter de rug (55% vier of meer). Het merendeel van de mensen is jarenlang bekend bij de afdeling Sociale Psychiatrie van de Riagg. Een derde van de cliëntenpopulatie heeft geen of hooguit één ander actueel hulpverleningscontact. Daarbij gaat het onder meer om mensen die alle hulp afwijzen en geen professionals meer bij zich over de vloer dulden. Hier valt dus niet veel te coördineren.

Bij de meerderheid van de cliënten (tweederde dus) is sprake van contact met een casemanager en van lopende contacten met twee of meer hulpverleners of instanties. Hoe krijgt het casemanagement bij deze mensen vorm?

Wolf (1995) schrijft hierover dat het dan gaat om teams die bestaan uit een beperkt aantal hulpverleners die door diverse instellingen worden ingezet om de functie van casemanager te vervullen. Uit het onderzoek dat verricht is tussen 1990 en 1994 en dat het functioneren van zes casemanagementprogramma's betreft, blijkt dat enkele teams bestaan uit hulpverleners die zich geheel aan het casemanagement kunnen wijden en op één locatie hun werkruimten hebben. Vaker, zegt Wolf, behouden de hulpverleners echter hun werkplek binnen hun instelling en vervullen zij ten behoeve van cliënten hier ook nog de nodige activiteiten. Het casemanagement wordt door hen, anders gezegd, in deeltijd uitgevoerd.

In Amsterdam is in 1993 een samenwerkingsmodel 'Working Apart Together' (Hermanides-Willenborg 1994) ontwikkeld en geïntroduceerd waarbij een zorgcoördinator (sociaal-psychiatrisch verpleegkundige) in de rol van 'regisseur' de coördinatie regelt van de zorg rond een cliënt terwijl een revalidatiewerker (B-verpleegkundige) het praktische werk met de cliënten doet. De taak van deze laatste is vooral het vertrouwen van de cliënt te winnen en vervolgens te werken aan het vergroten van de handelingsbekwaamheid van de cliënt.

Hoewel er vraagtekens te zetten zijn bij het splitsen van deze functies is het samenwerkingsmodel 'Working Apart Together' om een aantal redenen opgezet als samenwerkingsmodel. Deze redenen zijn:

- continuïteit van zorg: er is zowel voor de cliënt als voor andere instellingen tenminste altijd iemand van het hulpverleningskoppel bereikbaar;
- voorkomen van problemen die te maken hebben met overdracht en tegenoverdracht: werken in een koppel betekent in zekere zin een 'verdunning' van deze effecten;
- samenwerken levert een meerwaarde op voor wat betreft elkaar leren kennen als medehulpverleners en voor wat betreft kennisuitwisseling;
- wat de een niet kan bereiken met/bij de cliënt kan de ander misschien wel voor elkaar krijgen;
- samenwerken kan voorkomen dat één hulpverlener psychisch te zwaar belast wordt door het werken met een cliëntengroep die vanwege de aard van hun ziekte soms een zware druk legt op de hulpverleners.

> Ga nu naar het informatiegedeelte op de cd-rom. Het verslag van dit experiment is daar onder de naam Zorgcoördinatie en revalidatie terug te vinden.

Wolf trok uit haar onderzoek nog enkele andere, interessante conclusies:
1. Het contact met cliënten is pril en breekbaar, hetgeen wil zeggen dat relatief veel tijd besteed moet worden aan het opbouwen van een relatie. De hulpverlener moet veel tijd

besteden aan acute hulpverlening en komt naar verhouding weinig toe aan het ondersteunen van cliënten bij het maken van keuzen.
2. Cliënten zijn nog geen onderhandelingspartner. Afgezien van het feit dat casemanagers vaak door de omstandigheden waarin hun cliënten verkeren als het ware gedwongen worden steeds in te grijpen, blijkt het toch ook voor hen moeilijk te zijn af te leren te bepalen wat goed is voor de mensen.
3. Probleemoplossende interventies zijn dominant, waardoor casemanagers als het ware achter de feiten blijven aanhollen en er niet toe kunnen komen cliënten te helpen ander gedrag aan te leren waarmee ze zouden kunnen leren problemen te voorkómen of in meerdere mate zelf op te lossen.
4. Er wordt te weinig planmatig gewerkt door de casemanagers. Dit heeft onder andere te maken met de vele veranderingen in hun situatie waarmee cliënten de casemanagers confronteren, waardoor het opstellen van plannen door de casemanagers als zonde van hun tijd wordt ervaren: het is toch morgen allemaal weer anders!
5. De hulpverleners die als casemanager werken hebben een relatief hoge caseload. Dit betekent dat zij het casemanagement als een forse extra belasting ervaren. Zij hebben daarom de neiging de doelstellingen in het contact met de cliënten vast te stellen op grond van wat zij zelf aan mogelijkheden hebben en niet zozeer op grond van wat cliënten nodig hebben.
6. Er is tot nu toe te weinig aandacht besteed aan de scholing van casemanagers en er is onvoldoende sprake van methodiekontwikkeling. Dit wordt nog versterkt door het feit dat veel casemanagement in deeltijd gebeurt waardoor ook de mogelijkheid om samen in de praktijk methodiek te ontwikkelen gering is.
7. Er is geen cultuur op het terrein van hulp- en dienstverlening die het invoeren en uitvoeren van casemanagement vergemakkelijkt. De randvoorwaarden worden verwaarloosd. Terecht merkt Wolf op dat niet de casemanagers maar de top-managers uiteindelijk verantwoordelijk zijn voor het scheppen van de noodzakelijke voorwaarden die het werken als casemanager mogelijk maken.

Op het congres 'Zorgprogramma's: een zorg of een zegen?' in 2002 werd duidelijk dat slechts in enkele gevallen de vraag van de cliënt als uitgangspunt van de hulpverlening werd gehanteerd. Over het algemeen werd veel energie besteed aan het ontwikkelen van programma's voor vastgestelde doelgroepen en niet aan het in kaart brengen van de vraag van de individuele cliënt. Dit komt overeen met de conclusies van Verburg e.a. die wij in paragraaf 1.4 weergegeven hebben.

> *Ga nu naar het informatiegedeelte op de cd-rom. Het verslag van de conferentie 'Zorgprogramma's: een zorg of een zegen' is hier te vinden.*

De conclusie die getrokken kan worden uit de wijzen waarop tot nu toe over het algemeen het casemanagement gestalte krijgt, is dat het organiseren en coördineren van de hulp- en dienstverlening eerder gezien kan worden als ten dienste staande van de hulp- en dienstverleningsinstellingen dan dat het een activiteit is die zich in methodische zin richt op het emanciperen van cliënten en het organiseren van hulpverlening op basis van de hulpvragen van deze cliënten. Daar is tot op heden, 2009, weinig aan veranderd.
Wel willen we de aandacht vestigen op een project van het ministerie van VWS dat tot doel heeft meer samenhangende hulp te bieden aan dementerenden en hun naasten om, zoals

in het projectplan staat 'een samenhangend zorgaanbod te creëren dat overeenkomt met de behoeften en wensen van de cliënt; voldoende begeleiding en ondersteuning voor de mens met dementie en zijn naasten te bieden; jaarlijks de kwaliteit van dementiezorg te meten'.

> *Ga nu naar het informatiegedeelte op de cd-rom. De tekst van dit projectplan is te vinden onder de titel* **Leidraad Ketenzorg Dementie.** *Ook staat hier de tekst van de toespraak die de staatsecretaris bij de presentatie van het plan uitsprak:* 'Aanbod dementiezorg afstemmen op cliënt'.

2.4 Cliëntgericht casemanagement en instellingsgericht casemanagement

Rose (1992 p.VIII) maakt een onderscheid tussen cliëntgericht casemanagement en instellingsgericht casemanagement.

Onder cliëntgericht casemanagement verstaat hij die vormen van casemanagement die uitgaan van de zelfbeschikking van de cliënt en de aandacht voor het sociale netwerk van de cliënt. Leidende gedachte hierbij is dat de casemanager ervan overtuigd is dat ieder mens in staat is om te leren, te groeien en zich te ontwikkelen. In het casemanagement dient dit vertaald te worden in een maximale betrokkenheid en deelname van de cliënt bij het vaststellen van zijn doelen, bij het in kaart brengen van zijn behoeften en het opstellen van een werkplan waarbij zijn eigen behoeften en eigen visie uitgangspunt zijn en niet datgene wat instellingen aan hulp aanbieden. In Nederland noemen we dit *vraaggerichte* hulpverlening.

In paragraaf 2.8 komen wij nader terug op vraaggerichte en vraaggestuurde hulpverlening.

Onder instellingsgericht casemanagement verstaat Rose die vormen van casemanagement waarbij instellingen onderling afspraken gemaakt hebben over hulpverlenings- en behandelplannen. Instellingen hebben onderling het terrein (soms ook letterlijk) verdeeld, hebben vaststaande hulpverleningspakketten opgesteld en de cliënt dient zich daaraan aan te passen. In dergelijke vormen van casemanagement bestaat weinig tot geen aandacht voor concrete materiële behoeften van de cliënt, maar wordt zijn problematiek vertaald in een soort defect-modeldenken, waarbij factoren in de sociale context van de cliënt die hem beïnvloeden en mede aanleiding zijn tot zijn problemen, verwaarloosd worden. Het is een soort 'consensus casemanagement' gericht op therapeutische behandeling, waardoor elementen als pleitbezorging en interventies in sociale systemen gedevalueerd worden. De empowerment van de cliënt bestaat dan alleen hieruit dat hij kan kiezen uit bestaande voorgeprogrammeerde vormen van hulpverlening. In Nederland noemen we dit *aanbodgerichte* hulpverlening.

Rose, die het casemanagement in het Amerikaanse maatschappelijk werk beschrijft, refereert hier aan ontwikkelingen die ook Specht en Courtney (1994) beschrijven, namelijk de toenemende neiging van maatschappelijk werkers om problemen waar cliënten in het maatschappelijk werk mee aankomen, met psychotherapeutische middelen aan te pakken. Het aantal maatschappelijk werkers dat zich in Amerika als counselor/psychotherapeut vrij vestigt (40% van het totale aantal maatschappelijk werkers in Amerika is vrijgevestigd!)

neemt nog steeds toe. Ook in Nederland zien wij dat een groeiend aantal maatschappelijk werkers een eigen praktijk begint.

2.5 Aanbodgerichte hulpverlening: de functionele benadering en de programmatische hulpverlening

Op diverse terreinen van de hulpverlening worden we geconfronteerd met een zogenaamde *functionele benadering*.
Een functionele benadering berust op te onderscheiden functies. Functies zijn te beschouwen als clusters van inhoudelijk samenhangende activiteiten die kenmerkend zijn voor een bepaalde vorm van hulp- of dienstverlening (bijvoorbeeld voor de jeugdhulpverlening, voor de zorg voor verstandelijk gehandicapte personen of voor de dienstverlening aan bejaarden).
De functionele benadering wordt financieel vertaald in vooraf vast te stellen budgetten per functie en per hulpvariant (een hulpvariant is een combinatie van functies). Overigens: de term 'functiegericht' is in de praktijk vervangen door termen die meer te maken hebben met '(zorg)programma's'. We zullen daarom in het vervolg van de tekst spreken van 'programmatische hulpverlening'. De overstap van functiegericht denken naar het denken in programma's op het terrein van de GGZ kreeg in de tweede helft van de jaren negentig definitief vorm en leidde tot het besluit de zorgprogrammering in de GGZ landelijk te sturen (GGZ Nederland 1998). Daartoe is een meerjarig landelijk ondersteuningsprogramma in werking gezet.
Op het terrein van de hulpverlening zijn er verschillende werksoorten aan te wijzen waarop het denken in programma's ook in de praktijk is ingevoerd. Dit betreft de jeugdhulpverlening, de GGZ, de reclassering en op sommige plekken ook in de revalidatie.
We willen hier nader stilstaan bij twee terreinen: de jeugdhulpverlening en de GGZ.

2.5.1 Programmatische hulpverlening in de jeugdhulpverlening

In 1992 is door de Commissie Harmonisatie van Normen ten behoeve van de jeugdhulpverlening een uitgebreide lijst van alle mogelijke vormen van hulpverlening opgesteld, waarbij het werk gesplitst is in een aantal kenmerkende activiteiten die vertaald kunnen worden in financiële termen.
De rijksoverheid propageert het uitgangspunt dat de hulp zo tijdig mogelijk, zo licht mogelijk, zo dichtbij mogelijk en zo kort mogelijk geboden moet worden. Dit betekent dat gestreefd wordt naar hulp op maat, dat wil zeggen dat juist die hulpvariant aan een cliënt wordt aangeboden die nodig of gewenst is, gelet op de specifieke problematiek die bij deze hulpvrager aan de orde is.
Met de harmonisatie van normen werd de jeugdhulpverlening als het ware opgedeeld in functies en varianten, waarbij van tevoren vastgesteld was wat die mochten kosten. Met de herstructurering van de jeugdzorg in het kader van de in 2005 ingevoerde Wet op de Jeugdzorg, is de zorg opgedeeld in modules. Of, zoals in het Beleidskader staat vermeld:

> Historisch gezien is het aanbod van jeugdzorg gebaseerd op instellingen, voorzieningen en sectoren. In het toekomstig stelsel wordt het aanbod gebaseerd op modules. Dit geeft de mogelijkheid om flexibel uit de modules zorgprogramma's samen te stellen.

Als argument om de Wet op de Jeugdhulpverlening te vervangen door de Wet op de Jeugdzorg voerde het ministerie van VWS aan:

> dat er sprake was van een te grote versnippering en ondoorzichtigheid. Er waren (te) veel verschillende instellingen, voorzieningen, sectoren en circuits, waardoor de beoogde samenhang voor de cliënt nog te wensen over liet. De toegang tot de jeugdzorg was in de praktijk niet eenduidig, indicatiestelling en zorgtoewijzing verschilden per (deel)sector en jeugdigen met problemen op het grensvlak van twee of meer (deel)sectoren vielen tussen wal en schip en werden bestempeld als 'moeilijk plaatsbaar'.

Het blijft de vraag in hoeverre de vraag van de cliënt uitgangspunt wordt van de hulpverlening, want ook een modulair stelsel heeft enige rigiditeit in zich want, zoals in het Beleidskader wordt omschreven bij het zorgaanbod: 'Een heldere (modulaire) omschrijving van het aanbod en daardoor differentiatie en flexibiliteit in het aanbod zijn daarbij van essentieel belang.'
Van Rest en Roosma hebben in 1999 een aantal veldprojecten beschreven zoals die op instigatie van de Projectgroep Zorgprogrammering in het land zijn ontwikkeld. De projectgroep Zorgprogrammering hanteert de volgende (werk)definitie:

> 'Een zorgprogramma in de jeugdzorg is een aantal gespecificeerde en samenhangende afspraken en coördinerende activiteiten, resulterend in een doelgerichte en planmatige inzet van twee of meer modulen ten behoeve van een gespecificeerde doelgroep.' Van Rest en Roosma stellen dat 'Zorgprogramma's worden ontwikkeld binnen één instelling of tussen meerdere instellingen in één sector. De projectgroep richt zich voornamelijk op programma's met een intersectoraal karakter: cliënten met complexe hulpvragen hebben vaak baat bij hulp vanuit verschillende sectoren.' De begeleiders van de projecten concluderen volgens Van Rest en Roosma 'dat het ontwikkelen en daadwerkelijk uitvoeren van een zorgprogramma voor de veldprojecten een zware en complexe opdracht is.'

Hun eigen conclusie is:

> Het is van groot belang voor de verdere ontwikkeling van de zorgprogrammering dat er aandacht komt voor het meten van effecten en resultaten, dat er onderzoek wordt gedaan naar de mogelijkheden en beperkingen van de huidige financiële en wettelijke kaders, dat de betrokkenheid van de cliënten vorm gaat krijgen en dat vraaggerichte indicatiestelling en hulpverlening verder worden ontwikkeld. Modulering van de zorg kan een waardevolle bijdrage leveren aan de ontwikkeling van zorgprogramma's. Het herdefiniëren van het bestaand aanbod in modulen is een belangrijke voorwaarde om de zorgprogramma's te kunnen bouwen en te kunnen zien waar hiaten in het aanbod zitten. Het risico bestaat dat dit slechts een cosmetische maatregel is en dat er niet veel terechtkomt van herstructurering van het huidige aanbod. Overigens laat de praktijk zien dat met goed omlijnde modulen vraaggerichte zorgprogramma's ontwikkeld en in uitvoering gebracht kunnen worden.

Wij vrezen op basis van deze formulering dat het maatwerk toch weer een vorm van confectie zal blijken te zijn waar de cliënt of het cliëntsysteem zijn vragen aan zal moeten aanpassen.

De discussies die sinds het verschijnen van de rapporten van de Projectgroep Toegang (1999), het advies van de Commissie Günther (1999) en het Beleidskader Wet op de Jeugdzorg zijn opgelaaid[1] geven blijk van grote bezorgdheid, niet alleen over de domeinafbakening tussen de verschillende disciplines die betrokken zijn bij de jeugdzorg, maar ook over de positie van het kind in dit herstructureringsgeweld.

En daarmee blijft ook de zorg van Van Houten en Prins (1995) bestaan die zich afvragen of het zelfs wel mogelijk is om de kwaliteitseis van cliëntgericht werken vol te houden. Zijn zorg- en hulpverleningsinstellingen wel in staat om aan te sluiten bij de werkelijke vraag van de cliënt of worden deze vragen verstaan vanuit de eigen opvattingen over wat verantwoorde zorg is? Zij constateren dat het in de praktijk er vaak op neer komt dat van de cliënt dan toch verwacht wordt dat deze bij het formuleren van de vraag rekening houdt met het nu eenmaal ter beschikking staande aanbod: er wordt niet echt vertrokken vanuit de subjectieve ervaringswereld van degene die op zorg is aangewezen. En dat zij helaas gelijk hebben blijkt in 2009 bij de evaluatie van de Wet op de Jeugdzorg waarin een belangrijk uitgangspunt was dat ieder kind recht heeft op zorg: ieder kind blijkt recht te hebben op *beschikbare* zorg, waarmee het hele uitgangspunt van zorg op maat onderuit gehaald is.

In het Evaluatieonderzoek Wet op de Jeugdzorg (2009) staat hierover:

> In het verlengde van de discussie over de toekomst van de indicatiestelling is het de vraag of het recht op jeugdzorg nog wel moet worden gehandhaafd in de wet, omdat dit recht niet goed te combineren is met een efficiënte indicatiestelling en cliëntvriendelijke toegang tot zorg. De beoogde regierol voor provincies wordt tot nu toe belemmerd omdat de ene toegang nog niet is gerealiseerd, er te weinig samenhang is tussen de verschillende financieringssystemen en de juiste prikkels ontbreken. Het gevolg hiervan is voorts dat met betrekking tot de financiële beheersbaarheid nog weinig vorderingen zijn geboekt.

2.5.2 Programmatische hulpverlening in de GGZ

De laatste jaren hebben zich veel ontwikkelingen voorgedaan op het terrein van de GGZ. Het werken met zorgprogramma's is vrijwel landelijk tot stand gekomen.
Meer specifiek zijn er vanuit de GGZ diverse subdoelgroepen gedefinieerd waarvoor zorgprogramma's en/of zorgactiviteiten zijn ontwikkeld die precies op de hulpvraag zijn afgestemd.
In het in 2009 verschenen rapport 'Naar herstel en gelijkwaardig burgerschap' staat over zorgprogramma's het volgende:

> Een ander instrument om de samenhang in de zorg te verhogen, zijn de zogenoemde zorgprogramma's. Een zorgprogramma is 'een geheel van gespecificeerde en op elkaar afgestemde activiteiten en maatregelen (hulpaanbod), dat erop gericht is om bepaalde diensten te verlenen of bepaalde effecten te bewerkstelligen (doel). Het zorgprogramma is bestemd voor een gespecificeerde groep mensen (doelgroep) met een overeenkomstige problematiek of zorgbehoefte, (Schene & Verburg, 1999).

Zorgprogramma's zijn bedoeld om meer samenhang in de zorg te creëren op basis van de vraag van de cliënt. Verder kunnen ze een rol spelen bij de vermaatschappelijking van de GGZ en de versterking van de positie van de cliënt. Bovendien kunnen ze meer duidelijkheid scheppen in de organisatie en financiering en houvast bieden bij het bewaken van de kwaliteit. Zorgprogramma's fungeren als een 'linking pin' tussen inhoudelijke en organisatorische veranderingen en bieden goede mogelijkheden tot regie op zorg. Veel instellingen beschikken over zorgprogramma's, veelal ingedeeld naar diagnosegroepen. Als uitgangspunt voor de opbouw van deze programma's dienen in principe de genoemde richtlijnen. Ook zijn er zorgprogramma's die niet diagnosespecifiek zijn. Uit een inventarisatie blijkt dat er ruim veertig programma's voor langdurende zorg/maatschappelijk herstel bekend zijn. Toch blijkt uit inventarisatie dat deze zorgprogramma's niet overal daadwerkelijk in praktijk worden gebracht (Peters e.a., 2007). Ondanks de overtuiging van de positieve effecten van de programma's, laat de implementatie, net als bij de richtlijnen, te wensen over. Ook blijkt dat de invloed van cliënten bij het maken van de programma's nog minimaal is en dat er geen onderdelen van buiten de GGZ zijn opgenomen.

Wij vinden het van belang om de ontwikkeling van zorgprogramma's verder te stimuleren. De belangrijkste argumenten hiervoor zijn:
- Door de verdere doorontwikkeling en implementatie van zorgprogramma's zal de kwaliteit en samenhang in de zorg verbeteren. Hierbij is nadrukkelijk de inbreng van cliëntenorganisaties gewenst.
- Door de programma's te verbreden met onderdelen van buiten de GGZ of van andere instellingen, kunnen we de ketenzorg versterken en meer verbindingen leggen met de samenleving. Het is nodig om hier vanuit de sector en andere partijen sterker op in te zetten.
- Zorgprogramma's bieden voor de toekomst mogelijkheden voor diseasemanagement. Dit is een programmatische en systematische aanpak van ziekten en gezondheidsproblemen door middel van managementinstrumenten. Mogelijkheden hiertoe moeten verder onderzocht worden."

> In haar toespraak ter gelegenheid van het tweede lustrum van GGZ Nederland schetst Staatssecretaris Bussemaker (2007) de voortgang van de vermaatschappelijking van de zorg, maar tegelijkertijd ook de moeilijkheden die daarmee gepaard gaan. Door een te principiële keuze voor vermaatschappelijking – dat wil zeggen: voor het opheffen van inrichtingen en het min of meer gedwongen laten wonen van cliënten in 'gewone buurten' – rezen nieuwe problemen. Mensen vereenzamen en worden onvoldoende opgevangen. De maatschappelijke steunsystemen waarover in het rapport 'Erbij horen' wordt gerept, functioneren nog onvoldoende.

> *Ga nu naar het informatiegedeelte op de cd-rom. De tekst van deze toespraak is op de cd-rom terug te vinden onder de naam 'Erbij horen'.*

Ook een minder recente, maar nog wel actuele inventarisatie naar de werking van programma's in de GGZ (Franx en Verburg 1999) wordt geconcludeerd
'dat in vrijwel alle regio's zorgprogrammering wordt ingezet als instrument voor het omvormen van aanbodgestuurde in vraaggestuurde hulpverlening. In de praktijk heeft dit tot nu toe weinig concrete inzichten en resultaten opgeleverd, maar dat lijkt geen afbreuk te doen aan de inzet van veel beleidsmakers en hulpverleners. De kennis van de werking en de effecten van programma's lijkt nog heel beperkt: tot nu toe voerden immers nog maar enkele instellingen daadwerkelijk programma's in. Een van de belangrijkste vragen op dit punt is: wat levert dit alles op voor cliënten? Zorgt het werken met zorgprogramma's inderdaad voor meer zorg-op-maat, meer duidelijkheid, doelmatigheid en tevredenheid? Interessant

is ook hoe men omgaat met de spanning tussen het cliëntenperspectief (de hulpvraag) en de professionele invalshoek (het evidence based of consensus based aanbod). Hoewel dit thema in de inventarisatie weinig aandacht heeft gekregen, hebben we de indruk dat bij zorgprogrammering veel nadruk wordt gelegd op de rol en visie van de professionals. Weinig aandacht wordt besteed aan wat de betreffende doelgroep verwacht van goede hulpverlening. Het ontbreken van dit cliëntenperspectief is een van de redenen waarom programmaontwerpers zich bijna uitsluitend richten op de GGZ zelf, ook als de hulpvraag van de cliënt breder is (uitzonderingen hierop vormen de programma's voor chronici, die vaak juist breed maatschappelijk gericht zijn). Opmerkelijk is het gebrek aan samenwerking met bijvoorbeeld huisartsen of andere eerstelijnsdisciplines. Zorgprogrammering lijkt een exclusief tweedelijns bezigheid te zijn.'
De discussie over voor- en nadelen van zorgprogrammering is nog steeds niet beëindigd. Voor wie nader geïnteresseerd is verwijzen wij naar de cd-rom.

Ga nu naar het informatiegedeelte op de cd-rom. Lees het artikel 'Zorgprogramma, zorg of zegen'.

Tot slot lijkt binnen de tweedelijns-GGZ de bestaande indeling in circuits (kort-lang, kind-volwassene-oudere) ook voor schotten te kunnen gaan zorgen omdat zij vaak de programmagrenzen definieert. Misschien komt dat doordat zorgprogrammering vaak plaatsvindt in het kader van regionale samenwerking of fusie tussen de GGZ-partners. Deze omschrijven dan hun gezamenlijke hulpaanbod in nieuwe termen. Het gevaar van aanbodgestuurde hulp blijft daarmee, ondanks haar nieuwe verpakking als 'zorgprogramma', nog steeds groot.
Naast het werken met zorgprogramma's is het ook van belang aandacht te besteden aan de werking van de vernieuwde AWBZ. Deze regeling, in werking gesteld per 1 april 2003, deelt de te vergoeden zorg in in verschillende functies. Deze functies zijn: huishoudelijke verzorging, persoonlijke verzorging, verpleging, ondersteunende begeleiding, activerende begeleiding, behandeling en verblijf.
Vanaf 2009 is de AWBZ opnieuw aangepast. Dit heeft te maken met kostenoverschrijdingen en oneigenlijk gebruik van de AWBZ, maar ook met de invoering van de Wmo waarheen een deel van de functies van de AWBZ is overgeheveld.

TERZIJDE

Veranderingen in de AWBZ
De langdurige AWBZ-zorg is de snelst stijgende kostenpost in de gehele gezondheidszorg. Ontwikkelingen in medische technologie bijvoorbeeld, en de vergrijzing, zorgen ervoor dat de uitgaven in de AWBZ nog verder zullen stijgen. Het kabinet vindt het belangrijk dat voor iedereen die een overduidelijke behoefte heeft aan zorg, de AWBZ beschikbaar is én blijft. Vanaf 2009 is begonnen met een aantal aanpassingen. De veranderingen zijn bedoeld om de kwaliteit van zorg te verbeteren, de wensen en behoeften van de cliënt centraal te stellen en de betaalbaarheid van de AWBZ te verbeteren.

Pakketmaatregelen begeleiding
Van de functie 'begeleiding' van de AWBZ zijn in de loop van de tijd steeds meer mensen zonder matige of ernstige beperkingen gebruik gaan maken. Om hier iets aan te doen, zijn in 2009 de 'pakketmaatregelen begeleiding' doorgevoerd. Met deze aanpassing blijft zorg beschikbaar voor kwetsbare mensen die langdurig zorg nodig hebben.

Overige veranderingen in de AWBZ
Naast een strengere selectie zijn er nog meer veranderingen die de komende tijd spelen: de zorg wordt teruggegeven aan de mensen; aan degene die zorg krijgt en degene die de zorg geeft. Daarom wordt er bijvoorbeeld meer geïnvesteerd in de wijkverpleegkundige. Daarnaast zal de overheid goed luisteren naar de praktijkervaringen van professionals in de zorg; de mensen die langdurige zorg en ondersteuning krijgen moeten daarbij ook centraal staan. Het zorgaanbod moet afgestemd zijn op de zorgvraag van de cliënt zelf. De bekostiging van de zorg is daar een belangrijk middel bij. Daarom wordt stap voor stap een 'cliëntvolgende bekostiging' ingevoerd. Hoe dat werkt, is te zien aan de invoering (per 1-1-2009) van 'zorgzwaartepakketten' (ZZP's) voor verblijf in een instelling. Met ZZP's krijgt de instelling niet meer betaald naar het aantal plekken dat zij heeft voor cliënten, maar naar het 'pakket zorg' dat de individuele cliënt nodig heeft. Zorgaanbod volgt zodoende de zorgvraag, en niet andersom; de cliënt centraal stellen kan ook op andere manieren. Een goed voorbeeld daarvan is dat er in 2009 een regeling komt die kleinschalig wonen voor mensen met zwaardere vormen van dementie stimuleert.

Bron: Ministerie van VWS. 1 september 2009

 Voor wie geïnteresseerd is in de ontwikkelingen rond de AWBZ en de Wmo verwijzen wij naar de website van het ministerie van VWS, www.minvws.nl. Hier zijn de laatste ontwikkelingen na te lezen.

2.6 Modellen van casemanagement

Zowel de terminologie als de wijzen waarop het casemanagement in praktijk wordt gebracht geven nogal wat verschillen te zien. In de literatuur over casemanagement worden over het algemeen drie 'basismodellen' benoemd.
Ross (1980), geciteerd door Intagliata (1992) beschrijft drie modellen voor casemanagementprogramma's.

Minimaal model	Coördinatie model	Uitgebreid model
Outreach	Outreach	Outreach
Cliënt assessment	Cliënt assessment	Cliënt assessment
Case planning	Case planning	Case planning
Overdracht aan hulp- en dienstverleners	Overdracht aan hulp- en dienstverleners	Overdracht aan hulp- en dienstverleners
	Belangenbehartiging voor de cliënt	Belangenbehartiging voor de cliënt

	Direct werken met de cliënt	Direct werken met de cliënt
	Ontwikkelen van natuurlijke hulpbronnen	Ontwikkelen van natuurlijke hulpbronnen
	Re-assessment	Re-assessment
		Belangenbehartiging om tot de ontwikkeling van hulpbronnen te komen
		Monitoring
		Opleiding
		Crisisinterventie

Deze drie modellen komen in grote lijnen overeen met het onderscheid dat Van Lieshout (1991a) op basis van de Amerikaanse situatie maakt.
Hij onderscheidt:

1. *Het makelaarsmodel*

Dit model is vooral bedoeld om cliënten toegang te verschaffen tot die vormen van hulpverlening waaraan zij behoefte hebben. De casemanager functioneert als bemiddelaar tussen cliënt en instellingen voor hulp- en dienstverlening. Hij maakt dus geen deel uit van een behandelteam, maar is meer een regelaar (enigszins te vergelijken met de functie 'zorgbemiddelaar' of 'zorgcoördinator' in het hierboven aangeduide Amsterdamse project). Zie blz. 20.

2. *Individuele begeleider*

In dit model is de casemanager de schakel tussen instellingen en cliënt en is vooral degene die het dagelijkse contact met de cliënt onderhoudt. In de Amerikaanse situatie wordt dit model 'intensive case management' genoemd. De casemanager traint dagelijkse vaardigheden met de cliënt, draagt zorg voor ontwikkeling en instandhouding van diens sociale netwerk. Casemanagement is in dit model een vorm van hulpverlening die speciaal gericht is op revalidatie (rehabilitatie) en voorkoming van opname.

3. *Therapeutisch of 'clinical' casemanagement*

De casemanager is tegelijkertijd ook therapeut van de cliënt en men is in dit model principieel tegen een scheiding van behandeling en casemanagement. Door geen scheiding aan te brengen wordt het mogelijk vanuit de behandeling vast te stellen wat de psychische mogelijkheden en onmogelijkheden zijn waar het gaat om het realiseren van een casemanagement-programma.

Henselmans (1990) maakt net als Reinke en Greenley (1986) onderscheid tussen het caseworker model, het paraprofessionele model en het team model.
In het *caseworker model* heeft iedere werker een eigen patiëntengroep met eigen kenmerken: jongeren, ouderen, verslaafden, et cetera. Een nadeel van dit model is dat de casewor-

ker solistisch werkt, waardoor hij gemakkelijk overbelast kan raken. Afstand nemen van cliënten is moeilijk omdat de werker vrijwel de enige is die het intensieve contact met zijn cliënten onderhoudt.

Het *paraprofessionele model* is een model waarin gebruikgemaakt wordt van laag- of niet opgeleide hulpverleners die op basis van kwaliteiten die zij hebben worden ingezet bij de hulpverlening. In de bijdrage van de NASW (National Association of Social Workers, de Amerikaanse vereniging van maatschappelijk werkers) in de bundel Case Management & Social Work (Rose 1992) wordt sterk stelling genomen tegen dit model casemanagement omdat men vreest dat de positie van de opgeleide social worker hiermee onderuit gehaald wordt. Een dergelijke vrees bestaat ook hier en daar in de zorg voor mensen met een verstandelijke handicap ten aanzien van het invoeren van de functie van 'zorgconsulent' (een eigen variatie op het casemanagement): men vreest dat de functie van maatschappelijk werker uitgekleed wordt tot een regelfunctie.

Het derde model, *het team model*, is juist het tegendeel van het casework model. In dit model wordt geprobeerd een relatie tot stand te brengen tussen team en cliënt. Het voordeel voor de hulpverleners is dat zij beschermd worden tegen overbelasting en dat vrij gemakkelijk gebruik gemaakt kan worden van allerlei specialisaties zoals die in het team aanwezig zijn.

> *Ga nu naar het oefengedeelte op de cd-rom. Doe de oefening* 'Modellen van casemanagement'.

Droës (1993) maakt een onderscheid tussen rehabilitatie en casemanagement zoals omschreven door het Center for Psychiatric Rehabilitation van de Boston University.
Rehabilitatie wordt dan als volgt omschreven: 'Mensen met psychiatrische beperkingen helpen beter te functioneren, zodat ze met succes en naar tevredenheid kunnen wonen, werken of leren in de omgeving van hun keuze met zo min mogelijk professionele hulp.'
Casemanagement wordt gedefinieerd als: 'het terzijde staan van cliënten in het onderhandelingsgewijs verkrijgen van dienstverlening die zij zowel wensen als nodig hebben.'
Hij plaatst deze beide begrippen in relatie met elkaar en geeft aan dat hulpverlening aan psychiatrische patiënten zich altijd richt op drie aspecten:
- probleemgerichte benadering (de klacht of het probleem staat centraal);
- ontwikkelingsgerichte benadering (een wens of behoefte van de cliënt is uitgangspunt);
- milieubenadering (de vormgeving van de omgeving, ook de relationele omgeving, waarin het probleemgerichte of het op ontwikkeling gerichte bezig-zijn zich afspeelt).

2.7 Verschillende varianten

In paragraaf 2.6 hebben we een aantal mogelijke modellen van casemanagement beschreven. Uit beschrijvingen van de praktijk en uit het onderzoek van Wolf (1995) blijkt dat casemanagement in verschillende varianten wordt georganiseerd. Willems (1991b) heeft deze vormen als volgt samengevat:
a. De *bijkomende versus de aparte variant*; met de bijkomende wordt bedoeld dat één van de betrokken hulpverleners het casemanagement op zich neemt. In de aparte variant wordt iemand geheel vrijgemaakt voor deze functie.

b. De *interne versus de externe variant*; de casemanager is onderdeel van het hulpverleningssysteem of staat daar geheel onafhankelijk van.
c. De *beperkte of uitgebreide variant*; de casemanager beperkt zich tot een gedeelte van het 'continuüm' (bijvoorbeeld alleen coördinatie van de uitvoering) of neemt het hele traject voor zijn rekening.

Wij hopen dat de keuze voor de ene of de andere vorm gebaseerd is op vaststelling van wat de behoeften van de cliënten(groepen) zijn en niet zozeer op deals tussen instellingen of individuele hulpverleners waarbij het belang van de organisatie of de instelling domineert.

2.8 Vraaggerichte of vraaggestuurde hulpverlening

In het voorgaande is al enkele malen gerept van vraaggestuurde en vraaggerichte hulpverlening. Omdat deze termen ook in allerlei beleidsstukken terugkomen willen wij in deze paragraaf extra aandacht besteden aan deze twee begrippen.
Er valt een onderscheid te maken tussen vraaggerichte en vraaggestuurde hulpverlening hoewel de termen soms gebruikt worden alsof er hetzelfde mee wordt bedoeld.
Vraaggericht wil zeggen dat aan de vraag van de cliënt zoveel mogelijk aandacht wordt besteed door zowel de cliënt als de professional. Zij voeren samen de regie. Maar vraaggericht werken wil niet zeggen dat de cliënt ook werkelijk krijgt wat hij vraagt. Het aanbod van de hulpverlening kan naar verhouding nog tamelijk dominant zijn.
Vraaggestuurd wil zeggen dat cliënt de hulpverlening stuurt met zijn vraag (de cliënt heeft de regie), zodat de vraag van de cliënt grotendeels de hulpverlening beïnvloedt.. De kans voor de cliënt dat deze werkelijk krijgt wat hij vraagt is groter, maar – vanzelfsprekend – niet gegarandeerd.
Vraaggestuurd werken kan alleen wanneer de cliënt daartoe in staat is en over voldoende middelen beschikt (bijvoorbeeld een persoonsgebonden budget) waarmee hij kán sturen. Werkelijk vraaggestuurd werken is ingrijpend en vergt een andere organisatie van de hulpverlening.

> *Ga nu naar het informatiegedeelte op de cd-rom. Lees het artikel* 'Vraagsturing, wat is anders?'

Er is een andere rem op het vraaggestuurd werken en wel het feit dat maatwerk extra geld kost. De meeste vrijheid heeft de hulpvrager nog wanneer deze besluit zelfstandig hulp in te kopen met behulp van zijn persoonsgebonden budget. Het CIZ heeft hiertoe een brochure uitgegeven: 'Persoonsgebonden budget. Zelf uw zorg inkopen in 8 stappen'.

 De tekst van deze brochure is te vinden op de cd-rom.

In de derde plaats heeft vraagsturing gevolgen voor de wijze waarop door professionals hulp wordt verleend. Immers, wanneer de vraag van de cliënt bij wijze van spreken klakkeloos wordt gevolgd, rijzen er vragen met betrekking tot de professionele autonomie van de hulpverlener. Van der Laan (2002) wijst er op dat

> professionaliteit een combinatie is van verantwoordelijkheid nemen en verantwoording afleggen. Er wordt de laatste tijd steeds meer gesproken over de autonomie van de klant en steeds minder over de autonomie van de beroepskracht. Professionele autonomie, professionele competentie en professionele discretionaire ruimte zijn begrippen die ingewisseld zijn voor termen als 'cliëntensoevereiniteit'.
> De professionele rol wordt daarmee teruggebracht tot 'serviceverlening bij de koop'. Als de klant over de middelen beschikt, is hij vrij om in te kopen wat hij wil. De aanspraken hoeven immers niet door de betrokken dienstverlener te worden getoetst. Dat gebeurt door een aparte instantie, die relatief losstaat van de dienstverlening (om objectiviteit en onafhankelijkheid te garanderen). In de zorgsector zijn dat doorgaans indicatiecommissies of zorgtoewijzingsorganen. Deze staan meestal niet in direct contact met de cliënt.

De opmerkingen van Van der Laan onderstrepen de noodzaak voor de professional om met de hulpvrager te onderhandelen over de aard en inhoud van de gevraagde hulpverlening. Als antwoord op de vraag van de hulpvrager biedt de hulpverlener zijn professionele hulp aan, waarbij in het onderhandelen met de cliënt gezocht wordt naar een evenwicht tussen vraag en aanbod. Van belang daarbij is dat de professionele hulpverlener in de gaten blijft houden dat hij, juist op basis van zijn professionaliteit, verantwoording moet kunnen afleggen over de kwaliteit van zijn hulpverlening op basis van zijn professionele standaarden.

> Ga nu naar het informatiegedeelte op de cd-rom. Lees het artikel 'Vraagsturing, professionaliteit en burgerschap'.

Tot slot: geheel en al vraaggericht werken, dat wil zeggen de vraag/wens van de cliënt als begin en eind van de hulpverlening beschouwen, kan ook ethische dilemma's opleveren voor de hulpverlener. Wat te doen wanneer de cliënt vragen heeft die maatschappelijk omstreden zijn? We denken hierbij met name bijvoorbeeld aan de discussie die speelt rond de kinderwens van mensen met een verstandelijke handicap. Met welke argumenten wordt de hulpverlener geconfronteerd en op basis waarvan neemt hij beslissingen? Het zal duidelijk zijn dat intervisie of supervisie in dit soort situaties van groot belang zijn.

> Ga nu naar het oefengedeelte op de cd-rom. Doe de oefening 'Dilemma's voor de hulpverlener'.

2.9 Functies van de casemanager

Afhankelijk van het gekozen model van casemanagement valt ook een onderscheid te maken tussen het soort functies dat de casemanager kan vervullen.
Allereerst valt een groot verschil in benaming op. Willems (1991c) somt er een aantal op: case manager, zorgbemiddelaar, ouderenadviseur, zorgafstemmer, zorgmanager, spil, zorgmakelaar, contactpersoon, eerstverantwoordelijke, transferpunt, regisseur, circuitmanager. En we kunnen daar nog aan toevoegen: zorgconsulent, trajectbegeleider en gezinscoach.

Afgezien van de behoefte die kennelijk bestaat om op allerlei plaatsen onder de vlag van het casemanagement eigen activiteiten met eigen etiketten uit te vinden, kunnen we stellen dat alle werkzaamheden in twee hoofdclusters zijn samen te vatten, namelijk *het verrichten van werkzaamheden in opdracht van de cliënt* en *het verrichten van werkzaamheden in opdracht van zorgaanbieders*.

Afhankelijk van wie de casemanager inschakelt, de cliënt of de zorgaanbieder, worden verschillende functies verricht. Wanneer de cliënt de casemanager inschakelt zal de nadruk liggen op ondersteunen van de cliënt op het terrein van wonen, werken, arbeid, onderwijs, vervoer, et cetera. De casemanager is ten opzichte van de hulp- en dienstverlenende instelling belangenbehartiger en/of pleitbezorger van de cliënt.

Wordt de casemanager ingeschakeld door de hulp- en dienstverlenende instelling dan ligt de nadruk op coördinatie en afstemming, hetgeen vooral aan de orde zal zijn in die situaties waarin sprake is van discontinuïteit in de hulpverlening door aansluitingsproblemen, hetzij van de kant van de cliënt hetzij van de kant van de hulpverlenende instanties.

> *Ga nu naar het oefengedeelte op de cd-rom. Doe de oefening* **'De gezinscoach aan het werk'.**

Moxley (1989) maakt een onderscheid in directe en indirecte functies van de casemanager. De *directe* functies vervult de casemanager in het contact met de cliënt. Dit betreft:
- crisisinterventie. De casemanager moet direct optreden wanneer blijkt dat de cliënt door een plotselinge gebeurtenis de situatie niet aankan;
- leren/instrueren. De casemanager probeert de cliënt vaardigheden bij te brengen waarmee deze wellicht zijn eigen casemanager kan worden: het is beter cliënten te leren vissen dan vis voor ze te vangen;
- gids en medewerker zijn. De casemanager laat de cliënt ontdekken en vaststellen welke voorzieningen hij nodig heeft en wijst hem hoe hij die diensten kan verkrijgen;
- inzetten van eigen specifieke kennis en vaardigheden om cliënten op weg te helpen naar door hen zelf gekozen doelen. De casemanager fungeert dan als hulpbron voor de cliënt;
- verschaffen van informatie. De casemanager heeft ten aanzien van verschillende zaken meer informatie dan de cliënt. Hij kan deze informatie overdragen zodat de cliënt z'n eigen zaken kan aanpakken. Dit kan bijvoorbeeld ook door deze informatie op te slaan in een computer of anderszins toegankelijk te maken voor cliënten;
- ondersteuner. Wanneer de cliënt een hoge mate van zelfsturing heeft of heeft ontwikkeld, kan de casemanager volstaan met de cliënt aan te moedigen zijn eigen zaken te regelen om hem zodoende op een hoger niveau van zelfsturing te krijgen. Soms zal het nodig zijn dat de casemanager zijn invloed aanwendt om te forceren dat de cliënt krijgt wat hij nodig heeft.

De *indirecte* functies vervult de casemanager ten opzichte van de wijze waarop instellingen en instanties functioneren in relatie met zijn cliënt. Het kan hierbij gaan om:
- werken aan veranderingen in de wijze waarop instellingen hun hulp- en dienstverlening in praktijk brengen, zodat nieuwe, meer geëigende vormen van hulp ontwikkeld worden, of waardoor cliënten die voorheen niet door die instellingen geholpen werden, in de toekomst wel hulp kunnen krijgen;

- werken aan veranderingen in de omgeving van de cliënt, uitgaande van wat daarin nodig is voor de cliënt;
- meehelpen aan het uitbreiden van voorzieningen, niet alleen voor de ene cliënt waarvoor ze (hopelijk) in het leven werden geroepen, maar ook voor andere cliënten in de toekomst;
- aansturen op het ontwikkelen van nieuwe hulpbronnen en hulpprogramma's waarmee cliënten in de toekomst geholpen kunnen worden.

Hiertoe staan de casemanager 6 strategieën ten dienste:

1. *Vervullen van de makelaarsfunctie: de casemanager bemiddelt tussen een instelling die de benodigde hulp kan leveren en de betreffende cliënt*

- Om dit met succes te kunnen uitvoeren moet de casemanager: beschikken over goede kennis van de sociale kaart ter plaatse. Deze kennis betreft:
  - weten in hoeverre instellingen beschikbaar, geëigend, geschikt, acceptabel en toegankelijk zijn voor de cliënt;
  - weten aan welke voorwaarden de cliënt moet voldoen om door die instelling(en) geholpen te kunnen worden;
  - weten wat de kwaliteit van de hulp- en dienstverlening van die instelling(en) is op basis van ervaringen met andere cliënten;
  - weten of deze instelling competent is om aan de behoeften van deze cliënt tegemoet te komen;
  - weten of deze instelling gemotiveerd is om met dit soort cliënt te werken;
  - weten wat de mogelijkheden en de grenzen zijn van deze instelling.
- goede relaties onderhouden met andere instellingen: het eigen netwerk als casemanager opbouwen en onderhouden;
- proberen het eigen professionele netwerk uit te breiden door contacten met collega-casemanagers op te bouwen en te onderhouden.

2. *Koppelen van cliënten aan andere instellingen voor hulp- en dienstverlening*

Dit gebeurt meestal door verwijzing. Verwijzen is een specifieke vaardigheid die zorgvuldig moet worden uitgevoerd. De casemanager moet rekening houden met gevoelens van angst, wantrouwen of misverstand van de kant van de cliënt ten opzichte van de instelling waarheen zij of hij verwezen wordt.

3. *Coördineren van de hulp- en dienstverlening aan een cliënt*

Inherent aan de taak van de casemanager is het 'managen' van een complex hulpverleningsproces. De casemanager moet daarom zeker weten dat alle hulpverleners de juiste hulp en diensten leveren, dat het hulpverleningsplan wordt uitgevoerd zoals het is opgesteld, en dat de hulpverleners regelmatig met elkaar overleggen over de hulp en diensten die zij verlenen.

4. *Belangen behartigen voor cliënten*

Het kan zijn dat instellingen bij nader inzien weigeren cliënten te helpen om welke reden dan ook. Als echter de instelling wel de juiste hulp kan bieden is het de taak van de casemanager ervoor te pleiten bij die instelling dat zijn client alsnog de noodzakelijke hulp krijgt.

5. Opbouwen van goede sociale netwerken

Het sociale netwerk kan hulp bieden aan de cliënt die deze bij instellingen niet kan krijgen zoals emotionele ondersteuning en tastbare hulp bij specifieke dagelijkse problemen; het delen met mensen die soortgelijke probleem kennen of ervaren (hebben); het geven van hoop aan de cliënt wanneer deze merkt dat mensen uit zijn omgeving erin geslaagd zijn eenzelfde probleem als waar hij mee zit, op te lossen.

6. Het geven van technische steun en advies

Casemanagers hebben in de loop van hun werken als casemanager heel wat ervaring en kennis vergaard. De casemanager kan deze kennis ten dienste stellen aan instellingen om hun hulpverlening aan specifieke cliënten op te zetten, te verbeteren of uit te breiden.

Op al deze functies gaan wij in de hoofdstukken 4 en de volgende in, wanneer wij de praktijk van het casemanagement beschrijven.

2.10 Wie is de casemanager?

Nog voordat het casemanagement in Nederland echt goed van de grond is gekomen kunnen we constateren dat diverse beroepsgroepen het casemanagement claimen als specifiek onderdeel van hun beroep.

De meeste claims – en niet alleen in Nederland – zijn afkomstig uit de hoek van het maatschappelijk werk. De NASW (1987) publiceerde zelfs een 'statement' waarin te lezen staat:

> Case management has been uniquely a social work role for more than 100 years. Social work is the only profession in which education and training maintains a dual focus on the client and the environment, enabling the client to utilize agency services and linking and coordinating agency services to meet client need. (…) Social workers are the primary providers of case management services to many health education and human service systems. (…) Only the professional social worker receives the rigorous education and training required to provide and administer case management services.

Stikker (1989) concludeert dat het, ook gezien haar onderzoek van de Amerikaanse en Engelse literatuur tamelijk voor de hand liggend is dat maatschappelijk werkers de functie van casemanager op zich nemen.

Zij legt de taakomschrijvingen van het maatschappelijk werk en van het casemanagement naast elkaar en komt dan tot de conclusie dat 'de rol van de case manager maatschappelijk werkers als het ware op het lijf is geschreven'.

Ook Van Nijnatten (1991) lijkt het tamelijk voor de hand liggend dat maatschappelijk werkers de functie van casemanager vervullen omdat zij de cliënt zelf als uitgangspunt nemen, de sociale kaart kennen, kunnen omgaan met psychosociale problemen, concrete hulpverlening bieden, opkomen voor de belangen van de cliënt, zich richten op de wisselwerking tussen een persoon en diens sociale omgeving, de eigen verantwoordelijkheid waarborgen en een van de gezondheidszorg onafhankelijke financiering kennen.

Wennink en Goudriaan (1991) merken echter terecht op dat voorzichtigheid geboden is met het claimen van de functie van casemanagement door bestaande beroepsgroepen. Wij sluiten ons hier graag bij aan.
Het gevaar is niet denkbeeldig dat meer tijd en energie gaat zitten in het betwisten van elkaars competentie om het casemanagement te mogen uitvoeren dan in het gezamenlijk als instellingen problematiseren van de situaties waarin casemanagement nodig is en het gezamenlijk zoeken naar oplossingen.
Gebeurt dat niet, dan bestaat het gevaar dat er opnieuw sprake is van *aanbodgerichte* hulpverlening in plaats van vraaggerichte hulpverlening. Dan is er pas echt sprake van de nieuwe kleren van de keizer!
Het gaat bij het casemanagement dus om een samenstel van diverse kwaliteiten en vaardigheden die bij verschillende beroepsgroepen verspreid kunnen liggen.

Op het uitvoerend terrein van de hulpverlening wordt verschillend over casemanagement gedacht. Er zijn hulpverleners die menen dat casemanagement een verarming van hun werk betekent, dat zij gedegradeerd zullen worden tot 'regelneven'. Zij associëren casemanagement ook met een lagere status[2] en lijken in hun afwijzing van casemanagement meer aan hun status gehecht dan dat zij oog hebben voor wat noodzakelijk is bij complexe hulpverlening. Raiff en Shore (1993) signaleren een omslag in denken over casemanagement in die zin, dat zij vaststellen dat de opvatting dat casemanagement een meer algemene activiteit is (het 'regelneef'-idee) verschuift naar de constatering dat casemanagers hulpverleners zijn die een grote verscheidenheid aan de dag leggen op het terrein van kennis, kunde en vaardigheden. Zij moeten in staat zijn gebruik te maken van meerdere theoretische concepten bij het analyseren van de gegevens uit het assessment, ze moeten grondige kennis hebben van het functioneren van allerlei werksoorten en disciplines, ze moeten in staat zijn innoverende werkvormen te ontwikkelen en daarnaast niet te beroerd zijn om outreachend te werken en crises op te vangen.
Kandidaten voor casemanagement zijn onder te verdelen in drie groepen: hulpverleners die roepen dat ze het al lang doen, hulpverleners die roepen dat zij de enigen zijn die het kunnen, en hulpverleners die zich afvragen: 'wat is dat, casemanagement, en zou dat misschien iets voor mij zijn?'
Het moge duidelijk zijn dat met deze laatste groep zaken te doen zijn. Casemanagement vraagt immers om een andere benadering van de klant (breder, integraler, opener, creatiever) dan veel hulpverleners in hun opleiding of hulpverleningspraktijk geleerd hebben. De derde groep staat hier ongetwijfeld het meest voor open. Casemanagement is niet zozeer een hulpverleningsmethode als wel een bepaalde functie, met het accent op organisatie en coördinatie van de hulp- en dienstverlening, belangenbehartiging en advisering.

2.11 Profiel van een casemanager

Zowel Willems als Le Grand schetsen een profiel van een casemanager.
Le Grand (1991) beschrijft *eigenschappen* waarover de casemanager moet beschikken:

- De casemanager moet handelend kunnen optreden in crisissituaties of bij conflicten.
- De casemanager is iemand die goede contactuele eigenschappen heeft en in relatie met de cliënten een open, betrouwbare indruk weet te wekken.
- De casemanager moet duidelijk kunnen maken wat van de cliënt verwacht wordt en wat de cliënt van de casemanager verwachten kan.
- De casemanager moet ervoor zorgen dat bepaalde aspecten in het gedrag van de cliënten (bijvoorbeeld het 'wegloop-gedrag' van drugsverslaafden) tijdens de besprekingen op tafel komen zodat de hulpverleners hun begeleiding kunnen beginnen vanuit duidelijk geformuleerde afspraken.
- De casemanager onderhoudt hierin eerder een zakelijke relatie om niet in het gezinssysteem te worden meegezogen.
- De casemanager is dus een persoon die het hoofd koel weet te houden in crisissituaties en die doortastend op kan treden als dat nodig is.
- De casemanager is een behoorlijk gespreksleider, die bemiddelend optreedt bij ruzie en knopen doorhakt in een impasse.
- De casemanager is iemand die een relativerende invloed kan uitoefenen in gevallen waarin de emoties hoog oplopen.
- De casemanager heeft een hoge frustratie-tolerantie en moet goed tegen zeuren en klagen kunnen.
- De casemanager moet in staat zijn met hulpverleners om te gaan.
- De casemanager is in staat gestructureerd te denken en te werken. Dit is onder meer nodig voor de uitvoering van de coördinatie (het maken en bewaken van de afspraken) en voor het omzetten van de signalen van cliënten en hulpverleners in beleid.
- Ten slotte is de casemanager creatief in het bedenken en organiseren van nieuwe initiatieven.

Willems (1991:11) benoemt een aantal *vaardigheden* van de casemanager:
'De casemanager kan:
a. methodisch, planmatig werken zoals mensen in verpleegkundige beroepen dat kunnen;
b. een professionele vertrouwensband opbouwen zoals mensen in verzorgende beroepen dat kunnen;
c. goed luisteren, invoelen, zelfstandigheid teruggeven, zoals mensen in begeleidende en ondersteunende beroepen dat kunnen;
d. doortastend, directief optreden en afstand houden zoals mensen in medische beroepen dat kunnen;
e. behartigen van belangen, zoals mensen in adviserende beroepen dat kunnen;.
f. creatief oplossingen bedenken zoals mensen in dienstverlenende beroepen dat kunnen;
g. signaleren van tekorten in de hulpverlening zoals klanten en hun thuisfront dat kunnen.

We moeten ons ervan bewust zijn dat we daarmee een duizendpoot aan het creëren zijn: iemand die heel veel moet weten en kunnen. Daarom is het ook goed te benoemen wat een casemanager niet hoeft te weten of te kunnen: hij hoeft geen jurist, arbeidsdeskundige, arts, maatschappelijk werker of (bij)scholingsdeskundige te zijn. Zijn mensenkennis is groter dan zijn beroepskennis. Hij moet wel weten wat die beroepen globaal te bieden hebben en welke alternatieven er zijn. Hij hoeft geen opdrachten te geven aan anderen, hij moet er wel voor zorgen dat anderen hun werk goed kunnen doen. Hij hoeft niet de kwaliteit van het werk van anderen te beoordelen, hij heeft geen toetsende functie, hij moet er wel voor

zorgen dat de betrokkenen hun werk aan elkaar toetsen.'
Het is zoals Philipsen (1989) stelt: 'Casemanagement is niemands voorrecht, voor ieder een plicht en voor sommigen een taak.'

2.12 Zorgvernieuwing, zorgcoördinatie, casemanagement

We hebben in dit hoofdstuk aangegeven hoe in de literatuur en in de – tot nu toe nog vrij beperkte – uitvoeringspraktijk met casemanagement wordt omgegaan.
Dat brengt ons aan het eind van dit hoofdstuk tot een aantal kanttekeningen en conclusies.

1. *De terminologie*

Wanneer we kijken naar de termen die gebruikt worden, valt op dat het woord 'zorg' in allerlei combinaties wordt gebruikt: zorgconsulent, zorgbemiddelaar, zorgcoördinator, zorgverlener, enzovoort. Al deze functionarissen werken onder de paraplu van *zorgvernieuwing*.
We willen hier duidelijk stellen dat naar ons idee *zorg*verlening iets anders is als *hulp- en dienst*verlening. Door de term 'zorg' te gebruiken wordt al snel de verbinding gelegd met de cliënt als object van zorg. Dat dit meer is dan een woordenspel wordt duidelijk in de beschreven experimenten op het gebied van zorgvernieuwing. We constateren hier twee bepalende factoren:

a. het gaat bij de beschreven doelgroepen meestal om drie specifieke groepen, namelijk om mensen met (ernstige) psychiatrische problematiek, al dan niet in combinatie met verslavingsproblematiek, wat zich vertaalt in verwaarlozing, conflicten, zwerven, vereenzaming. In de tweede plaats gaat het om mensen met een verstandelijke handicap die vaak aangewezen zijn op verzorging of op langdurige hulpverlening. In de derde plaats gaat het om ouderen die zonder hulp van derden niet zelfstandig kunnen wonen of zichzelf verzorgen. Het betreft dus mensen die om een of andere reden niet in staat zijn hetzij voor zichzelf op te komen, hetzij voor zichzelf te zorgen of beide. In vele gevallen bestaat ook niet de verwachting dat betrokkenen beter voor zichzelf zullen *leren* zorgen, maar wordt er aangestuurd op het opbouwen en/of uitbreiden van hun netwerken, al dan niet institutioneel, opdat zij zo lang mogelijk buiten instituties als psychiatrische inrichtingen, tehuizen voor verstandelijk gehandicapten of verzorgingstehuizen voor bejaarden kunnen blijven. Een hoofdstuk apart vormt de zorg voor kinderen van drugverslaafde ouders. Hier gaat het vooral om het organiseren van zorg gecombineerd met controle ten behoeve van de (zeer jonge) kinderen die vaak zelf als gevolg van de verslaving van de moeder tijdens de zwangerschap, verslaafd geboren zijn.

b. het gaat bij het aanbod vanuit instellingen vooral om 'zorg op maat'. Dit adagium wat in alle verslagen en beleidsstukken terugkeert refereert aan de 'overkill' aan zorg zoals die jarenlang gegeven werd en wordt in de vorm van langdurige opnamen in psychiatrische ziekenhuizen en tehuizen.

We zullen in alle vernieuwingen zorgvuldig moeten zoeken naar het 'lerend' aspect in die vernieuwingen en moeten dan vaak constateren dat vernieuwing in de zorg in vele gevallen betekent 'vernieuwing in de wijze waarop zorg wordt aangeboden' en niet betekent dat er ook echt op basis van de vraag van de cliënt nieuwe vormen van zorg worden ontwikkeld.

2. Zorgcoördinatie en casemanagement

Wij willen een onderscheid maken tussen zorgcoördinatie en casemanagement.
Zowel bij zorgcoördinatie als bij casemanagement gaat het om complexe en/of continuïteitsproblematiek. Echter: bij zorgcoördinatie bestaat niet de garantie dat de cliënt exact die zorg/hulp krijgt als waar hij om vraagt, maar bestaat de kans dat zijn 'zelfbepaling' ligt in het kunnen kiezen uit voorgeprogrammeerde vormen van hulp. Er ligt bij zorgcoördinatie toch een sterke nadruk op verzorgen en zorgen voor. Wolf (1995) signaleert dit ook met haar vaststelling dat er naar verhouding weinig ontwikkelingsgerichte benaderingen in de door haar onderzochte zorgvernieuwingsprojecten aangetroffen werden.

Casemanagement functioneert ons inziens als een mogelijkheid voor mensen die sterk afhankelijk (lijken te) zijn van hulp- en dienstverlening, om de greep op hun leven (terug) te krijgen door de vervulling van hun – door hen zelf als zodanig benoemde – behoeften op door hen zelf gekozen wijzen en met door hen zelf (mede) gebruikte middelen. De casemanager zal de cliënt hierbij assisteren en doet dit door middel van coördineren en organiseren. Deze visie toont ons inziens veel overeenkomst met de opvattingen van Droës en Van Weeghel (1994) met betrekking tot wat zij rehabilitatie noemen.

> *Ga nu naar de cd-rom. Doe de oefening* **'Profiel van een casemanager I'.**

In het volgende hoofdstuk werken we onze opvattingen omtrent casemanagement verder uit.

Noten

1 Zie bijvoorbeeld het themanummer *Jeugdzorgen* van het Maandblad Geestelijke volksgezondheid 2000 7/8.
2 Opvallend is dat bij een grote welzijnsinstelling in Phoenix, Arizona de casemanager de best betaalde uitvoerend hulpverlener van de instelling is.

3
Casemanagement: een keuze

Zoals we in het vorige hoofdstuk aangaven functioneert casemanagement als een mogelijkheid voor mensen die sterk afhankelijk (lijken te) zijn van hulp- en dienstverlening, om de greep op hun leven (terug) te krijgen door de vervulling van hun – door hen zelf als zodanig benoemde – behoeften op door hen zelf gekozen wijzen en met door hen zelf (mede) te gebruiken middelen. Dit betekent dat wij casemanagement in emanciperende zin willen benaderen en niet als een organisatiewijze. In dit hoofdstuk willen we verder invulling geven aan de hiervoor gegeven omschrijving.

3.1 Zorgcoördinatie en casemanagement: tweemaal de cliënt centraal

In alle denken en spreken over zowel zorgcoördinatie als over casemanagement duikt telkens de term 'de cliënt centraal' op. Wanneer we echter naar de praktijk van zorgcoördinatie en van casemanagement kijken – en dat dan doen op basis van het onderscheid zoals wij dat aan het eind van het vorige hoofdstuk hebben gemaakt – blijken er twee modellen van 'de cliënt centraal' te bestaan. Deze twee modellen verschillen wezenlijk van elkaar en dekken ons inziens voor een groot deel de door ons gesignaleerde verschillen tussen zorgcoördinatie en casemanagement. In schema gezet ziet dit verschil er als volgt uit:

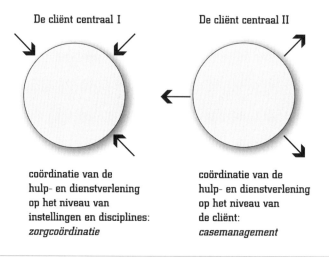

Figuur 1 Twee modellen 'cliënt centraal'

Toelichting bij cliënt centraal I
In het eerste model staat de cliënt centraal als *object* van zorg: iedere discipline en instelling kijkt vanuit de eigen deskundigheid naar de cliënt en diens behoeften en benoemt de eigen bijdrage aan de zorgverlening. Deze bijdrage kan reeds in grote lijnen vastgelegd zijn in een (doelgroepen-) protocol. De zorgcoördinator zorgt ervoor dat aangeboden zorg en de behoeften van de cliënt, al dan niet door deze zelf benoemd, op elkaar worden afgestemd.
De functies van de zorgcoördinator zijn – in termen van basisfuncties van casemanagement – te benoemen als: het tot stand brengen van een samenhangend zorgpakket (linking), het erop toezien dat de cliënt ook krijgt wat hem in het zorgplan is toegezegd (monitoring) en vaststellen of de geboden hulp ook het bedoelde effect sorteert (evaluation).
In eerste termijn hebben wij in de cursussen casemanagement (en zorgconsulentschap) de volgende omschrijving van casemanagement gebruikt: 'Casemanagement is het organiseren en coördineren van de benodigde hulp, dienst en zorg bij complexe problematiek, door middel van onderhandelen.' In het veld bleek dat men met deze omschrijving twee richtingen kon inslaan, namelijk die van model cliënt centraal I en die van cliënt centraal II.
Wanneer het eerste model wordt gebruikt ontstaat in de praktijk vaak een strijd om de macht tussen instellingen/disciplines die proberen hun eigen domein te bewaken of zelfs te vergroten. Het casemanagement wordt dan door de anderen niet geduld of men probeert

zelf het casemanagement te claimen. Daar waar die strijd om de macht ontstaat kan men het casemanagement vergeten.

Het model cliënt centraal I stelt in feite niet de cliënt centraal, maar de instelling of de discipline. Vanuit die optiek wordt bekeken of de instelling of de discipline er baat bij heeft om tot bepaalde vormen van samenwerking en afstemming te komen. Benson (1975) onderzocht bij een groot aantal instellingen op het terrein van de Gezondheidszorg in Amerika, wanneer deze instellingen bereid waren tot samenwerking en afstemming. Zijn conclusie luidt:

> organisaties zijn primair geïnteresseerd in de onbelemmerde toestroom van essentiële hulpbronnen als *geld en domeinerkenning*. Interorganisationele samenwerking wordt daardoor sterk geconditioneerd door de mate waarin het samenwerkingsnetwerk functioneel is voor de verwerving en bescherming van deze hulpbronnen voor de individuele organisaties.'

Casemanagement vanuit model cliënt centraal I geeft daarom geen enkele garantie dat de cliënt er beter van wordt en werkelijk hulp op zijn maat krijgt. Integendeel. Het gevaar is groot dat de cliënt in model I verdwijnt achter de horizon van gevestigde belangen. Een tweede gevaar is dat de benodigde hulp, dienst en zorg alleen of grotendeels een zaak van professionals wordt. Immers, welk belang hebben deze professionals erbij dat de cliënt zelf en zijn omgeving ingeschakeld worden?
Wanneer we kijken naar zowel de recent ingevoerde als naar de nog in te voeren herstructureringen op het terrein van hulp- en dienstverlening zoals wij in de twee voorgaande hoofdstukken hebben beschreven, zal duidelijk zijn dat ook in het 'nieuwe' denken het model centraal I aan de orde is. Dit ondanks alle retoriek over 'vraaggestuurde hulpverlening.'

Toelichting bij cliënt centraal II
In het tweede model staat de cliënt centraal als *uitgangspunt*: de cliënt betrekt, meestal samen met een casemanager, instellingen/deskundigen bij het hulpverleningsplan zoals dat door hem zelf is opgesteld. Inschakeling van een casemanager wordt bepaald door de complexiteit van het hulpverleningsplan, de mate van toegankelijkheid van instellingen en organisaties en de mate waarin sprake is van continuïteitsproblematiek.
De functies van de casemanager vallen dan samen met alle basisfuncties van het casemanagement, namelijk: in kaart brengen van de behoeften van de cliënt en de kwaliteit van diens netwerk (assessment), het opstellen van het hulp- en dienstverleningsplan (planning), het betrekken van relevante hulp- en dienstverleners bij de uitvoering van het hulpverleningsplan (linking), het erop toezien dat contracten worden uitgevoerd (monitoring) en het vaststellen of de geboden hulp effectief en efficiënt is (evaluation).
In model cliënt centraal II is de cliënt uitgangspunt en geen object (voorwerp). De cliënt wordt zoveel mogelijk gezien als handelend persoon (subject). De cliënt is vanuit deze optiek voor zover het in zijn vermogen ligt, het centrale aansturingspunt van de hulp- en dienstverlening en zo mogelijk de coördinator daarvan. Niet de belangen van instellingen of disciplines staan hier centraal, maar de belangen, de behoeften en de vragen van de cliënt. Slechts daar waar instellingen en disciplines deze optiek hanteren komt de nodige samenwerking tot stand, ontbreekt de strijd om de macht en is er een garantie dat wezenlijk wordt ingegaan op de behoeften en hulpvragen van de cliënt. Hoe belangrijk het model cliënt centraal II is voor de cliënt zelf mag blijken uit het volgende.

Casemanagement

Op het eerste Nederlands Congres voor mensen met een verstandelijke handicap[1] hebben de deelnemers van dit congres in een slotverklaring op ondubbelzinnige wijze aangegeven hoe zij de kwaliteit van hun bestaan willen vormgeven.

> TERZIJDE
>
> 'Wij, deelnemers van het ZVG congres 'Laat je zien, laat je horen' bijeen in Arcen op 21 april 1994,
>
> **OVERWEGENDE**
> - dat wij voor het eerst in Nederland samen hebben kunnen praten over ons eigen leven;
> - dat tot nu toe vooral anderen over ons beslissen;
> - dat wij ons niet serieus genomen voelen in onze wensen;
>
> **VERKLAREN HIERBIJ**
> - wij willen zelf kiezen met wie wij willen wonen, in wat voor huis en met welke begeleiding;
> - wij willen een echte baan en als normale werknemers behandeld en betaald worden;
> - het is niet leuk om altijd met dezelfde mensen te wonen, te werken, op vakantie te gaan, te sporten, enzovoorts;
> - iedereen leert van zijn fouten; wij krijgen die kans niet; wij kunnen veel meer en wij willen dus niet langer betutteld worden;
> - wij willen dat er serieus naar ons geluisterd wordt en dat mensen tegen ons niet doen alsof;
>
> en gaan **NOOIT** meer over tot de orde van de dag.'

Hoopgevend is ook de intentieverklaring uitgegeven door de deelnemende organisaties aan het Eigen Kracht project in Overijssel:

'Intentieverklaring:
De deelnemende organisaties aan het Eigen Kracht project in Overijssel,

...overwegende dat zij:
- cliënten en hun familie en sociaal netwerk in staat achten eigen verantwoordelijkheid te nemen voor hun situatie en een veilige oplossing willen en kunnen bedenken;
- optimale samenwerking tussen cliënt en hulpverlening van essentieel belang achten voor de kwaliteit van de hulp;

...hebben ervaren dat:
- cliënten, ondersteund door hun familie en sociaal netwerk met verrassende oplossingen kunnen komen die niet in het zicht van de hulpverlening zitten;
- dat familie het grootste deel van de gemaakte afspraken in het plan voor haar rekening en een klein deel aan hulpverlening vraagt;

...willen bewerkstelligen dat:
- cliënten gemotiveerd en geactiveerd worden verantwoordelijkheid te nemen voor hun eigen situatie;
- vraaggericht werken betekent dat de cliënt opdrachtgever is.

TERZIJDE

Partijen besluiten:
- waar mogelijk het middel van de Eigen Kracht conferentie in te zetten om zo cliënt en familie en sociaal netwerk uit te nodigen zelf oplossingen te bedenken en daar verantwoordelijkheid voor te nemen.

Partijen spreken de intentie uit:
- de plannen van de familie te accepteren, tenzij aantoonbaar is dat de veiligheid van het kind niet of onvoldoende gewaarborgd is;
- zich maximaal te willen inzetten voor de uitvoering van het door de familie gemaakte plan.

Overijssel, 18 maart 2004,

De deelnemende instellingen zijn:
- Stichting Bureau Jeugdzorg Overijssel
- Stichting Commujon
- Stichting Jarabee
- Stichting Trias Jeugdhulp
- Raad voor de Kinderbescherming

Ga nu naar het oefengedeelte op de cd-rom. Doe de oefening **'Positie kiezen'.**

We willen nu vervolgens kijken naar twee andere factoren die (mede) van invloed zijn op de wijze waarop het casemanagement vorm krijgt. Dit zijn de persoon van de hulpvrager en de kwaliteit van diens sociale netwerk én de visie van de casemanager op hulpverlening.

3.2 De persoon van de hulpvrager en de kwaliteit van diens sociale netwerk

Wanneer we kijken naar de verschillende vormen van casemanagement zoals deze beschreven zijn vallen verschillende zaken op.
Enerzijds – en we kunnen in dit opzicht spreken van een glijdende schaal – hebben we te maken met cliënten die we nauwelijks tot niet handelingsbekwaam zouden kunnen noemen. We bedoelen dan mensen met een zeer ernstige verstandelijke handicap of met een zeer ernstige psychiatrische aandoening of een ernstige vorm van verslaving waardoor zij niet tot nauwelijks aanspreekbaar zijn op verantwoordelijkheden. Zij behoeven zorg en die zorg moet voor hen geregeld worden. Casemanagement voor dergelijke mensen heeft dan vooral veel te maken met organiseren door instellingen van hulp, waarbij de inbreng van de cliënt voor wat betreft de vormgeving van deze hulp minimaal is. We spreken, zoals we hierboven reeds aangaven, in dit soort situaties liever van *zorgcoördinatie* dan van casemanagement.
Aan de andere kant van de schaal treffen we mensen die zeer wel in staat zijn te denken over hun situatie, plannen te maken, verantwoordelijkheid te nemen en te dragen. Casemanagement voor hen betekent hen aanspreken op hun mogelijkheden, hen uitnodigen hun

plannen te maken en er zorg voor dragen dat de middelen die zij nodig hebben ter beschikking komen.

Ditzelfde geldt in zekere zin voor de omgeving van de hulpvrager. Er zijn mensen die zo weinig bruikbare hulpbronnen in hun sociale netwerk hebben dat zij aangewezen zijn op professionele hulpverleners. Dat betekent niet dat professionele hulpverlening beter is, maar dat het een 'bij gebrek aan beter' is. Casemanagement betekent in dit geval de gaten in het netwerk opsporen en daarin voorzien, dus organiseren en afstemmen.

Anderen hebben een redelijk tot goed netwerk, maar het ontbreekt hen aan de vaardigheden daar goed gebruik van te maken. Casemanagement houdt dan onder meer in: de cliënt leren zijn netwerk te organiseren en te onderhouden in relatie tot zijn hulpvragen. De casemanager vervult dan in zekere zin de rol van leraar.

We willen aan de hand van twee voorbeelden die wij in de praktijk tegenkwamen het bovenstaande illustreren.

VOORBEELD: Er is een vrouw met een ernstige verstandelijke handicap die desondanks de wens te kennen gegeven heeft zelfstandig in een flat te willen wonen. De deskundigen in haar omgeving vinden dit veel te hoog gegrepen voor haar en proberen haar van haar verlangen af te brengen. Eén hulpverlener besluit haar het voordeel van de twijfel te gunnen en werkt mee aan het verkrijgen van zelfstandige woonruimte, hetgeen lukt. Na verloop van enige tijd blijkt de vrouw zich uitstekend te kunnen handhaven dankzij een netwerk van buren en vrienden om haar heen die zij uitstekend weet te managen!

VOORBEELD: Een gedetineerde jongeman maakt plannen voor zijn terugkeer in de maatschappij. Bij het in kaart brengen van zijn sociale netwerk constateert hij met de vaste reclasseringsbegeleider dat dat niet veel voorstelt. Onderzoek wijst uit dat de jongeman niet in staat is op een goede manier met mensen uit zijn naaste omgeving om te gaan. Of hij nu wil of niet, hij gedraagt zich met name ten opzichte van vrouwen (i.c. zijn moeder en zijn vriendin) in zijn omgeving zodanig dat ieder contact in de kortste keren ontaardt in geruzie. Hij heeft deze vrouwen echter wel nodig, tenminste als eerste opvang wanneer hij uit de gevangenis komt. De reclasseringswerker besluit met hem in rollenspelen te gaan oefenen hoe hij mensen afstoot.

In beide voorbeelden zien wij dat het gaat om leren en activeren en niet om compenseren. We willen in dit verband ook nog eens wijzen op de Eigen Kracht Conferenties

Ga nu naar het oefengedeelte op de cd-rom. Lees de artikelen **'Wat is Eigen Kracht?'** *en* **'Met familie en bekenden zoeken naar een oplossing'.**

3.3 Visie van de casemanager op hulpverlening

Aan alle vormen van zorg,- hulp- en dienstverlening liggen visies ten grondslag. Visies van beleidsmakers (politici), van besturen van instellingen, van werkers op het terrein van zorg en welzijn, van mensen die zich tot instellingen wenden. Voor ons is nu de visie van de casemanager van belang.

Immers: de suggestie wordt – tenminste in de literatuur – gewekt dat door toepassing van casemanagement de hulpvrager krijgt wat hij wil: een samenhangend pakket van hulp- en dienstverlening indien zijn hulpvraag maar complex genoeg is of zijn probleemsituatie maar langdurig is. Hierin is echter op geen enkele manier gegarandeerd dat dat hele pakket ook bevat wat de hulpvrager ook werkelijk wil hebben. Soms kan het pakket lijken op een kerstpakket met een inhoud waar de ontvanger niet om verlegen zit.

Om te verduidelijken welke visie wij voor de casemanager van belang vinden om degene(n) die door hem geholpen zal/zullen worden werkelijk tot zijn/hun recht te laten komen[2] willen wij eerst verduidelijken wat wij onder hulpverlening verstaan. Immers, het begrip hulpverlening is op zichzelf een 'containerbegrip'.

De brandweer, de politie, de wegenwacht, de vrijwilliger, de buurman en zelfs de hulpverlener verleent hulp. Het is daarom goed het brede begrip hulpverlenen nader te onderscheiden en wel in verzorgen, behandelen en emanciperend hulpverlenen. Ter verduidelijking gebruiken we het volgende schema.

Uitgaan van gebreken:		Uitgaan van mogelijkheden:
verzorgen	behandelen	emanciperende hulpverlening
object		subject
stellen		vragen stellen
ik kan		wat kan jij?
product		proces
leiden		begeleiden
beleren		leren
monoloog		dialoog
Cliënt centraal I		Cliënt centraal II

Een object is een voorwerp van zorg, subject is onderwerp van handelen. Bij subject is het onderwerp altijd gekoppeld aan het *werkwoord*. De casemanager functioneert als een stuk elastiek: hij moet alle drie de hulpvormen kunnen hanteren, moet als het ware drie talen kunnen spreken:
- bij verzorgen: regeltaal, planningstaal;
- bij behandelen: 'belerende' taal, overdracht;
- bij emanciperend hulpverlenen: 'lerende' taal, zoekende taal, vragende taal.

Iedere keer zal de casemanager zich moeten afvragen: wie is in deze situatie de hulpvrager en wat is ten aanzien van het ingebrachte punt geïndiceerd: verzorgen, behandelen of emanciperend hulpverlenen? De nadruk binnen het gehele werk van de casemanager ligt echter op het emanciperend hulpverlenen: *De cliënt helpen zichzelf te helpen, personen helpen tot hun recht te komen in het samenleven met elkaar*. Wat zijn nu de belangrijkste verschillen tussen verzorgen, behandelen en emanciperend hulpverlenen?

Bij *verzorging* is iemand object (= voorwerp) van zorg; de verzorger doet iets *voor* iemand. Dat kan heel belangrijk zijn. Een baby moet bijvoorbeeld verzorgd worden om in leven te blijven. In een verzorgingshuis moeten bepaalde zaken voor de daar wonende mensen worden gedaan omdat de betrokkenen dat niet zelf kunnen. De mens is in zorgsituaties dus *object* van zorg en daarmee afhankelijk van de verzorgers.

De verzorgers moeten een *product* leveren: de baby moet om de zoveel tijd een voeding krijgen, moet worden verschoond, enzovoort. De verzorger is productgericht en planmatig bezig. Binnen een bepaalde tijd moeten een aantal zaken gebeuren.

Bij verzorging gaat het niet om de vraag wat de verzorgde kan, maar of de verzorger in staat is het geplande product te leveren. Dat geplande product (verschonen, wassen, voeden, bedopmaken, schoonhouden, enzovoort) is het *antwoord* dat de verzorger moet geven. In verzorgende situaties komt daarom een specifieke taal voor: planningstaal, regeltaal, voorschriftentaal. Taal die meer weg heeft van een *monoloog* dan van een dialoog.

Verzorging is essentieel voor zover een mens die verzorging wezenlijk nodig heeft. Alles wat meer aan verzorging gegeven (opgedrongen) wordt is afhankelijk makend, verantwoordelijkheid afnemend, ontmenselijkend, anti-emancipatorisch.

Hoewel werkers in verzorgingsinstellingen zich misschien niet (willen) herkennen in de beschrijving van de zogenaamde totale instituties (Goffman 1975) is het misschien toch goed eens kritisch te overwegen hoe het gesteld is met de behoefte aan zorg van de verzorgde en de behoefte aan organisatie bij de verzorger. Goffman zegt hierover:

> De moderne maatschappij is nu eenmaal fundamenteel zo ingericht dat we meestal slapen, werken en ons vermaken op verschillende plaatsen met een verschillende groep mededeelnemers, onder een verschillend gezag en zonder een alomvattend plan. Het centrale kenmerk van totale instituties is nu dat de grenzen die deze drie levenssferen gewoonlijk scheiden, zijn neergehaald. In de eerste plaats voltrekken alle aspecten van het leven zich op dezelfde plaats en onder hetzelfde gezag. In de tweede plaats wordt iedere fase van de dagelijkse activiteiten van de leden uitgevoerd in het onmiddellijke gezelschap van een groot aantal anderen, die allen gelijk worden behandeld en dezelfde dingen samen moeten doen. In de derde plaats zijn alle fasen van de dagelijkse activiteiten strak geschematiseerd waarbij de ene activiteit op een van tevoren vastgesteld tijdstip overgaat in de volgende en waarbij de hele volgorde van activiteiten van bovenaf wordt opgelegd middels een systeem van explicite formele regels en door een staf van functionarissen. Tenslotte worden de diverse gedwongen activiteiten samengevoegd als delen van een enkel allesomvattend rationeel plan dat willens en wetens is ontworpen om de officiële doeleinden van de institutie te vervullen.

Naast verzorging, waarbij de afhankelijkheid van de verzorgde maximaal is, kennen we allerlei vormen van *behandeling*: iemand moet in het ziekenhuis worden opgenomen om behandeld te worden, een gezin krijgt een 'gezinsbehandeling', iemand ondergaat een psychotherapeutische behandeling, enzovoort.

Kenmerkend voor deze vorm van hulpverlenen is opnieuw het benadrukken van de deskundige die de behandeling uitvoert en de onmacht van de behandelde om zichzelf te helpen. Weliswaar wordt bij de behandeling wel meer dan bij verzorging de nadruk gelegd op de samenwerking tussen behandelaar en behandelde, maar de relatie tussen hen beiden wordt toch in hoge mate bepaald door de afhankelijkheid van de hulpvrager van de deskundige hulpverlener.

Zo wordt de diagnose door de hulpverlener gesteld op grond van de gegevens (de anamnese) die de hulpvrager verstrekt aan de hand van gerichte vragen van de hulpverlener. En in veel gevallen wordt ook door de hulpverlener een behandelingsplan opgesteld, al dan niet in overleg en in samenwerking met een behandelingsteam. Wel wordt in hoge mate de inzet van de hulpvrager gevraagd om mee te werken aan de uitvoering van een behandelingsplan.

Voor wat de tijdsduur betreft is een behandeling tijdgebonden. Degene die een behandeling zal ondergaan weet van tevoren meestal hoelang die behandeling zal duren. Toch zijn ook de keuzemogelijkheden van degene die behandeld wordt met betrekking tot de behandelingsvormen zeer gering. Hier weegt duidelijk de deskundigheid van de behandelaar zwaar! En de keuzen die de hulpvrager maakt, moeten doorgaans passen in het kader van de hulpverlener. Hageman (1976) zegt hierover:

> In liefdadigheid wordt niet alleen het tijdstip, maar ook de inhoud van de gift door de gevers bepaald. In het hulpverleningssysteem start de hulpverlening met de aanmelding van de cliënt. Nadat de cliënt zich heeft aangemeld start de procedure waarin de hulpverlener het probleem van de cliënt tracht te definiëren. Dit heeft een tweeledig doel:
> - om vast te stellen welke behandeling de cliënt nodig heeft;
> - om vast te stellen of de instelling deze behandeling kan geven.
>
> Deze fase van de probleemdefiniëring kan bij iedere instelling variëren; bij een aantal instellingen is deze periode in de hulpverlening geïnstitutionaliseerd in zogenaamde intake-procedures waarin de cliënt wordt onderworpen aan gesprekken om vast te stellen of de hulp die hem zal worden gegeven wel past bij zijn problemen. Bij andere instellingen werkt men met diffuse selectiecriteria. Het resultaat van deze fase betekent voor de cliënt vaak dat de instelling besluit dat men hem niet kan helpen daar de professionele uitrusting en de organisatiestructuur van de instelling ongeschikt wordt geacht voor de behandeling van de cliënt.
> In deze ontwikkeling van het professionalisme ziet men twee tegenstrijdige bewegingen. Enerzijds bespeurt men in het professionalisme een versterking van de plicht tot geven, die is ontwikkeld als antwoord op het recht van de cliënt op hulp en zou men kunnen zeggen dat de norm van wederkerigheid deze ontwikkeling heeft gesteund.
> Anderzijds vormt echter het professionalisme van de hulpverlening een argument om het probleem van de cliënt en de inhoud van de hulp in eigen termen te omschrijven en wordt hiermee de grondslag gelegd tot het weigeren van hulp om zo de plicht tot geven te ontduiken. Door deze gang van zaken is men teruggekeerd tot het uitgangspunt in de liefdadigheid, namelijk dat de gevers de inhoud van de hulp bepalen. Men ziet dus dat via de professionalisering de norm van begunstiging in de hulpverlening is teruggekeerd.

Het is veelzeggend dat dit citaat van Hageman uit 1976 nu in 2009 nog steeds van toepassing is!
In de *emanciperende hulpverlening* wordt geprobeerd de mogelijkheden van de hulpvrager te mobiliseren en intact te houden, zodat de hulpvrager weer baas in de eigen situatie wordt.
Het begrip emancipatie kan worden omschreven als het pogen van mensen meer greep te krijgen op eigen bestaan en bestaansontwerp in die zin dat zij vanuit een als negatief beoordeelde situatie op weg gaan naar een meerwaardige situatie (Hendriks 1981).
Bij emanciperende hulpverlening gaat het erom dat mensen zich bewust worden van hun situatie, tot inzicht komen en van daaruit, op grond van afwegingen die ze maken, besluiten gebruik te maken van de mogelijkheden die de situatie hun biedt.
Het is, zoals Frankl (1978) zegt, de keuze die ieder mens heeft met betrekking tot de vraag hoe hij zich wil verhouden tot zijn omstandigheden. Deze uitspraak van Frankl is op zichzelf niet te weerleggen, maar natuurlijk rijst de vraag: waarom doen mensen dat dan zo weinig? Waarom maken zij zich ondergeschikt aan allerlei machten en krachten buiten zichzelf en verwachten zij hulp van anderen? Daar zijn veel antwoorden op te geven. Voor ons zijn er in ieder geval twee van belang en die willen we hier noemen.

Allereerst hebben veel mensen niet geleerd hoe ze zich als burgers van onze samenleving in allerlei situaties moeten handhaven. Zij zijn als het ware maatschappelijke analfabeten. En die samenleving wordt steeds ingewikkelder, ondoorzichtiger en onpersoonlijker. Wat moet je dan als kleine, domme burger?

In de tweede plaats suggereert het opkomen van steeds meer specialismen en specialisaties dat mensen steeds meer niet zelf behóren te kunnen. Iedere probleemtoestand kan worden opgedeeld in veel deelproblemen die op zich allemaal weer zó ingewikkeld kunnen worden, dat degene die het betreft de draad kwijtraakt en zich passief overgeeft aan ieder die zich welwillend en deskundig met hem wil bemoeien.

Mensen die zichzelf als object van de situatie ervaren worden passief en stellen zichzelf geen vragen meer. Anderen stellen aan hen vragen, voor hun eigen weten en hun eigen diagnose, zodat zij beter zouden kunnen 'helpen'.

Maar een object, ook een hulpverleningsobject, draagt geen verantwoordelijkheid. Iemand die zichzelf als een object ervaart en ook als zodanig door anderen, door instanties en hulpverleners wordt behandeld, kan weinig betekenis meer geven aan zijn eigen leven.

Bij emanciperende hulpverlening wordt geprobeerd de verantwoordelijkheid aan de hulpvrager terug te geven. Dat gebeurt meestal op een vragende manier. Niet in de zin van: wat is er aan de hand en dan zal ik je wel vertellen wat je 'moet' doen. Het gaat om vragen die allemaal zijn terug te leiden tot de vraag: *Hoe wil jij je verhouden tot de situatie? Op welke manier wil je dat dan aanpakken en op welk moment ga je daarmee aan de gang?*

De emanciperende hulpverlener stelt vragen met de bedoeling dat de hulpvrager zelf met eigen antwoorden, met eigen keuzen, met eigen taal, met een eigen spreken komt. En daarmee verandert de hulpvrager ook zijn eigen positie ten aanzien van de situatie.

De hulpverlener is als emanciperend hulpverlener *procesgericht* bezig. Vooraf staat niet vast waar de hulpvrager uitkomt, welke antwoorden hij op zijn situatie zal geven en hoe hij zich tot z'n situatie zal verhouden. Dit proces (waarbij de hulpverlener het zoekproces van de hulpvrager begeleidt, waardoor de hulpvrager zelf het gestelde probleem verschuift tot een hanteerbaar probleem) is het product van de hulpverlening.

We spitsen de visie zoals wij die hierboven hebben uiteengezet nog eens toe in twee items die een rol spelen in het casemanagement, namelijk de zelfbepaling van de cliënt en diens emancipatie.

1. *Zelfbepaling van de cliënt.*

Een van de bedoelingen van de herstructurering van de huidige hulp- en dienstverlening in de 'hulp- en dienstverlening nieuwe stijl' waaronder wij ook in zekere zin het casemanagement mogen rekenen is dat hierdoor de greep van de gebruiker op zijn leven wordt versterkt. Het moet immers gaan om een overgang van *aanbodgerichte* hulpverlening naar *vraaggerichte* hulpverlening. Het blijkt in de praktijk echter uitermate moeilijk om de vraag van de cliënt niet toch op de een of andere manier te horen in termen van het bestaande aanbod, in plaats van de vraag van de cliënt te willen horen als de vraag naar iets wat er in werkelijkheid (nog) niet is. Er moet dus naar een passend aanbod gezocht worden wat een werkelijk antwoord op de vraag van de cliënt is.

Dat maakt casemanagement tot een tijdrovende bezigheid, maar het is wel de essentie van hulp-op-maat. Problemen in de hulpverlening hebben niet altijd te maken met het feit dat de hulpvrager iets niet kan of niet heeft, maar dat hij niet kan krijgen wat hij werkelijk wil om zelfstandig overeenkomstig zijn eigen mogelijkheden te leven.

Van Weeghel (1995) merkt op dat – op basis van onderzoek – arbeidsrehabilitatieprogramma's succesvol blijken te zijn wanneer ze gebaseerd zijn op voorkeuren en keuzen van cliënten. Ook de ervaringen in het Center for Psychiatric Rehabilitation in Boston U.S.A. (het zogenaamde Boston-model) wijzen in dezelfde richting. Dit zegt iets over motivatie van cliënten. Wij menen dat mensen aanzienlijk vaker en aanzienlijk meer gemotiveerd zijn tot dingen doen dan vaak in de hulpverlening wordt aangenomen. De situatie komt veel vaker voor dat mensen niet gemotiveerd zijn te doen wat anderen goed voor hen vinden. Met name in de hulpverlening menen hulpverleners nogal eens het recht te hebben om op basis van hun deskundigheid en hun inzicht in de situatie van de cliënt vast te stellen waartoe de cliënt gemotiveerd dient te zijn. Het is eigenlijk enigszins beschamend dat de ontdekking dat nogal wat hulpverlening is stukgelopen op het niet werken met de eigen keuzen van de cliënt, nu tot nieuwe methodieken leidt in de wereld van de zorg-, hulp- en dienstverlening!

We realiseren ons overigens dat het werken met de eigen keuzen van de cliënt niet moet leiden tot de situatie dat de hulpverlener/casemanager blindelings de wensen van de hulpvrager volgt. De hulpverlener – en dat geldt ook voor de casemanager – heeft een eigen verantwoordelijkheid voor de wijze waarop hij met de vragen van de cliënt omgaat. In geval van twijfel is het echter goed bijvoorbeeld een onafhankelijke derde in te schakelen die vraag en antwoord objectief bekijkt en weegt.

Moxley (1989) heeft zelfs een min of meer institutionele vorm bedacht voor dit probleem: indien de cliënt het niet eens is met de koers die de casemanager of het casemanagementteam uitstippelt, is het de plicht van de casemanager een pleitbezorger voor de cliënt van buiten het casemanagementteam te laten meedenken en meebeslissen ten aanzien van maatregelen die voor de cliënt genomen moeten worden of juist niet genomen moeten worden.

   2. *Emancipatie.*

Zoals wij ook elders reeds geschreven hebben (Van Riet en Wouters 2002) is het van belang dat hulpvragers leren binnen de marges van hun mogelijkheden zich onafhankelijk op te stellen van hulp en hulpverlening. Dat valt op het terrein waarop de casemanager geacht wordt te opereren niet mee. De complexiteit van de hulpvragen, de vaak langdurige hulpverleningscontacten, de afhankelijkheid van meerdere instellingen en dus ook van hulpverleners die vaak juist vanwege hun specialisme in een uitvoeringsteam opgenomen zijn, brengen met zich mee dat de cliënt geconfronteerd kan worden met een, weliswaar goed georganiseerde, overmacht aan hulpverleners. Het zal dan een toer zijn voor de casemanager om het evenwicht tussen de inzet van deskundigen en de zelfbepaling van de cliënt tot stand te brengen en te handhaven. Dat kan alleen maar lukken wanneer de casemanager als het ware van binnenuit overtuigd is van de waarde dat cliënten emanciperen.

Aan de andere kant zien wij, dat in de huidige wet- en regelgeving, dus van de kant van de overheid, uitgegaan wordt van reeds geëmancipeerde cliënten.

Zoals wij in hoofdstuk 1 aangaven wordt de hulpvrager, de cliënt, in het overheidsdenken gezien als een marktpartij die als een echte consument met zijn persoonsgebonden budget datgene koopt wat hem het beste aanstaat. Uit de grote vlucht die het persoonsgebonden budget sinds de invoering in 1996 (na enkele jaren van experimenteren) heeft genomen, blijkt dat er op grote schaal gebruik van gemaakt wordt.

Er is echter een grens aan de mogelijkheid tot emancipatie van hulpvragers. Ten gevolge van het extramuraliseringsbeleid in de laatste decennia van de vorige eeuw is een behoorlijk aantal mensen ten onrechte 'op eigen benen gezet', zonder dat voldoende was onderzocht of ze überhaupt in staat waren om te lopen, of dat er voldoende ondersteuningsstructuren in de samenleving aanwezig waren. Het zijn mensen die we nu zien dolen in steden en dorpen, dak- en thuislozen, verslaafden, mensen waar niemand op zit te wachten en wier sociale netwerken onvoldoende draagkracht hebben – als ze al over een netwerk beschikken.

> *Ga nu naar het oefengedeelte van de cd-rom en doe de oefening* 'Initiëren van casemanagement'

In hun Pamflet 'Naar een modern paternalisme' stellen Kuypers en Van der Lans (1994) de vraag aan de orde of er niet veel meer actief door hulpverleners naar cliënten die in een positie van sociaal isolement verkeren moet worden toegegaan. Zij hebben het over mensen die 'kunnen worden meegezogen in processen van vereenzaming, verloedering en uitstoting waar ze zelf niet of nauwelijks meer op kunnen reflecteren'.

Henselmans (1993) introduceerde de term 'bemoeizorg' voor soortgelijke problematiek speciaal bij psychiatrische patiënten. Het is terecht dat er mensen zijn die zich het lot van deze mensen aantrekken. Het zijn de mensen die in de verslagen van de casemanagementprojecten in de GGZ (Wolf 1995) uit eigen beweging geen hulp zoeken of hulp afwijzen.

Juist de door Kuypers, Van der Lans en Henselmans beschreven cliëntpopulaties horen niet tot de cliëntengroep van casemanagers, maar tot die van zorgcoördinatoren. Het gaat in de praktijk om het organiseren van hulp voor mensen die geen (uitgesproken) hulpvraag hebben, maar die op grond van overwegingen van anderen – bemoeizorgers – geholpen moeten worden.

Het betreft hier situaties die in de literatuur (Steinberg & Carter 1983) beschreven worden als 'case-finding': het actief werven van cliënten voor bepaalde projecten en 'pre-screening': het toetsen of het project geschikt is voor de betreffende cliënt en omgekeerd: of de betreffende cliënt geschikt is voor dit project. Bij casemanagement zoals door ons bedoeld is van case-finding en pre-screening dus geen sprake.

3.4 Een glijdende schaal

Het zal uit bovenstaande duidelijk zijn dat wij het vertrekpunt voor de hulpverlening – en dus ook voor het casemanagement – van wezenlijk belang achten voor de organisatie en de uitvoering ervan. Dat wil zeggen: het vertrekpunt van de casemanager is zowel het in kaart brengen van de behoeften van de cliënt alsook de mogelijkheden die de cliënt heeft om daar zelf antwoorden op te geven. Pas wanneer duidelijk is wat de hulpvrager zelf niet heeft en niet kan met betrekking tot zijn geformuleerde behoeften, onderzoekt de hulpvrager met behulp van de casemanager zijn sociale netwerk (in termen van de ecologische benadering: zijn natuurlijke hulpbronnen) om vast te stellen in hoeverre daar mogelijkheden aanwezig zijn of aangeboord kunnen worden om aan zijn behoeften tegemoet te komen.

In laatste instantie wordt gekeken naar professionele, geïnstitutionaliseerde hulp- en dienstverlening. We kunnen hier met een variatie op de stelling 'niet compenseren maar activeren' (Clarijs 1992) zeggen: pas compenseren na activeren.

Dat betekent dat soms na het onderzoek naar hulpbronnen voldoende mogelijkheden gevonden zijn voor de cliënt om verder te kunnen zonder professionele hulp en dat de taak van de casemanager in die zin verandert dat deze op verzoek van de cliënt hoogstens nog een functie vervult bij monitoring en evaluatie.

Dat is een niet onbelangrijke constatering omdat, juist wanneer in het kader van casemanagement een interorganisationeel protocollair programma is ontworpen, het soms moeilijk is de hulpverlening te stoppen. Een van de gevaren van protocollair werken is dat 'het programma' moet worden afgewerkt omdat de afspraak nu eenmaal zo is.

Cox en Broekhuizen (1989) en Bachrach (1989) bepleiten daarom flexibiliteit in het casemanagement: het casemanagement dient zich aan te passen aan veranderende omstandigheden en veranderende behoeften. We geven bovenstaande nog eens in het volgende schema weer:

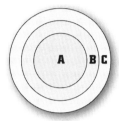

Figuur 2 De route van de casemanager

Toelichting:
1. De casemanager begint zijn activiteiten met het in kaart brengen van de behoeften van de cliënt (A).
2. Vervolgens onderzoekt de cliënt zoveel mogelijk zelf met de casemanager zijn sociale netwerk (B) om na te gaan of daar voldoende relevante hulpbronnen aanwezig zijn.
3. Pas in de derde plaats wordt bezien of en in welke mate professionele hulp (C) geboden moet worden, in welke frequentie, et cetera.

Het hulpverleningplan (planning) kan op ieder van de hiervoor genoemde momenten worden opgesteld. Op het moment dat het sociale netwerk van de cliënt en/of professionele hulpverleners worden ingeschakeld bij het leveren van de benodigde hulp- en dienstverlening is sprake van linking. Wanneer we het model uit figuur 2 nu leggen over de twee modellen van cliënt centraal uit figuur 1, dan komen we tot de twee volgende modellen.

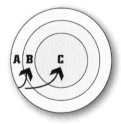

Figuur 3 De route van de zorgcoördinator bij het model 'cliënt centraal I'

Toelichting:
De route van de zorgcoördinator is van de buitenste ring naar binnen.
A: het niveau waar de bestaande zorg (projecten b.v.) in verband gebracht wordt met de behoefte van de cliënt. Het is niet altijd zeker dat deze behoefte(n) door de cliënt zelf als

zodanig benoemd zijn. Dit komen we bijvoorbeeld tegen bij de bemoeizorg en bij sommige zorgprojecten zoals beschreven door Wolf (1995).
B: de kwaliteit van het netwerk van de cliënt wordt onderzocht als substitutie voor (nog) niet bestaande vormen van professionele hulpverlening of in de kwaliteit van ondersteuner of medebehandelaar van de cliënt.
C: de cliënt krijgt een zorgplan aangeboden en wordt gestimuleerd mee te werken aan de uitvoering ervan.

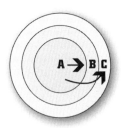

Figuur 4   De route van de casemanager bij het model 'cliënt centraal II'

Toelichting:
A: De cliënt formuleert met de casemanager zijn behoeften en op grond daarvan zijn hulpvragen. Hij onderzoekt met de casemanager in hoeverre hij (vaak bij nader inzien) in staat is daar zelf antwoorden op te vinden.
B: Indien de cliënt vaststelt dat hij zelf niet voldoende in staat is eventueel met behulp van de casemanager zelf tegemoet te komen aan zijn behoeften, onderzoekt hij samen met de casemanager de kwaliteit van zijn sociale netwerk in relatie met zijn geconstateerde behoeften.
C: Uit de uitkomsten van de activiteiten onder A en B wordt duidelijk welke professionele hulp georganiseerd dient te worden.

Wat is nu het verschil tussen de route van de zorgcoördinator en die van de casemanager? Behalve dat we vaststellen dat bij zorgcoördinatie de kant van het zorgaanbod vertrekpunt is merken we in de praktijk ook, dat veel tijd en aandacht van de zorgcoördinator uitgaat naar het afstemmen van de professionele zorg. Dat is ook niet zo verwonderlijk wanneer we ons in herinnering brengen wat een van de aanleidingen was voor het aansturen op zorgcoördinatie: de versnippering van het bestaande zorgaanbod (zie hoofdstuk 1).

3.5   Wat betekent dit nu voor het casemanagement

Aan het begin van dit hoofdstuk hebben wij gesteld dat wij casemanagement willen zien als meer en anders dan een coördinatieprincipe of een organisatieprincipe. We willen casemanagement zien als een mogelijkheid voor mensen die sterk afhankelijk (lijken te) zijn van hulp- en dienstverlening om de greep op hun leven terug te krijgen. Dit uitgangspunt willen we toetsen aan een aantal aspecten van de hulp- en dienstverlening.

3.5.1 De relatie tussen casemanager en cliënt

Allereerst de vraag wat onze opvatting over casemanagement betekent voor *de relatie tussen casemanager en cliënt*. Hierbij speelt een aantal zaken een rol.

Het belangrijkste is misschien wel dat de relatie te kenschetsen is als een samenwerkingsrelatie en niet als een vertrouwensrelatie. Elders hebben wij reeds gesteld dat de relatie tussen hulpvrager en hulpverlener niets meer en niets minder is dan de vaststelling dat zij zich in een werkverhouding ten opzichte van elkaar verhouden (Van Riet en Wouters, 2002) en dus in die situatie op elkaar betrokken zijn. Dat is dan ook de letterlijke betekenis van het woord relatie: betrekking.

Hulpverleners leren in hun opleiding vaak dat de vertrouwensrelatie de basis is om goed met een hulpvrager te kunnen werken. En natuurlijk, in een relatie waarin de hulpvrager de hulpverlener niet vertrouwt (en ook omgekeerd) valt er niet echt goed, om niet te zeggen: helemaal niet met elkaar te werken.

De vertrouwensrelatie wordt dan gezien als een middel om te bereiken dat de cliënt met de hulpverlener wil werken. Het gaat dan om begrippen als: vertrouwen wekken, veiligheid bieden etc., bedoeld om de 'workability' van de cliënt te bevorderen.

Het lijkt soms alsof de hulpverlening is terug te voeren op die relatie, de vertrouwensrelatie met de cliënt op grond waarvan gewerkt kan worden.

Het gaat er echter om, dat de hulpverlener met de cliënt tot een *samenwerkingsrelatie* komt. Bij een samenwerkingsrelatie gaat het om:
- het *definiëren van de betrekking* (of ook wel: het beschrijven van de wederzijdse posities) tussen hulpvrager en hulpverlener. Hierbij hoort ook het vaststellen van de taakverdeling tussen cliënt en casemanager. Immers: een positie is een geheel van rechten en plichten;
- het *benoemen van de condities* op basis waarvan zij willen samenwerken;
- en het *benoemen van de inhoud* van de samenwerking: welke doelen worden gesteld, hoe zal naar die doelen worden toegewerkt.

Zowel hulpverlener als cliënt hebben bepaalde condities op grond waarvan zij kunnen en willen samenwerken. De hulpverlener is over het algemeen degene die de condities van zijn kant vaststelt: geen huisbezoek maar bureaubezoek (of juist omgekeerd), de frequentie van het contact, het tijdstip, de tijdsduur, et cetera. De cliënt moet van goeden huize komen om daar verandering in aan te kunnen brengen, zeker als de hulpverlener organisatorische en methodische argumenten aanvoert. Over deze condities wordt meestal niet gesproken. De cliënt wordt geacht zich daar op voorhand bij neer te leggen: de institutie domineert.

Nu blijkt in de praktijk dat wanneer de hulpverlener, en in dit geval de casemanager, aandacht wil besteden aan het bespreken van de *condities*, er al een hele aanzet tot hulpverlening ontstaat.

Als de hulpverlener het met de cliënt kan hebben over de vraag hóe deze geholpen zou willen worden (en niet 'waaraan of waarmee'), wat diens condities zijn om door deze hulpverlener geholpen te willen worden, dan blijkt dat er weinig energie behoeft te worden gestoken in het in beweging zetten (= het motiveren) van de cliënt. Hier ligt dus ook een oplossing met betrekking tot het werken met 'niet-gemotiveerde' cliënten. Natuurlijk zijn mensen gemotiveerd, anders zouden ze zich niet tot een hulpverlener wenden. Ze zijn alleen niet altijd gemotiveerd tot datgene waartoe de hulpverlener gemotiveerd is.

En omdat de hulpverlener meer middelen tot zijn beschikking heeft, meer macht heeft, meer (=andere) deskundigheden heeft, domineert hij dikwijls de samenwerkingsrelatie met de cliënt. Er rest cliënten soms geen ander gedrag dan obstructie, zich niet aan de afspraak houden, ontwijken, wegblijven. Als de cliënt de ruimte krijgt om zijn eigen condities in te brengen in de samenwerking en daar wordt serieus mee omgegaan, dan werkt de cliënt mee als een serieuze partner. De cliënt is 'partner-in-de-samenwerking'.

We merken hier – wellicht ten overvloede – nog op dat in het geval van casefinding (bijvoorbeeld bij outreachende) de relatie tussen hulpverlener en cliënt anders van aard is. Immers, dan gaat het er juist om het vertrouwen te winnen van degene(n) die de hulpverlener op het oog heeft om een toegang te krijgen. Dit kan soms een voorstadium van of een aanloop tot casemanagement zijn. Is dat het geval, dan zal de relatie moeten worden omgevormd tot een samenwerkingsrelatie.

3.5.2 De relatie tussen casemanager en instelling(en) en organisaties

In de tweede plaats de vraag wat onze opvatting betekent voor *de relatie tussen casemanager en instelling(en) en organisaties*.

Wanneer de cliënt uitgangspunt is en blijft van het casemanagement dan kan het niet anders of de casemanager dient een instellingsonafhankelijke positie in te nemen. Immers, wanneer de casemanager vertegenwoordiger is van een instelling of van een samenwerkingsverband van instellingen dan is hij functioneel verbonden aan deze instelling(en) en bestaat het gevaar dat hij alsnog direct of indirect uitvoerder wordt van de programma's en/of protocollen zoals die door die instelling(en) zijn vastgesteld. De casemanager is degene die op basis van geconstateerde behoeften bij cliënten moet kunnen signaleren of het hulpverleningsaanbod vanuit instellingen tegemoet komt aan vragen van cliënten.

Het voert hier te ver om alle mogelijke organisatiemodellen zoals ze bestaan of zouden moeten bestaan, te bespreken. Het zou overigens niet verwonderlijk zijn wanneer in de toekomst een onafhankelijk instituut 'casemanagement' in verschillende plaatsen of regio's of op verschillende werkgebieden zou worden ingesteld. We denken hierbij aan de uitgangspunten voor casemanagement zoals de toenmalige staatssecretaris Simons (1991) dit formuleerde in zijn adviesaanvraag aan de Nationale Raad voor de Volksgezondheid:

> Het begrip casemanagement wordt in de literatuur in verschillende betekenissen gebruikt. In de door mij voorgestelde situatie is het casemanagement bedoeld als onafhankelijke en deskundige advisering van de zorgvrager bij de inrichting van het verzorgingsarrangement. De betrokken functionaris treedt daartoe zonodig op als intermediair richting (potentiële) zorgaanbieders en verzekeraars. Graag ontvang ik voorstellen ter nadere profilering van deze functie. Ik verzoek u daarbij met name aandacht te schenken aan de volgende aspecten:
> a. Het casemanagement dient gericht te zijn op versterking van de positie van de cliënt en niet een bureaucratische middenlaag in de zorg te vormen.
> b. De functie van casemanager dient nader geprofileerd te worden door de opstelling van een functieomschrijving, de vaststelling van professionele standaarden en daaraan verbonden opleidings- en deskundigheidseisen, en de ontwikkeling van een beroepscode.
> c. Bij de profilering van de functie van casemanager dient ook acht geslagen te worden op een heldere afbakening van taken en verantwoordelijkheden ten opzichte van verzekeraars.
> d. Het onderscheid tussen begrippen 'indicatie' en 'verzorgingsarrangement' behoeft nadere uitwerking teneinde onduidelijkheden ter zake te vermijden.

3.6 De casemanager: opnieuw een profiel

Los van de vraag hoe het casemanagementschap zich als functie of als institutie zal ontwikkelen, menen wij – op grond van onze omschrijving van casemanagement – een profiel van een casemanager te kunnen opstellen. Dit profiel is niet zozeer gebaseerd op persoonskenmerken of op vaardigheden, maar is gebaseerd op een visie op hulpverlenen waarbij de cliënt uitgangspunt en in ieder geval zoveel mogelijk handelend persoon is.

Een casemanager in onze visie dient iemand te zijn die uitgaat van de grootst mogelijke zelfbepaling van de cliënt en al zijn activiteiten baseert op dat uitgangspunt. Van hieruit kan casemanagement ook omschreven worden als het (al dan niet door professionals) organiseren van hulp- en dienstverlening bij complexe en/of langdurige problematiek om cliënten te leren zo min mogelijk behoeftig en van anderen afhankelijk te zijn.

Ga nu naar het oefengedeelte op de cd-rom. Doe de oefening **'Profiel van een casemanager II'.**

Noten

1 Slotverklaring 1e Nederlands Congres voor mensen met een verstandelijke handicap: Laat je zien, laat je horen. ZVG, Arcen, 21 april 1994.
2 Aan het begrip 'tot zijn recht komen' kennen wij twee betekenissen toe. In de eerste plaats is het begrip te verstaan als 'tot je recht komen als persoon met alle kwaliteiten die je hebt'. In de tweede plaats bedoelen wij er mee 'tot je recht komen als burger' wat wil zeggen: toegang hebben tot alles waar iedere burger toegang toe heeft.

4
Assessment

In dit hoofdstuk houden wij ons bezig met het begrip 'assessment'. We beschrijven hierin het onderscheid tussen de begrippen 'diagnostiek' en 'assessment' en passen de begrippen toe op de hulpvraag, de cliënt en de omgeving van de cliënt.

Casemanagement

Op de cd-rom staat de casus van de familie Fransen. Deze casus is het illustratie- en oefenmateriaal van dit hoofdstuk.

> *Ga nu naar het oefengedeelte op de cd-rom. Lees de casus van de familie Fransen.*

Assessment richt zich op twee gebieden: op de persoon van de hulpvrager en op de omgeving van de hulpvrager. Uitgedrukt in een schema ziet dat er als volgt uit:

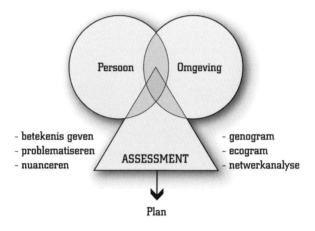

Figuur 5 Assessment in beeld

4.1 Wat is assessment?

Assessment is een verzamelnaam voor een aantal activiteiten die vooraf gaan aan het opstellen van het hulp- of dienstverleningsplan (de planning). Het vaststellen van wat de behoefte van de hulpvrager is, is de basis van *alle* zorg- hulp- en dienstverlening. Het samen met de hulpvrager zoeken naar de relatie tussen de problemen die hij ondervindt en de behoeften die niet of slechts gedeeltelijk worden bevredigd, noemen we *behoefteverduidelijking*. Bij assessment gaat het om het vaststellen van wat de behoeften en vragen van de cliënt zijn, wat hij zelf kan bijdragen om hieraan tegemoet te komen en wat hij nodig heeft van anderen, wat het sociale netwerk hem kan geven in het kader van wat hij nodig heeft en wat uiteindelijk van professionals (geïnstitutionaliseerde hulp- en dienstverlening) gevraagd zal moeten worden.

Er zijn veel omschrijvingen van wat assessment[1] nu eigenlijk is in omloop in met name de Amerikaanse literatuur (Holman 1983, Meyer 1993, Compton & Galaway 1994). Het begrip assessment is niet goed met één Nederlands woord te vertalen. Woordenboeken geven aan dat het betekent: inschatting, taxatie, maar in de praktijk waarin het begrip wordt gebruikt betekent het meer. Bedoeld wordt 'het verzamelen van relevante informatie'.

Omdat dit een wat uitvoerig woordgebruik in de tekst vereist, hanteren we in dit boek het onvertaalde woord 'assessment' waarbij we dit gebruiken in de betekenis van 'het verzame-

len van relevante informatie, teneinde adequate beslissingen te kunnen nemen'. In deze omschrijving zijn dus twee zaken van belang:
a. het verzamelen van relevante informatie;
b. het nemen van adequate beslissingen.

Bij het verzamelen van informatie is het van belang vooral in de gaten te houden dat het gaat om *relevante informatie*. Dat betekent: informatie die verband houdt met de door de cliënt geformuleerde behoefte(n). Het gaat niet om informatie die hulpverleners verzamelen omdat ze -al dan niet op basis van protocollen – gewend zijn bepaalde informatie standaard te verzamelen. In de traditie van de hulpverlening wordt veel informatie verzameld met de bedoeling een diagnose te kunnen stellen. Assessment is uitdrukkelijk anders bedoeld. We lichten daarom eerst de twee begrippen, diagnostiek en assessment, toe.

4.1.1 Diagnose en diagnostiek

In de hulp- en dienstverlening zijn de woorden 'diagnostiek' en 'diagnose' bekende begrippen. In het Groot Woordenboek der Nederlandse Taal (Geerts en Heestermans 1992) wordt diagnose als volgt omschreven: 'vaststelling van de aard en plaats van een ziekte of verwonding op grond van de verschijnselen: de diagnose stellen'. Er wordt dan een onderscheid gemaakt tussen een:
- zachte diagnose: het vaststellen van een diagnose met psychosociale achtergrond;
- harde diagnose: het vaststellen van een diagnose zonder psychosociale achtergrond.

Diagnostiek is de leer en toepassing van het stellen van een diagnose. Een diagnosesysteem is volgens de omschrijving van Van Dale 'een systeem om mankementen en defecten in een apparaat te helpen opsporen'.
Diagnostiek heeft een communicatieve functie. Diagnostiek is wezenlijk voor de communicatie tussen hulpverleners onderling en tussen hulpverleners en instituties die een indicatie vaststellen op grond waarvan de benodigde hulp- en dienstverlening gefinancierd wordt.
Vanwege de communicatieve functie van diagnostiek is een zekere mate van standaardisatie noodzakelijk. Met behulp van diagnostiek draagt degene die de diagnose stelt immers informatie over aan collega-hulpverleners en aan degenen die de indicatie stellen. Dan is het nodig dat de betrokkenen er hetzelfde mee bedoelen.
Kendell (1975) benadrukt het belang van het hanteren van diagnostische categorieën (classificaties) door de volgende drie aspecten aan ieder mens te onderscheiden:
- die aspecten die ieder mens deelt met een ander;
- die aspecten die een mens deelt met sommigen, maar niet met ieder ander;
- die aspecten die uniek zijn en dus niet gedeeld worden met anderen.

Voor het gebruik van categorieën in de diagnostiek kunnen alleen die aspecten van de mens gebruikt worden die hij deelt met sommigen, maar niet met allen.
In wezen is diagnostiek niet veel meer dan een explicitering van conventies: door mensen gemaakte afspraken. Dit houdt in dat diagnostische begrippen niet statisch zijn, maar aan verandering onderhevig en dat deze begrippen geen absolute objectieve waarheid in zich bergen. Vanuit de praktijk bezien is het van belang dat de relativiteit van de waarde van diagnostiek herkend wordt.

Eén van de voorwaarden waaraan diagnostiek moet voldoen om van nut te zijn, is dat het diagnostisch proces helder omschreven is en dat dit proces nauwgezet, controleerbaar en herhaalbaar uitgevoerd wordt (Verhulst 1992).
Diagnostische processen staan overigens niet op zichzelf, maar worden gestuurd vanuit verschillende invalshoeken die elk hun eigen voordelen en beperkingen kennen. Assenbach (1985) spreekt over paradigma's. Dit zijn conceptuele modellen op basis waarvan ideeën en informatie geordend worden. Paradigma's of invalshoeken werken sturend in beslissingen en keuzen die gemaakt worden.

4.1.2 Het nemen van adequate beslissingen

Adequate beslissingen zijn die beslissingen die leiden tot het opheffen van problemen die de cliënt tegenkomt bij het vervullen van zijn behoeften, waarbij de mogelijkheden van de cliënt en diens omgeving zoveel mogelijk aangewend worden. Hoewel deze formulering op het eerste gezicht eenduidig lijkt, kan deze omschrijving op twee manieren gebruikt worden, namelijk wanneer de vraag gesteld wordt *wie bepaalt* wat adequate beslissingen zijn. Ook hier zijn de modellen cliënt centraal I en cliënt centraal II zoals beschreven in paragraaf 3.1 weer van toepassing. In het eerste model bepaalt de casemanager wat adequaat is.

> *Ga nu naar het oefengedeelte op de cd-rom. Bekijk filmfragment 1* 'Cliënt Centraal I, de intake' *en het fragment 3* 'Het voorstel van het team aan moeder'. *Beantwoord de daarbij behorende vragen.*

In het tweede model bepaalt de cliënt dat zoveel mogelijk.

> *Ga nu naar het oefengedeelte op de cd-rom. Bekijk filmfragment 2:* 'Cliënt Centraal II, de intake' *en beantwoord de daarbij behorende vragen.*

Het zal duidelijk zijn dat wanneer de casemanager vertrekt vanuit model I en de cliënt model II als uitgangspunt neemt, er moeilijkheden tussen cliënt en casemanager ontstaan.

> *Ga nu naar het oefengedeelte op de cd-rom. Bekijk filmfragment 4* 'Verzamelen van gegevens met het gezin' *en fragment 5* 'Afronding van het gesprek met het gezin' *en beantwoord de daarbij behorende vragen.*

In hoofdstuk 1 van dit boek hebben we aangegeven dat de belangrijkste omslag die begin jaren negentig op het terrein van zorg en welzijn werd gemaakt samen te vatten is met: 'niet de methode, niet de discipline, niet de instelling staat centraal, maar de vraag van de cliënt, de cliënt zelf staat centraal'.
In deze formulering ontbreekt echter, zo blijkt uit de praktijk, wie de vraag van de cliënt bepaalt. Achterhuis (1980) wees al in 1980 op het feit dat ieder aanbod zijn eigen vraag schept en dat in plaats daarvan de vraag van de cliënt het aanbod dient te domineren. Dat dit in de praktijk vaak niet gebeurt kan verschillende oorzaken hebben. Die oorzaken kunnen liggen

op het niveau van de cliënt, op het niveau van de professionele uitvoerders en op het niveau van de aanbiedende instellingen. Enkele voorbeelden:
a. *De oorzaak ligt op het niveau van de cliënt*
   - Er zijn cliënten die zich in zulke hopeloze situaties bevinden, dat zij zichzelf geen vragen meer stellen. Zij ondergaan. Of, om met Freire (1972) te spreken: zij hanteren 'de cultuur van het zwijgen'.
   - Er zijn cliënten die geen hulpvragen formuleren op grond van hun behoeften, maar die hun behoeften formuleren in termen van het beschikbare aanbod.
   - Er zijn cliënten die hun mogelijke toekomstige behoeften formuleren in termen van huidige behoeften. Op grond daarvan zijn verzorgingstehuizen voor bejaarden en intramurale voorzieningen voor verstandelijk gehandicapten overvol geraakt, met als gevolg dat mensen die het echt nodig hebben, niet konden worden opgenomen.
b. *De oorzaak ligt op het niveau van de uitvoerende professionals*
   - Er zijn uitvoerende professionals die de vraag van de cliënt snijden op maat van een methodische richting die ze aanhangen. Is die professional een aanhanger van de Contextuele Therapie of van de Rational Emotive Therapy (RET) of, om nog een andere richting te noemen, aanhanger van de Trans Actionele Analyse (T.A), dan is de kans groot dat de vraag van de cliënt vertaald wordt in respectievelijk contextuele termen, RET-termen of T.A-termen.
   - Er zijn uitvoerende professionals die de vraag van de cliënt manipuleren op basis van hun eigen normen- en waardenpatroon. Zij weten wat 'goed' is voor de cliënt en menen op grond daarvan de vraag van de cliënt te kunnen veranderen in een aanbod waar de klant niet om gevraagd heeft.
   - Er zijn uitvoerende professionals die cliënten als doelgroep benaderen en denken dat je dan de vragen kent van de individuele cliënt.
c. *De oorzaak ligt op het niveau van de aanbiedende instellingen*
   - Er zijn instellingen die de vraag van de cliënt knippen op maat van het aanbod dat ze in huis hebben.
   - Er zijn instellingen die weigeren om met andere instellingen samen te werken als de vraag van de cliënt dat noodzakelijk maakt.

We kunnen constateren dat de meeste belemmeringen die cliënten ervaren bij het verkrijgen waar zij naar vragen, liggen op het terrein van de aanbiedende instellingen. Onder andere door de invoering van marktwerking op dat terrein is het begrip 'rationalisering van de hulpverlening' ingevoerd. Baart en Van der Laan (2002) noemen in dit verband de toenemende trend dat:

> managers en professionals *off line* werken, om het productieproces beheersbaar te houden. Meerjarenplannen zijn het beste voorbeeld daarvan. Door langere planprocedures te eisen, wordt de sector beter beheersbaar maar minder goed stuurbaar. Vraagsturing is in strikte zin immers alleen maar mogelijk als de professionals en hun instellingen zoveel mogelijk *on line* zijn met de 'klanten'. (...) De inrichting van het werk is bureaucratischer geworden. Daarmee bedoelen we in dit geval niet zozeer 'omslachtiger'(al is dat zeker ook het geval) maar meer gedistantieerd, geregelder en vooral 'fair': de verstrekking van voorzieningen en diensten geschiedt zonder aanziens des persoons, volgens inzichtelijke en tevoren bekende regels en routines, in overeenstemming met maatschappelijke verwachtingen en zonder dat de persoon of positie van de bureaucratische ingekaderde interventionist een noemenswaardige invloed heeft op het proces.

Het is opvallend dat de overheid steeds sterker aanstuurt op vraaggestuurde hulp- en dienstverlening, maar in de toepassing daarvan gehinderd wordt door uitvoerende instellingen zoals we ook in hoofdstuk 1 reeds aangaven.

Resumerend: voordat met assessment wordt begonnen zal eerst duidelijk moeten zijn: wie kijkt met de ogen van wie en wie neemt op grond daarvan een beslissing? Met de omschrijving van casemanagement zoals wij die in hoofdstuk 3 hebben gegeven, kan deze vraag concreet worden beantwoord: zoveel mogelijk door de cliënt.

4.1.3 Assessment

Assessment is een complex geheel. Complex in deze zin dat het gaat om het in kaart brengen van de behoefte(n) van de cliënt, van de problemen die hij tegenkomt bij het vervullen van die behoefte(n), van de mogelijkheden die hij zelf heeft om aan deze behoefte(n) tegemoet te komen, van de kwaliteit van het sociale netwerk van de cliënt, zowel voor wat betreft het ontstaan en bestaan van de behoefte(n) van de cliënt alsook voor wat betreft de mogelijkheid tot het bieden van hulp en ondersteuning aan de cliënt.

Het gaat dus om *behoeften*, maar ook om de *mogelijkheden* die de cliënt en leden van diens sociale netwerk hebben om aan die behoeften tegemoet te komen. Nu is het gebruikelijk om bij assessment de verschillende levensgebieden waarop mensen behoefte(n) kunnen hebben, in kaart te brengen. Moxley (1989: 57) heeft hiertoe het volgende schema ontwikkeld:

Karakteristiek van assessment van cliënt	Vaststellen van behoeften	Assessment van zelfhulp	Assessment van netwerk-hulp	Assessment van professionele hulp
Organiserende concepten	Niet-vervulde behoeften	Functioneren van de cliënt	Sociale netwerken/ sociale ondersteuning	Professionele hulp
Gebieden waarop het assessment is gericht	1. Inkomen 2. Wonen 3. Werken 4. Gezondheid 5. Psychische gezondheid 6. Relaties 7. Vrije tijd 8. ADL 9. Vervoer 10. Juridische zaken 11. Ontwikkeling	1. Fysiek functioneren 2. Cognitief functioneren 3. Emotioneel functioneren 4. Gedragsmatig functioneren	1. Netwerkstructuur 2. Interactie in het netwerk 3. Emotionele ondersteuning 4. Instrumentele ondersteuning 5. Materiële ondersteuning	1. Inventarisatie van bronnen 2. Beschikbaarheid 3. Geschiktheid 4. Geëigendheid 5. Geaccepteerdheid 6. Toegankelijkheid
Assessment proces	Nagaan met cliënt en professionals van de behoeften van de cliënt op essentiële terreinen van het dagelijks leven	Behoeften in verband brengen met de functioneringsmogelijkheden van de cliënt	Behoeften in verband brengen met de kwaliteit van het netwerk om te zien of dat kan voorzien in de behoeften van de cliënt	Behoeften in verband brengen met de professionele hulpverleningsbronnen om na te gaan of deze kunnen voorzien in de behoeften van de cliënt

Figuur 6 De structuur van casemanagement-assessment

In dit schema is het hele assessmentproces duidelijk in beeld gebracht en met name de levensterreinen waarop cliënten behoeften kunnen hebben. We kunnen dit schema dan ook opvatten als een soort routebeschrijving van assessment. Wat echter niet in dit schema duidelijk wordt, maar wat wel van essentieel belang is bij assessment, is de differentiatie van de geconstateerde behoefte(n). Differentiëren we deze behoefte(n) niet, dan bestaat het gevaar dat een behoefte geformuleerd wordt door de cliënt in termen van het aanwezige aanbod. We zien dit nogal eens voorkomen op werkgebieden waar veel met voorzieningen wordt gewerkt zoals in de zorg voor mensen met een (verstandelijke) handicap. De behoefte aan wonen wordt door de cliënt (of diens vertegenwoordigers) nogal eens vertaald in de behoefte te kunnen wonen in een bepaald huis of tehuis. De hulp van de hulpverlener wordt dan ingeroepen omdat er geen plaats in het gewenste (te)huis is of omdat op formele gronden de toegang geblokkeerd is voor degenen die geen indicatie toegewezen gekregen hebben. Een dergelijke vertaling van een behoefte noemen we een *hulpwens*. Een hulpwens kunnen we ook wel omschrijven als een tot probleem geworden oplossing die de cliënt niet zelf kan realiseren.

Figuur 7 Probleem- en aanbodgerichte vraagstelling van de cliënt

De cliënt formuleert op basis van een geconstateerd probleem een hulpwens en koppelt die hulpwens aan een al dan niet bestaand aanbod.

> *Ga nu naar het oefengedeelte op de cd-rom. Doe de oefening 'Intake'.*

Wanneer echter onderzocht wordt waar de *hulpwens* van de cliënt mee te maken heeft, kan aan het licht komen dat eigenlijk iets anders bedoeld wordt dan een plaats in dat specifieke (te)huis. Het begrip 'wonen' omvat heel wat meer betekenissen dan 'wonen in dit of dat (te-)huis'. Daar achter te komen is een essentieel onderdeel van assessment. Het houdt in dat cliënt en casemanager achter de betekenis van de geformuleerde behoefte moeten zien te komen.

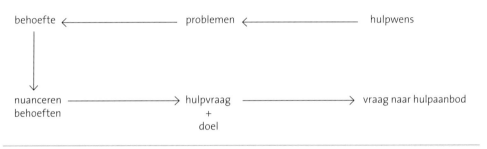

Figuur 8 Behoeftegerichte vraagstelling van de cliënt

Deze gedachtegang leidt tot de constatering dat de term '(hulp)vraagverduidelijking' verwarring geeft. Het gaat er immers niet om te verduidelijken wat de cliënt vraagt (dat weet de cliënt meestal zelf wel), maar om samen met de cliënt te verduidelijken (vast te stellen) welke *behoeften* van de cliënt in essentie niet verwezenlijkt worden.

Voor de duidelijkheid van wat nu precies wordt beoogd, kiezen wij voor de term '*behoefteverheldering*' in plaats van de begrippen 'probleemverheldering' of 'hulpvraagverduidelijking'.

Er is nog een andere conclusie uit het bovenstaande te trekken namelijk deze: een behoefte is altijd subjectief en persoonlijk. Een kenmerk van de gegevens zoals die door assessment verkregen worden is het *subjectieve* karakter van die gegevens. En hierin onderscheidt assessment zich wellicht het meest fundamenteel van diagnostiek. Immers, zoals wij hierboven aangaven, is standaardisatie van diagnostiek een van de vereisten, wil deze als hulp voor communicatie tussen hulpverleners kunnen dienen.

Subjectieve gegevens en individuele betekenisgeving zijn niet te standaardiseren. Het gaat bij assessment dan ook niet om de vertaling van de behoeften van de cliënt in de taal van de (professionele) hulpverleners, maar om het onder woorden brengen van de bedoelingen en strevingen van de cliënt. Op basis daarvan kunnen gerichte hulpvragen geformuleerd worden.

De stappen van de casemanager en de cliënt bij assessment zijn als volgt te benoemen:
1. Inventariseren van wat de behoeften zijn.
2. Vaststellen op welke gebieden deze behoeften liggen.
3. Per gesignaleerd behoeftegebied de behoefte nuanceren in deelbehoeften.
4. Omzetting van een genuanceerde behoefte in een hulpvraag met daaraan gekoppeld een doelstelling: wat moet er ten aanzien van die hulpvraag bereikt worden?
5. Per genuanceerde hulpvraag onderzoeken:
   - Welk aandeel kan de cliënt op zich nemen?
   - Welk aandeel kan de omgeving (het sociale netwerk) op zich nemen?
   - Welk aandeel moet de professionele hulp- en dienstverlening op zich nemen?

4.2 De praktijk van assessment

Nu we de begrippen en de door de casemanager bij assessment te zetten stappen benoemd hebben zullen we de praktijk van elk van deze stappen beschrijven.

4.2.1 Onderzoeken wat de behoeften zijn

Het lijkt vaak duidelijk te zijn wat iemand vraagt wanneer hij zich met hulpvragen tot een casemanager wendt. Wanneer hulpvrager en casemanager met elkaar aan het werk gaan blijkt het soms toch minder eenvoudig te zijn dan het aanvankelijk leek. Dat heeft te maken met het feit dat, zoals we al eerder schreven, nogal wat hulpvragen het karakter hebben van hulpwensen. De cliënt is zich hier uiteraard niet van bewust, maar benoemt een concreet probleem waarmee hij zit. Noch de cliënt noch de casemanager realiseren zich op dat moment dat het wel eens zou kunnen gaan om een tot een probleem geworden oplossing. Wanneer ze beiden het probleem als uitgangspunt nemen kiezen zij voor een lineaire constructie: bij dit probleem past deze oplossing. En dan blijkt nogal eens dat de gekozen oplossing niet de verkozen oplossing is en begint het spel opnieuw.

Hoe komt een cliënt erachter waar hij behoefte aan heeft? In het hele proces van afweging drijven mensen vaak af van wat ze oorspronkelijk wilden, van hun oorspronkelijke behoefte. Ze passen hun behoefte(n) als het ware aan aan de vormen van hulp- en dienstverlening die ze kennen en zijn dus zelf bezig met hun vraag toe te snijden op de maat van het aanbod.

Bij behoefteverheldering gaat het erom dat mensen zich ervan bewust worden wat ze werkelijk willen, zich bewust worden van hetgeen waar zij in wezen behoefte aan hebben. Anders gezegd: behoefteverheldering is een zoekproces waarbij de hulpvrager zicht probeert te krijgen op de behoeften die aan zijn problemen ten grondslag liggen. Op grond van welke behoeften ervaart de cliënt problemen en hoe kan in die behoeften worden voorzien?

> *Ga nu naar het oefengedeelte op de cd-rom. Bekijk filmfragment 7 'Inventariseren wat ieder gezinslid moeilijk vindt' en beantwoord de daarbij horende vragen.*

Behoefteverheldering is een bewustwordingsproces. De rol van de casemanager bij dit bewustwordingsproces is tweeledig: afstand met betrekking tot de inhoud, maar betrokkenheid met betrekking tot het proces. Behoefteverheldering als bewustwordingsproces is de ontdekkingstocht van de cliënt die ten dele verloopt via het door hem vertelde verhaal. De cliënt vertelt zijn verhaal en dat verhaal is het belangrijkste bij het begin van het contact tussen hulpvrager en casemanager.

> *Ga nu naar het oefengedeelte op de cd-rom. Bekijk filmfragment 8 'De lijstjes van de gezinsleden'. Beantwoord de vragen bij het fragment.*

In dat verhaal zitten aspecten verborgen die van wezenlijke betekenis zijn met betrekking tot wat iemand werkelijk wil.

Een van de manieren om naar dat verhaal te kijken is de essentie ervan te ontdekken, te zoeken naar de betekenisvolle elementen. Het gaat er dan om dat de cliënt ontdekt wat de betekenisvolle momenten in zijn eigen verhaal zijn, want daar liggen mogelijkheden om te ontdekken wat zijn behoeften zijn, maar ook waar mogelijke openingen te vinden zijn. Zoals gezegd, dat gaat door middel van het verhaal, door middel van taal. Door de wijze waarop de taal gebruikt wordt kunnen mensen zich vastzetten in hun situatie. Zoals omgekeerd bepaalde woorden plotseling een opening kunnen bieden: je wordt er door geraakt.

Om achter de betekenis van het verhaal van de cliënt te komen kan de casemanager hem vragen het eigen verhaal kort op te schrijven. Wanneer de cliënt niet kan schrijven kan hem gevraagd worden te vertellen en schrijft de casemanager het verhaal letterlijk op. Vervolgens vraagt deze de cliënt de belangrijkste woorden in dat verhaal te onderstrepen en voor de onderstreepte woorden, andere (alternatieve) woorden in te vullen (en zo mee te helpen de betekenis van het eigen verhaal te concretiseren). Het effect daarvan is vaak dat, door middel van het benoemen van andere woorden, de cliënt de ruimte krijgt tot het vinden van alternatieven die wellicht beweging en ruimte kunnen geven.

> *Ga nu naar het oefengedeelte op de cd-rom. Doe oefening 'Betekenis geven'.*

De vraag naar de betekenis is een andere dan: wat bedoel je? Bij: 'wat bedoel je' wordt aan de cliënt gevraagd een uitleg te geven van zijn 'bedoelingen' (want die snap ik niet. Wil je mij, casemanager, daarmee terwille zijn?). De vraag van de casemanager staat hierbij centraal. Bij het zoeken naar betekenissen wordt de vraag gesteld welke betekenis een *cliënt* aan een behoefte, aan een probleem, aan een hulpwens, aan een hulpvraag, aan z'n situatie geeft. Hierbij staat de cliënt centraal. Hij zoekt naar de eigen betekenisgeving. Behoefteverduidelijking start vanuit die betekenisgeving. Betekenisgeving kan ook worden afgeleid uit gedrag van mensen.

> **VOORBEELD:** Bij de oprichtingsvergadering van een cliëntenraad in een tehuis voor mensen met een verstandelijke handicap, een vergadering die geleid werd door twee hulpverleners, was een bewoner die niet kan spreken zeer onrustig. Hij stond op, ging weer zitten, stond weer op. De hulpverleners: 'En toen duwde hij ons haast letterlijk de kamer uit.' Met andere woorden: het ging om een activiteit door en voor bewoners, de hulpverleners moesten het aan hen overlaten en vertrekken.

De betekenis van het verhaal van iemand is alleen te achterhalen door te vragen naar de betekenis van de ervaringen die *die* persoon in de betreffende situatie heeft opgedaan. Pas vanuit die betekenissen is het voor de persoon mogelijk te 'leren'.
Mensen leren alleen wanneer de aangeboden stof (hulp, dienst) hun ervaring kruist. In de loop van de tijd verschuiven ervaringen en daarmee de mogelijkheden om uit de aangeboden stof andere dingen te leren dan vroeger. Ervaringen en betekenisgeving hebben veel met elkaar te maken. Immers: ervaringen sturen iemands referentiekader waarmee hij situaties, ook leersituaties waarneemt. Dat referentiekader, die bril waarmee mensen kijken, bepalen de betekenis van zijn situatie.
Voor de casemanager is dat een hoogst belangrijk gegeven. Om het in de woorden van Victor Frankl (1978) te zeggen: het gaat erom hoe ik mij verhoud tot de situatie en of ik mij anders kan verhouden tot diezelfde situatie. Het mij anders kunnen verhouden is alleen mogelijk wanneer ik zelf een andere *betekenis* aan die situatie kan geven. Anders gezegd: het verhelderen van de behoeften die ik in die situatie heb, in plaats van in te gaan op de problemen die ik in die situatie ervaar, kan de betekenis die ik bij de realisering van de behoefte in die situatie ervaar, veranderen. Dat maakt het voor mij mogelijk me anders te verhouden tot die situatie.
Dat zich anders verhouden tot de situatie kan bevrijding betekenen van het problematische van de situatie. Daartoe dient een problematische situatie omgevormd te worden tot een werksituatie die gebaseerd is op de behoeften die ik ervaar. Cliënt en casemanager nemen in een werksituatie andere posities in: er vindt een overgang plaats van 'lernen' naar 'lehren', van 'to teach' naar 'to learn', van 'beleren' naar 'leren', van 'compenseren' naar 'activeren', van 'gebreken' naar 'mogelijkheden', van 'problemen' naar 'behoeften'. Het omvormen van een probleemsituatie in een werksituatie gebeurt door middel van problematiseren.

> *Ga nu naar het oefengedeelte op de cd-rom. Bekijk filmfragment 9 'Prioriteiten stellen' en fragment 10 'Benoemen van concrete werkpunten'. Beantwoord de daarbij behorende vragen.*

4.3 Problematiseren

De essentie van problematiseren is: het bevragen van een situatie, er een vraagteken achter zetten, de situatie tot vraagstuk maken, tot werkstuk omvormen. Bij problematiseren zit de casemanager in de rol van vragensteller en de hulpvrager in de rol van degene die antwoorden geeft. Tijdens het problematiseren zijn hulpvrager en casemanager gelijkwaardig. De hulpvrager is deskundig met betrekking tot het eigen verhaal, is deskundig met betrekking tot de betekenis die aan zijn verhaal moet worden toegekend en is deskundig in het benoemen van de behoeften die in dit verhaal spelen. De cliënt is dus deskundig in het geven van eigen antwoorden op de ingebrachte situatie. De casemanager is deskundig op het gebied van problematiserende vragen. Bij problematiseren wordt vaak gedacht dat het gaat om het formuleren van een probleem zoals de hulpvrager dit benoemt. Problematiseren wil echter zeggen dat onderzocht wordt of op een andere manier naar het gestelde probleem gekeken kan worden. Wat bedoelen we hiermee?

Veel hulpvragers leggen namelijk een direct verband tussen een hulpvraag en een oplossing. Die oplossing is vaak niet (direct) voorhanden. Problematiseren wil zeggen, dat de hulpvrager het probleem gaat verschuiven op zo'n manier, dat een vraagteken gesteld wordt achter de onontkoombare vanzelfsprekendheid van de probleemsituatie en dat er deelproblemen blijken te bestaan, die wel op kortere termijn oplosbaar zijn. Problematiseren kan ook een mogelijkheid zijn de hulpvrager te laten ontdekken wat de behoefte achter zijn hulpvraag is. Voor een verdere uitwerking van dit begrip verwijzen wij naar 'Helpen=Leren' (Van Riet en Wouters 2002).

Er bestaan verschillende manieren om te problematiseren, zoals:
- Schriftelijk vragen stellen;
- Werken met veldassociaties;
- Tekenen;
- Oefenen met betekenisgeven;
- Nuanceren;
- Werken met een ecogram.

> *Ga nu naar het oefengedeelte op de cd-rom. Doe de oefeningen* 'Tekenspel', 'Problematiserende werkwijze' *en* 'Problematiseren in tweetallen'.

> *Ga nu naar het informatiegedeelte op de cd-rom. Lees bij de artikelen* 'Suggesties om andere soorten vragen te stellen'.

Bij al deze vormen van problematiseren komt het erop neer dat de casemanager samen met de cliënt probeert buiten het bestaande referentiekader (buiten het systeem) te treden. Wat bedoelen we hiermee? Watzlawick (1974) heeft dat duidelijk geïllustreerd met het volgende voorbeeld.

Zijn vraag is om negen punten die als volgt gegroepeerd zijn:

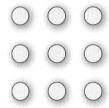

door vier lijnen met elkaar te verbinden, zonder de pen van het papier te nemen. Hij constateert dat mensen de oplossing van dit vraagstuk onmogelijk maken door op voorhand aan te nemen dat die lijnen binnen het door de punten aangegeven vierkant moeten worden getrokken. Zo creëert men zijn eigen probleem dat niet oplosbaar is. De oplossing zit 'm erin dat men, om de punten te kunnen verbinden, de lijnen doortrekt buiten het vierkant als volgt:

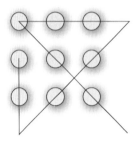

Het mogelijk zoeken naar oplossingen wordt tegengehouden door de grenzen van het systeem en daardoor wordt het probleem onoplosbaar. Het gaat er dus om vragen te vinden die liggen buiten het denkkader van de hulpvrager. Alle andere soorten vragen zijn ten behoeve van de casemanager (zodat die 'het plan' kan maken).
Buiten het systeem treden betekent in feite: bewegen, weer in beweging komen. Dat is, vooral in het begin, voor de hulpvrager erg moeilijk. Cliënten komen vaak de hulpverlening binnen met toestanden waar geen beweging meer in zit: 'ik heb van alles geprobeerd, maar niets helpt', 'ik zie het niet meer zitten'. De beweging is er dan geheel uit. Er staat als het ware een punt.
Met problematiserende vragen proberen we toestanden weer in beweging, weer in proces te krijgen door die punt (soms letterlijk) te veranderen in een komma. Of anders gezegd: door van een (probleem)stelling een zodanige vraagstelling te maken dat de hulpvrager moet gaan zoeken naar antwoorden en zo zichzelf weer in beweging zet. Dat kan echter alleen als zo'n probleemstelling aan bepaalde voorwaarden voldoet. Die voorwaarden hebben we condities genoemd.

4.4 Behoeften

De uitkomst van het problematiseren dient te zijn dat de behoeften van de cliënt goed omschreven kunnen worden en dat tevens duidelijk is geworden wat hij zelf kan bijdragen aan de vervulling van zijn behoeften. Degenen die werken met de methode van het problematiserend vragen stellen hebben in vele gevallen de ervaring opgedaan dat óf de cliënt geen hulpvraag meer heeft omdat hij zijn probleem zelf heeft kunnen oplossen óf dat als uitkomst van de activiteit hulpvragen duidelijk te omschrijven zijn. Daarbij is ook duidelijk op welke gebieden deze hulpvragen liggen.

Wanneer we het over behoeften hebben kunnen we denken aan de indeling die Maslow (Maslow 1972) maakte. Hij onderscheidt:
1. fysiologische behoeften. Dit betreft de concrete, materiële voorwaarden zoals lucht, water, voedsel, et cetera;
2. veiligheidsbehoeften. Dit betreft voorwaarden die ertoe bijdragen dat mensen zich veilig voelen in hun directe leefomgeving;
3. behoefte aan saamhorigheid en liefde. Dit betreft de aanwezigheid van mensen in iemands directe omgeving (een sociaal netwerk) waar mensen zich in geborgen weten;
4. behoefte aan erkenning. Dit betreft de mogelijkheid om als déze unieke mens gezien en gewaardeerd te worden;
5. behoefte aan zelfrealisering en zelfontplooiing. Hierbij gaat het om de behoefte van mensen zich te ontwikkelen overeenkomstig hun mogelijkheden en hun ambities. Het gaat dan om: iets kunnen presteren, creatief kunnen zijn.

De bevrediging van deze behoeften verlopen volgens Maslow in volgorde van 1 tot en met 5. Hij gaat er vanuit dat wanneer de eerste behoefte niet voldoende bevredigd is, mensen niet toekomen aan het bevredigen van de tweede, enzovoort. In een discussie met Viktor Frankl waaraan Frick refereert (Frick 1974) erkent Maslow dat deze volgorde niet altijd geldend is, immers: mensen kennen zelf waarden toe aan hun wereld en kunnen daarin bijvoorbeeld een hogere waarde toekennen aan zelfrealisering dan aan veiligheid.

Toch zien we dat op het terrein van de hulp- en dienstverlening waarop het casemanagement zich beweegt veel aandacht besteed wordt aan het ontdekken van behoeften van cliënten op fysiologisch terrein en met betrekking tot veiligheid.

Bij een goed assessment is het van belang de behoeften zoals de cliënt die verwoordt, te betrekken op alle levensterreinen zoals Maslow aangeeft.

4.4.1 Vaststellen op welke behoeftegebieden de vragen van de cliënt liggen

In de praktijk van het casemanagement komen we, in overeenstemming met de indeling welke Moxley (1989: 33 e.v.) aangeeft tot de volgende behoeftegebieden:

Inkomen
Mensen hebben geld nodig om aan de noodzakelijke voorzieningen in hun leven te komen. Mensen krijgen geld allereerst door middel van werk, maar soms ook via uitkeringen. Daarnaast krijgen zij soms geld van familieleden of relaties om bepaalde dingen aan te schaffen. De casemanager dient zich bij de assessment af te vragen of en in hoeverre hun cliënten in staat zijn in financieel opzicht voor zichzelf te zorgen en in hoeverre ze toegang hebben tot andere hulpbronnen (uitkeringen, et cetera). De casemanager moet tevens vaststellen of het inkomensniveau van zijn cliënten voldoende is om in de meest noodzakelijke levensbehoeften te voorzien.

Huisvesting
In toenemende mate is in onze samenleving adequate huisvesting een probleem. Dit geldt vooral voor ouderen, gehandicapten en mensen in achterstandssituaties. Casemanagers dienen hierbij te letten op:
1. de relatie tussen inkomen enerzijds en anderzijds het geld wat besteed moet/kan worden aan wonen;
2. de mate waarin iemand in staat is zelfstandig te wonen;
3. de mate waarin het huis fysiek toegankelijk is voor de cliënt;
4. de mate van veiligheid in de buurt waar de cliënt woont;
5. de mate waarin iemand de garantie heeft te kunnen blijven wonen waar hij woont;
6. de acceptatie en psychologische betekenis die iemand toekent aan wonen.

In huisvesting kan op verschillende manieren voorzien worden:
- de cliënt kan door de casemanager geholpen worden een passende woonomgeving te vinden;
- gebruik gemaakt kan worden van leden van het sociale netwerk van de cliënt om woonarrangementen te maken.

Werk
Behoeften op dit gebied hebben te maken met de mate waarop iemand betrokken is bij productieve bezigheden die in maatschappelijk opzicht als belangrijk gezien worden. Velen van ons stellen werk gelijk met activiteiten die geld opbrengen. Maar werk kan in meer behoeften voorzien, zoals de behoefte aan sociale voldoening en de ontwikkeling van ons zelfbeeld. Casemanagers moeten inzicht hebben in de betekenis die werk heeft voor hun cliënten, in hun arbeidsgeschiedenis en in de mogelijkheden die zij hebben met betrekking tot werk. Hij dient op basis daarvan een bijdrage te leveren aan het (weer) kunnen gaan werken van zijn klanten. In werk kan voorzien worden door middel van individuele initiatieven, door gebruik te maken van het sociale netwerk van de cliënt of door bemiddeling van instanties.

Gezondheid
Het hebben en behouden van een goede gezondheid is heel belangrijk en het omvat zowel lichamelijke gezondheid als bijvoorbeeld goed kunnen zien en ook bijvoorbeeld tandheelkundige zorg. Hiermee hangen samen een goed voedingspatroon, de mogelijkheid tot fysieke mobiliteit, et cetera. Casemanagers moeten inzicht hebben in iemands ziektegeschiedenis, in iemands persoonlijke en cultuurgebonden opvattingen omtrent ziekte en gezondheid en in de levenswijzen die de gezondheid van hun cliënten beïnvloeden.

Geestelijke gezondheid
De afwezigheid van depressie en angst en het hebben van een positieve kijk op het leven zijn essentiële aspecten van geestelijke gezondheid. Hiermee hangen het hebben van zelfrespect en een gezond zelfbeeld samen. Casemanagers moeten aandacht besteden aan de wijze waarop hun cliënten zich gedragen en blijk geven van al dan niet geestelijk gezond zijn en van de wijze waarop zij omgaan met problemen in hun dagelijks leven. Het gaat hier dan om de mate waarin hun cliënten in staat zijn de uitdagingen van het dagelijks leven aan te kunnen en welke behoeften aan ondersteuning zij in dit opzicht hebben.

Sociale en interpersoonlijke relaties.
Nauw verbonden met de behoeften die mensen hebben om geestelijk gezond te kunnen leven zijn de behoeften om zich verbonden te voelen met andere mensen. Sociale en interpersoonlijke relaties kunnen mensen helpen zich in psychisch opzicht wel te bevinden. Sociale relaties kunnen vijf functies voor mensen hebben:
1. intimiteit;
2. sociale integratie;
3. mogelijkheid tot groei;
4. (zelf)bevestiging;
5. ondersteuning.

Aangezien deze behoeften nauw samenhangen met de lichamelijke en psychische toestand van mensen en beïnvloed worden door bijvoorbeeld de plek waar iemand woont of de mate waarin hij al dan niet aan het verkeer kan deel nemen, is een onderzoek door de casemanager naar de sociale en interpersoonlijke relaties noodzakelijk. Het is van groot belang te weten welke vaardigheden en mogelijkheden iemand heeft om sociale relaties te ontwikkelen en te onderhouden. Eveneens is het van groot belang de karakteristieken van het bestaande sociale netwerk van de cliënt te kennen en te weten in welke behoeften van de cliënt dit netwerk zou kunnen voorzien.

Ontspanning en vrije tijd
In onze opvatting omtrent behoeften spelen ook activiteiten een rol die te maken hebben met de kwaliteit van leven van mensen. Ook ontspanning en vrije tijd zijn van invloed op iemands mentale en fysieke gezondheidstoestand en iemands behoefte aan sociale en interpersoonlijke relaties. Door middel van recreatie en vrije tijd krijgt iemand de gelegenheid om iets met anderen samen te doen, saamhorigheid te ervaren, tot zelfexpressie te komen en cognitief gestimuleerd te worden.
Casemanagers willen weten welke behoeften hun cliënten hebben met betrekking tot vrije tijd en ontspanning en in welke mate zij in staat zijn en de vaardigheden hebben om hier vorm aan te geven. Daarbij kijkt de casemanager ook in hoeverre iemands omgeving hier stimulerend of juist remmend op werkt. Assessment is dus gericht op het in kaart brengen van de mate waarin mogelijkheden tot vrijetijdsbesteding aanwezig zijn, in hoeverre ze toegankelijk zijn en passen bij wat de cliënt wil.

Activiteiten dagelijks leven
Deze rubriek omvat alle activiteiten die voor iemand essentieel zijn om op een goede manier zijn dagelijks leven te organiseren.
Om op een redelijke manier zelfstandig te kunnen blijven is het voor iemand bijvoorbeeld noodzakelijk in staat te zijn voor voedsel te kunnen zorgen, zich te kunnen wassen en kleden, een huishouding in stand te kunnen houden.
Het is voor de casemanager van groot belang te weten op welke gebied iemands behoeften liggen en in welke mate iemand in staat is daar zelf goed mee om te gaan, bijvoorbeeld als het gaat om de vraag of iemand in staat is zelfstandig te wonen of te blijven wonen. De casemanager moet ook weten in hoeverre iemand in staat is deze activiteiten zelf uit te voeren of dat hij hulp van anderen uit zijn sociale netwerk of van instanties hierbij nodig heeft en kan krijgen.

Vervoer
Deel kunnen nemen aan het maatschappelijk verkeer is een andere basisbehoefte van mensen waarin op een of andere manier in moet zijn voorzien, wil iemand in staat zijn onafhankelijk te leven. Dat betekent dat iemand eenvoudigweg in staat moet zijn te weten wanneer bijvoorbeeld een bus rijdt, waarheen, en als hij er geen gebruik van kan maken, wie in zijn sociale netwerk daar dan in kan voorzien. Wanneer deze mogelijkheden ontbreken, moet de casemanager weten of er speciale vervoersmogelijkheden bestaan en of die toegankelijk zijn voor deze cliënt.

Wettelijke voorzieningen
Veel cliënten van casemanagers hebben behoefte aan rechtsbijstand waarin alleen voorzien kan worden door een jurist. Dat kan te maken hebben met delinquentie, niet handelingsbekwaam zijn, schending van iemands grondrechten, zaken die te maken hebben met verwaarlozing of misbruik van cliënten. De casemanager moet weten welke behoeften een cliënt op dit gebied heeft.

Opleiding
Lezen, schrijven en rekenen zijn vaardigheden die basaal zijn als iemand zich in onze samenleving goed staande wil houden. Casemanagers moeten goed weten in hoeverre hun cliënten over deze vaardigheden beschikken of in staat zijn ze aan te leren. Ook moet hij weten of er mogelijkheden zijn voor cliënten die een speciale benadering nodig hebben.
Het zal duidelijk zijn dat het in kaart brengen van de behoeften van de cliënt op deze behoeftegebieden enerzijds gebeurt aan de hand van objectief waarneembare en vast te stellen feiten, maar anderzijds aan de hand van de betekenis die de cliënt zelf geeft aan deze feiten. Anders gezegd: de feitelijke constatering van een tekort betekent voor de cliënt nog niet het hebben van een behoefte aan aanvulling op dat tekort.

4.5 Omzetten van behoeften in deelbehoeften

Soms zijn de geconstateerde behoeften bij cliënten nog te groot, te abstract van aard om ermee aan het werk te kunnen gaan. Dan zullen we moeten proberen om de behoeften om te zetten in deelbehoeften die eerder, sneller of beter gerealiseerd kunnen worden.
We maken hiertoe gebruik van wat wij noemen 'nuanceringstechnieken'.

Nuanceren met woord-betekenissen
Hulpvragers gebruiken woorden soms in één bepaalde betekenis, met als gevolg dat ze een ruimere of andere betekenisgeving van die woorden niet (meer) zien en die dus ook niet aanwenden in hun situatie. Het zoeken naar nuanceringen in woordbetekenissen is onder andere van belang wanneer het om woorden gaat waarmee de hulpvrager anderen in zijn situatie benoemt.
Het zoeken naar nuanceringen kan ook van belang zijn met betrekking tot het zelfbeeld van de hulpvrager en zijn handelen op grond daarvan. Het gaat er vooral om dat mensen zichzelf als meer gaan zien dan overeenkomstig het etiket dat zij door anderen krijgen opgeplakt. Zo is een 'zieke' iemand met een ziekte, maar is daarnaast een totale persoon met mogelijkheden en beperkingen. Zo is 'de buitenlander' meer dan iemand die uit een ander land komt waar we vaak weinig van weten en ook niet willen weten. Hij is vooral 'een vreemdeling'.

Het ontdekken van het meer zijn dan wat een etiket suggereert, geeft mensen mogelijkheden die zij in hun situatie kunnen gebruiken.

> *Ga nu naar het oefengedeelte op de cd-rom. Doe de oefeningen* 'Nuanceren I' *en* 'Nuanceren II'.

Nuanceren met woordbetekenissen kan niet alleen leiden tot meer mogelijkheden, maar het kan ook een emanciperende werking hebben. Werd bijvoorbeeld het maatschappelijk werk vroeger omschreven als psychosociale hulpverlening (waarvan niemand duidelijk kon vertellen wat dat nu inhield), het huidige beroepsprofiel is veel genuanceerder geformuleerd en het doorgaan op die weg zal zeker een emanciperende invloed hebben op het maatschappelijk werk ten aanzien van zichzelf en andere disciplines. Door nuanceringen aan te brengen wordt ook duidelijker welke rechten men heeft of wil hebben. Op die manier bepalen nuanceringen van woordbetekenissen mee welke positie men inneemt of wil innemen.

4.6 Omzetten van een genuanceerde behoefte in een hulpvraag en doelstelling

Wanneer de behoefte van de cliënt – al dan niet via nuanceren – in beeld gebracht is, zal als volgende stap moeten worden vastgesteld tot welke hulpvraag of -vragen deze behoefte leidt en welke doelen in verband daarmee moeten worden geformuleerd. We vestigen er nogmaals de aandacht op dat niet iedere geïdentificeerde behoefte *moet* leiden tot een hulpvraag.

Het is van belang dat bij het vaststellen van vragen en doelen zoveel mogelijk gebruik gemaakt wordt van de ideeën en perspectieven die de cliënt zelf met betrekking tot de vervulling van zijn behoeften heeft. Dit luistert nauw, want ook hier bestaat het gevaar dat de cliënt zijn hulpvraag formuleert in termen van het bestaande aanbod. Dit betekent overigens niet dat het bestaande aanbod van hulp- en dienstverlening buiten beschouwing moet blijven. Het gaat om het, wat wij zouden willen noemen, subtiele spel rond fantasie en werkelijkheid. De werkelijkheid bestaat uit hulp- en dienstverleningsaanbod of, om het in de woorden van Watzlawick (zie paragraaf 4.3) te zeggen: uit dat wat binnen het bestaande systeem ligt. De fantasie beslaat het gebied waarop de cliënt in zijn eigen woorden zijn eigen beelden creëert. Beelden die te maken hebben met werkelijkheden die hij zou willen bereiken: doelen.

Wellicht zullen de realisten onder de hulp- en dienstverleners nu hun wenkbrauwen fronsen. Immers: mensen willen soms dingen die helemaal niet reëel zijn, waar ze de mogelijkheden helemaal niet toe hebben (wie stelt dat overigens vast?) en je kunt maar beter zorgen dat ze zich niet te veel illusies maken over wat mogelijk of haalbaar is. Wij willen hier als antwoord op geven dat de energie die iemand kan aanwenden om het proces van een *self-fulfilling prophecy* tot een (ongelukkig) einde te brengen dezelfde energie is die ook aangewend kan worden om een *self-fulfilling prophecy* tot een *gelukkig* einde te brengen.

Bij het omzetten van een hulpvraag in een doelstelling gaat het dus om de vraag wat iemand nodig denkt te hebben om zijn behoefte (geformuleerd in termen van een doel) te realiseren.

We willen hierbij nog eens sterk de nadruk leggen op de noodzaak een onderscheid te maken tussen doelen en middelen. Dat lijkt overbodig, maar in de praktijk zien we nogal eens een verwarring met betrekking tot doelen en middelen. Een middel is bijvoorbeeld het volgen van een training. Zo krijgen cliënten uit de wereld van de zorg voor mensen met een verstandelijke handicap of uit die van de reclassering nogal eens een sociale vaardigheidstraining aangeboden zonder dat duidelijk is in relatie met welke behoefte en welk doel betrokkene die training zal gaan volgen. Het 'baat het niet, het schaadt ook niet' is geen rechtvaardiging voor het aanwenden van middelen zonder dat de relatie met de geïdentificeerde behoefte en het daaraan verbonden doel, duidelijk is.

4.7 Mogelijkheden en beperkingen van de cliënt in relatie met zijn hulpvraag

Wanneer in kaart gebracht is wat de behoeften van de cliënt zijn, tot welke doelen de realisering van die behoeften moet leiden (= welke hulpvraag de cliënt heeft) en welke middelen kunnen worden ingezet volgt als eerste de vraag wat de cliënt zelf aan mogelijkheden heeft om aan de realisering van zijn behoeften (mee) te werken.

We hebben in het voorgaande aangegeven dat het problematiseren van de situatie door en met de cliënt in sommige gevallen al kan leiden tot het bereiken van een (deel)oplossing, zonder dat in het algemeen of met betrekking tot een deelaspect verder nog hulp- of dienstverlening georganiseerd hoeft te worden. Omdat casemanagement echter toegepast wordt in situaties waarin de cliënt te maken heeft met complexe en/of langdurige problematiek zal het over het algemeen zo zijn dat er nogal wat vragen overblijven.

Zoals wij in hoofdstuk 3.4 beschreven hebben is het vertrekpunt van het casemanagementproces de persoon van de cliënt: de casemanager zal allereerst naar de cliënt zelf kijken waar het gaat om het realiseren van diens behoeften. Dat betekent dat de toestand van de cliënt exact in beeld gebracht moet worden. Ook hier past echter een kanttekening.

Wij hebben in cursussen casemanagement of zorgconsulentschap, zoals wij die in den lande hebben gegeven, gemerkt dat de verleiding bij (a.s.) casemanagers of zorgconsulenten groot is, een totaalimpressie van de cliënt te willen hebben waarbij bij wijze van spreken op alle levensterreinen van de cliënt alle denkbare vragen gesteld worden. Of, zoals een hulpverlener opmerkte: hoe kan ik het nou aan een cliënt verkopen dat ik hem vragen moet laten beantwoorden over zijn seksualiteit als het gaat om fraude met een bijstandsuitkering? Natuurlijk lossen veel hulpverleners dit soort onzinnige zaken op door op heel veel vragen 'n.v.t.' in te vullen. Maar de vaststelling van wát relevante informatie is ten aanzien van de persoon van de cliënt in relatie tot diens hulpvraag wordt door allerlei voorgeprogrammeerde intakeformulieren wel bijzonder vaag. Het evenwicht tussen wat nodig is om te weten in het kader van assessment en de hoeveelheid informatie die gevraagd wordt is op die manier zoek. Het zicht op de relatie hulpvraag-assessment wordt verduisterd.

Het verzamelen van relevante gegevens over het functioneren van de cliënt in relatie met zijn hulpvraag betreft in eerste instantie een oriëntatie op de vier volgende gebieden:
1. fysieke toestand en fysiek functioneren;
2. cognitief functioneren;
3. emotioneel functioneren;
4. gedragsmatig functioneren.

Dit betekent dat bij het nagaan van wat de cliënt zelf kan bijdragen aan de beantwoording van zijn hulpvraag bijvoorbeeld gekeken moet worden naar:
- in hoeverre heeft de hulpvraag betrekking op het fysiek functioneren van de cliënt? Kan hij, eventueel met hulp van de casemanager, hier zelf verandering c.q. verbetering in aanbrengen?
- in hoeverre heeft de hulpvraag betrekking op het cognitief functioneren van de cliënt? Is hij in staat zijn situatie te overzien, beschikt hij over voldoende informatie om zijn situatie te beoordelen, et cetera. Kan hij, eventueel met hulp van de casemanager manieren bedenken om aan zijn hulpvraag te werken?
- in hoeverre heeft de hulpvraag te maken met het emotioneel functioneren van de cliënt? Is hij in staat relaties met anderen aan te gaan en te onderhouden? Hoe reageert hij op zijn geïdentificeerde behoefte(n): moedeloos en apathisch of met hoop en energie, et cetera. Kan hij, eventueel met hulp van de casemanager, zichzelf in psychisch opzicht leren mobiliseren om aan zijn hulpvraag te werken?
- in hoeverre heeft de hulpvraag te maken met het gedragsmatig functioneren van de cliënt? Beschikt hij over voldoende sociale vaardigheden om (eventueel met anderen) aan zijn hulpvraag te werken, et cetera. Kan hij, eventueel met hulp van de casemanager, vaardigheden aanleren die hem in staat stellen op een adequate wijze gebruik te maken van hulpbronnen in zijn omgeving? De casemanager werkt hier voorwaardenscheppend.

4.8 Assessment van de omgeving van de cliënt

Het tweede onderdeel in het assessmentproces is het vaststellen van de kwaliteit van de sociale omgeving, het netwerk, van de cliënt. Immers, voordat er professionals worden ingeschakeld in de hulpverlening (uitgezonderd in crisissituaties zoals wij eerder aangaven), is het van belang na te gaan welke hulp de cliënt uit zijn sociale netwerk kan ontvangen met betrekking tot zijn hulpvraag. Het gaat er dus om de cliënt te zien als onderdeel van zijn sociale netwerk. In termen van methodisch handelen spreken we hier van de ecologische benadering.

4.8.1 De ecologische benadering

De ecologische benadering (Germain & Gitterman 1996) is een systeemgerichte benadering, maar het systeem wordt verbreed tot de context waarbinnen de hulpvrager leeft. Volgens de ecologische visie ontstaan problemen van mensen niet omdat een persoon slecht functioneert, of omdat de omstandigheden zo ongunstig zijn, maar omdat iemand in zijn eigen omgeving niet meer over de contacten of hulpmiddelen beschikt die hij nodig heeft om zijn problemen op te lossen. Een afwezigheid of tekortschieten van de verbindingen tussen mensen en hun hulpbronnen. Men spreekt in het Engels van 'poor fit', een gebrekkige aansluiting.
In de ecologische benadering wordt de hulpvrager gezien in een bredere context: zijn leefomgeving. Het gaat daarbij niet alleen om de dimensies van het gezin, de familie, maar ook om de vriendengroep, de buurt, het werk, de hobby's, de contacten met instellingen, de fysieke omgeving, de cultuur, levensbeschouwing, wetten, regels, enzovoort.

> *Ga nu naar het informatiegedeelte op de cd-rom. Lees het artikel* **'Wat is ecologie?'**

De totale context van de cliënt wordt inzichtelijk gemaakt door de situatie te visualiseren. De hulpverlener en de cliënt brengen samen de situatie van de cliënt in kaart door middel van het maken van een tekening, een *ecogram*. In een intake kan met behulp van een ecogram de belangrijkste informatie van de cliënt op een efficiënte manier geordend worden. Een ander voordeel is dat vanaf het begin van het hulpverleningsproces de cliënt actief betrokken wordt en medeverantwoordelijk wordt gemaakt. Hij geeft door te tekenen aan hoe hij zijn situatie ervaart.

Een derde aspect is dat door het in kaart brengen van alle belangrijke contacten niet alleen gefocust wordt op de problemen van de cliënt. Ook de positieve, goedlopende relaties krijgen aandacht. Een cliënt voelt zich niet alleen maar slachtoffer van zijn situatie.

> *Ga nu naar het informatiegedeelte op de cd-rom. Lees het artikel* **'Het verzamelen van gegevens over gezinsrelaties door middel van diagrammen'**.

Op basis van het ecogram worden hypotheses geformuleerd en een hulpverleningsplan opgesteld.

> *Ga nu naar het oefengedeelte op de cd-rom. Bekijk filmfragment 13* **'De hulpverleenster maakt een ecogram met moeder en vader'**. *Beantwoord daarna de bijbehorende vragen.*

In het kader van assessment is de ecologische benadering en het werken met een ecogram van belang om na te gaan, welke inbreng bronnen uit de omgeving van de hulpvrager kunnen hebben bij het beantwoorden van de hulpvragen. De ecologische benadering kan gebruikt worden om het netwerk van de cliënt op te sporen en delen daarvan te gebruiken in het hulpverleningsnetwerk.

4.8.1.1 Een voorbeeld-ecogram

We laten nu een voorbeeld volgen van een ecogram op individueel niveau. Het materiaal van dit ecogram is afkomstig uit de zorg voor mensen met een verstandelijke handicap.

VOORBEELD:
> Het gaat om Johan, een jongen van 19 jaar. Hij is in zijn jeugd in een pleeggezin geplaatst en heeft nauwelijks tot geen contact meer met zijn eigen ouders. Met zijn pleegouders had hij een goed contact, maar dat contact is wat 'verwaterd' sinds deze pleegouders zelf kleinkinderen hebben. Met de pleegkinderen heeft hij weinig binding. Ook met zijn zus Marrie heeft hij weinig contact en zij met hem, maar zij accepteren dat wederzijds.
>
> Johan woont nu in een gezinsvervangend tehuis. Toen hij nog in het pleeggezin woonde, had hij weinig contacten buitenshuis in de sfeer van vrijetijdsbesteding. Hij leek er niet veel behoefte aan te hebben. Nu heeft hij een goed contact met de staf en medebewoners. Hij volgt nu een schoolopleiding en loopt stage. Dat gaat heel goed. Hij staat op de wachtlijst voor een plaats begeleid zelfstandig wonen.

Het ecogram ziet er als volgt uit:

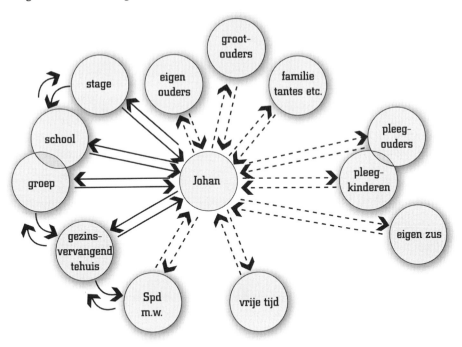

De lijnen in dit ecogram laten zien dat Johan weinig contacten heeft met zijn eigen familie en het pleeggezin waarin hij jarenlang gewoond heeft. Door dit ecogram zelf te tekenen werd het hem duidelijk hoe zijn relaties 'verdeeld' zijn: veel contacten met groep, school, stage, et cetera, weinig met 'eigen mensen'. Op grond daarvan sprak hij de wens uit iets te ondernemen om de relatie met zijn pleegouders te verbeteren.

Wat in het ecogram ook duidelijk wordt is dat de positie van de MEE-organisatie voor hem niet duidelijk is. Bij het bespreken hiervan bleek het ook voor de MEE-functionaris niet geheel duidelijk te zijn wat de betekenis van het contact voor de cliënt is. Het maken van het ecogram bood dus ook de gelegenheid om over de samenwerkingsrelatie tussen hulpverlener en cliënt te praten en deze te herzien.

> *Ga nu naar het oefengedeelte op de cd-rom. Bekijk filmfragment 11 'Het ecogram wordt geïntroduceerd in het gezin'. Beantwoord daarna de bijbehorende vragen.*

Behalve dat een ecogram gebruikt kan worden om iemands individuele sociale netwerk in beeld te brengen, kunnen we een ecogram ook gebruiken om te beschrijven hoe een gezin in zijn sociale netwerk is ingebed. In dat geval maken we gebruik van een combinatie van een genogram en een ecogram.

Is het ecogram een weergave van hoe een cliënt of een gezin in de sociale ruimte staat, een genogram is een grafische weergave van de wijze waarop een gezin in de tijd bestaat. Ieder individu is niet alleen ingebed in een complexe hier-en-nu-leefruimte, maar is ook deel van een familiekroniek, van een oneindig gecompliceerd menselijk systeem dat zich gedurende vele generaties ontwikkeld heeft en waarin allerlei dingen zoals rolopvattingen, kijk op gebeurtenissen, voorschriften, et cetera van generatie op generatie zijn overgedragen. Het gaat dan om een soort intergenerationele familiehistorie.

Het genogram geeft een beeld van het gezin in de tijd, waardoor het individuele gezinslid in staat gesteld wordt de dynamiek van het eigen gezin te begrijpen én te ontdekken welke invloed dat heeft op zijn eigen huidige functioneren.

Het genogram is een soort stamboom die sociale gegevens bevat zoals genealogische relaties, belangrijke familiegebeurtenissen, beroepen in de familie, verlies van familieleden, verhuizingen, uit het oog verloren familieleden, herkenbare rolpatronen, et cetera.

In het genogram worden mannen aangeduid met een vierkantje en vrouwen met een cirkeltje. Is de sekse van een persoon niet bekend, dan wordt een driehoekje gebruikt. Dat komt bijvoorbeeld voor wanneer iemand zegt: in het gezin van mijn grootmoeder waren acht kinderen, maar ik weet niet of het jongens of meisjes waren. Of: mijn moeder heeft een miskraam gehad maar ik weet niet of het een jongen of een meisje was. Een (echt)paar wordt getekend als een vierkantje en een cirkel naast elkaar verbonden door een rechte lijn[2]. De huwelijksdatum wordt op die lijn geschreven. De kinderen worden op de volgende lijn getekend, te beginnen met het oudste kind links. De leeftijd van het kind wordt in het vierkantje of rondje met de naam van het kind vermeld. Ook de kinderen worden met een lijn onderling verbonden. Dat gaat zo verder door de generaties heen. Een echtscheiding wordt aangegeven door een stippellijn, wanneer iemand overleden is wordt door het vierkantje of cirkeltje wat die persoon representeert, een kruis gezet. Een genogram van een gezin kan er dan als volgt uitzien:

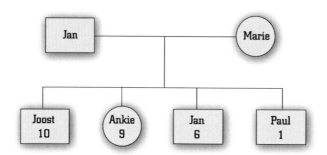

Het zal duidelijk zijn dat wanneer er een genogram van een hele familie gemaakt wordt er een groot, breed papier nodig is. De combinatie van een genogram en een ecogram kan er nu als volgt uitzien:

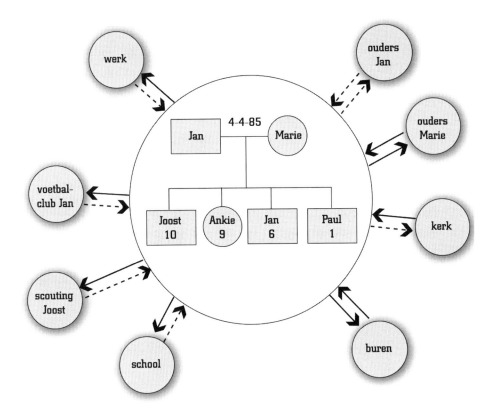

Ga nu naar het oefengedeelte op de cd-rom. Doe de oefening 'Ecogram 2'.

4.9 Het sociale netwerk

In de voorgaande paragraaf zijn we ingegaan op het ecogram en het genogram. We hebben daarbij al terloops het sociale netwerk genoemd. In deze paragraaf, over sociale netwerken, willen wij de betekenis van netwerken voor het individu nog wat verder uitwerken.

Het belang van netwerken in het kader van hulpverlening is al lang bekend. Zo vestigde Speck (1973) al de aandacht op het helend vermogen van netwerken voor individuen, gezinnen en groepen. Baars (1994) koppelt het begrip sociaal netwerk aan sociale integratie wat hij omschrijft als 'het ingebed zijn in een geheel van mensen met wie rechtstreeks min of meer duurzame banden worden onderhouden voor de vervulling van de dagelijkse levensbehoeften'.

Een sociaal netwerk is als een vloer waarop men loopt. Is die vloer erg zwak, dan bestaat de kans er doorheen te zakken, met alle gevolgen van dien. Heeft iemand een minimaal of zwak netwerk dan zijn problemen al gauw voorspelbaar. De schatting daarbij is dat een netwerk met een zwakke structuur, onder bepaalde omstandigheden niet in staat is de benodigde emotioneel-relationele steun te bieden. Anders gezegd: de draagkracht kan afnemen naarmate iemands netwerk zwakker is. De kansen op vereenzaming, sociaal isolement en andere problemen nemen daarbij toe.

Caplan (1974) omschrijft een netwerk als 'een blijvend patroon van voortdurende of ononderbroken banden die een belangrijk aandeel hebben in het op de been blijven van mensen'. Een sterk ondersteunend sociaal netwerk kan iemand voorzien van een besef van zekerheid in tijden van stress en verandering. Het kan mensen emotionele ondersteuning bieden en hulp bij het moeten uitvoeren van bijzondere taken. Mensen die in een goed sociaal netwerk zijn ingebed hebben toegang tot mensen waarmee ze hun stress veroorzakende situatie kunnen delen en bespreken en deze mensen kunnen hen met raad en daad bijstaan om zo goed mogelijk met hun situatie om te gaan.

Driedonks (1993) beschrijft het belang van netwerken in het leven van ambulante chronische cliënten van een RIAGG. Hij constateert dat voor veel van deze cliënten contacten met mensen uit hun omgeving in aanzienlijke mate is verschraald. In een onderzoek van Mueller (1980) wordt aangetoond dat de omvang van een netwerk van gezond functionerende mensen bestaat uit 35 tot 55 personen. Driedonks concludeert op basis van zijn onderzoek dat de gemiddelde omvang van het netwerk van ambulante chronische cliënten 14 personen is. Daarbij blijkt dat naarmate het aantal personen in een netwerk kleiner is dit netwerk (bij complexe en vooral bij langdurige problematiek) zwaar, zo niet te zwaar, belast wordt waardoor de mogelijkheid van de cliënt om er gebruik van te kunnen maken afneemt.

In veel netwerkanalyses die wij hebben laten maken in cursussen casemanagement bleek steeds weer dat bij mensen met complexe problematiek de vriendschappelijke betrekkingen nauwelijks of niet aanwezig waren in het netwerk, de maatschappelijke dienstverlening oververtegenwoordigd was en de betrekkingen met familieleden steeds verder afkalfden.

> *Ga nu naar het informatiegedeelte op de cd-rom. Lees het artikel*
> *'Sociale-netwerkinterventies: bouwen aan sociale integratie'.*

In studies naar de aard en betekenis van netwerken wordt een onderscheid gemaakt tussen *structurele* en *functionele* kenmerken van sociale netwerken.

4.9.1 Structurele kenmerken van netwerken

Moxley (1989) beschrijft vier structurele kenmerken van netwerken om te kunnen analyseren hoe een netwerk in elkaar zit.
Deze eigenschappen zijn:

1. *De omvang*: het totaal aantal mensen in een sociaal netwerk met wie iemand contact heeft. De burgerlijke staat van de cliënt is in doorsnee van grote invloed op de omvang van het netwerk. Klanten met een klein netwerk zijn doorgaans alleenstaand. Cliënten met een partner hebben vaak de grootste netwerken: men krijgt er door een partner als het ware een netwerk bij. In zeer kleine netwerken is de sector familie soms dominant. Ontbreekt deze of is de relatie daarmee negatief, dan domineert vaak de sector maatschappelijke diensten (maatschappelijk werk, huisarts, RIAGG, GSD, CAD, enzovoort). Het is natuurlijk de vraag aan welke criteria mensen als privé-persoon of als vertegenwoordiger van instanties moeten voldoen om tot iemand netwerk gerekend te kunnen worden. Volgens de definiëring van Caplan (1974) zal er in ieder geval van een zekere frequentie en continuïteit sprake moeten zijn.

2. *De gevarieerdheid*: de variatie van netwerkleden in leeftijd, geslacht, burgerlijke staat, werk, scholing. Een gevarieerd netwerk bestaat dus uit mensen van verschillende leeftijd, burgerlijke staat, opleiding en werksituatie. Naarmate het netwerk gevarieerder is neemt, volgens Flap en Tazelaar (1988), de kans op meer soorten steun toe. Uit hun studie blijkt tevens dat de gevarieerdheid van een netwerk over het algemeen toeneemt met de omvang van het netwerk. Bij kleine netwerken is er vanzelfsprekend geen sprake van gevarieerdheid. Maar bij wat grotere netwerken (groter dan 15) valt dat op het eerste gezicht wel mee. Als echter zowel opleidingsniveau en werksituatie als leeftijd en burgerlijke staat gecombineerd worden blijkt de cliënt toch vaak geïsoleerd te staan. Sommige cliënten hebben bijvoorbeeld een hoge opleiding, maar in tegenstelling tot hun netwerkleden geen werk op dat niveau; anderen zijn alleenstaand en missen contacten met andere alleenstaanden in dezelfde leeftijdsgroep. Er is dan een gebrek aan homogene contacten.
3. *De dichtheid*: in hoeverre zijn de netwerkleden onderling verbonden? Dozier e.a.(1987) wijzen op de heilzame werking van een netwerk met een matige dichtheid: niet al te veel onderlinge verbindingen tussen de netwerkleden. Een 'dicht' netwerk zou immers te weinig persoonlijke ruimte kunnen toestaan aan de cliënt. De dichtheid van een sociaal netwerk is onder andere ook afhankelijk van het open dan wel gesloten zijn van potentiële communicatiekanalen zoals blijkt uit:
    - de frequentie van het contact;
    - wie het initiatief neemt;
    - het gewicht van het contact:
        - affectieve behoefte;
        - aansluitingsbehoefte;
        - behoefte aan stabiliteit;[3]
        - behoefte aan materiële en instrumentele middelen.[4]

    De dichtheid wordt onder meer bepaald door te bekijken wie het initiatief tot het contact neemt en hoe frequent het contact is. Als de cliënt initiatief neemt in bestaande contacten blijkt het netwerk ook meer relatief nieuwe contacten te tellen. De frequentie en het gewicht van het contact laten zien welke mensen de cliënt tot zijn vertrouwde kring rekent of wenst te rekenen. Dit zijn ook degenen op wie de cliënt in geval van persoonlijke problemen een beroep zal doen. Deze personen verdienen aparte aandacht omdat zij van betekenis kunnen zijn bij de versterking van het netwerk.
4. *De bereikbaarheid*: de geografische afstand tussen cliënt en netwerkleden en de wijze waarop die afstand overbrugd wordt. De personen, of het er nu veel of weinig zijn, wonen meestal binnen een straal van 25 km. Soms blijkt dat veel familie in dezelfde wijk woont, maar ook dat een moeder en zoon dichtbij elkaar wonen zonder contact te hebben.

4.9.2 De functionele kenmerken van een netwerk

Behalve dat het nodig is bij cliënten met complexe en/of langdurige problematiek te weten hoe hun netwerk is opgebouwd, is het ook van belang te weten wat dit netwerk voor de betrokkene betekent. Dit zijn de functionele kenmerken van het sociale netwerk.
Bij sociale netwerken worden vier functies onderscheiden (Baars en Verschuren 1998):
- *De affectieve behoefte*: de mate waarin het netwerk waardering en erkenning geeft, bijvoorbeeld emotionele ondersteuning;

- *De behoefte aan aansluiting*: de behoefte aan aansluiting: de mate waarin het netwerk de cliënt het gevoel geeft erbij te horen, bijvoorbeeld op basis van gemeenschappelijke interesses, waarden en achtergronden;
- *De behoefte aan stabiliteit*: banden met andere mensen houden stand en zijn evenwichtig verdeeld tussen mensen met wie banden op basis van een uitdrukkelijke voorkeur bestaan en mensen met wie banden min of meer gewoontegetrouw intact blijven;
- *De behoefte aan materiële en instrumentele middelen*: variërend van geld, huisvesting en voeding tot informatie, praktische hulp en bijstand.

4.9.3 Stadia in het werken met sociale netwerken

Wanneer gewerkt wordt met een sociaal netwerk worden drie stadia doorlopen:
- De *inventarisatie* van het netwerk: hoe ziet het netwerk eruit, wat is de conditie van het netwerk;
- De *interpretatie* van het netwerk:
  - Welke structurele tekorten heeft het sociale netwerk?
  - Welke functionele tekorten heeft dit netwerk?
  - In hoeverre heeft het netwerk mogelijkheden ter ondersteuning van de gestelde problematiek?
  - Aan welke plannen ter versterking van het netwerk wil de cliënt gaan werken?
- De *versterking* van het netwerk: versterking van een netwerk is niet synoniem met uitbreiding van een netwerk. Versterking kan ook inhouden:
  - Een verbetering van bepaalde relaties;
  - Inkrimping van het netwerk door afstoting van ongunstige netwerkrelaties. (Geen onbekend verschijnsel bij cliënten uit onder andere de jeugdhulpverlening, de reclassering en de verslavingszorg);

Om een netwerk te kunnen versterken zal men eerst doelen dienen vast te stellen in welke richting het netwerk versterkt kan worden op basis waarvan concrete plannen kunnen worden ontwikkeld en uitgevoerd.

4.9.4 Zichtbaar maken van het netwerk

Een sociaal netwerk kan zichtbaar gemaakt worden door het opstellen van een ecogram. Het is mogelijk het ecogram te verdiepen door de volgende vragen te stellen die betrekking hebben op drie vormen van 'sociale uitwisseling':
- Emotionele uitwisseling. Bijvoorbeeld: met wie bespreekt u uw persoonlijke problemen?
- Instrumentele uitwisseling. Bijvoorbeeld: wie heeft de afgelopen maand bij u geholpen met het huishouden of met klussen?
- Sociale uitwisseling: Bijvoorbeeld: wie is er de afgelopen maanden wel eens bij u koffie of een glaasje komen drinken?

Andere vragen hebben betrekking op de wederkerigheid van de uitwisseling. Bijvoorbeeld: wie bespreekt met u zijn of haar persoonlijke problemen? Het is dus mogelijk iets te zeggen over het 'ontvangen en geven' in het sociale netwerk. Dit kan van belang zijn omdat bij sommige cliënten de symmetrie in de relaties (meer ontvangen dan geven) beduidend minder aanwezig is. Ongelijke ruil (de mensen in het netwerk van de cliënt moeten meer geven dan ze ontvangen) draagt vermoedelijk bij tot kleinere netwerken.

4.9.5 Tips bij het werken met sociale netwerken

- Werk zoveel mogelijk vanuit de directe leefsituatie van de cliënt.
- Begin met kleine stappen. Een valkuil is dat men erover blijft praten, terwijl er ondertussen niets gebeurt.
- Ga na of de cliënt beschikt over een telefoon. Een telefoon kan een belangrijk middel zijn bij netwerkopbouw. (Dat geldt ook voor het hebben van een auto).
- Formuleer de doelen en de plannen zo concreet mogelijk in termen van gedrag of vaardigheden.
- Reinheid en uiterlijke verzorging zijn belangrijk bij netwerkopbouw. Wie stinkt, zich niet wast, heeft een goede kans om anderen behoorlijk op een afstand te houden (Gersons 1989).
- De betrokkenheid van de cliënt staat in het hele proces voorop. Elke stap dient samen met de cliënt genomen te worden. Over de netwerkanalyse, de interpretatie en de planning dient overeenstemming te bestaan.
- Probeer andere netwerkleden die niet in de problematiek verweven zijn zo vroeg mogelijk in te schakelen.
- Voorwaarde voor een sociaal-netwerkbenadering is het werken in teamverband. Dat uitvoeringsteam bestaat doorgaans niet alleen uit professionals, maar is ook samengesteld uit mensen in de directe leefomgeving van de cliënt die hij vertrouwt.
- Mobiliseer het netwerk door andere netwerkleden erbij te betrekken. Dit lukt vaak alleen wanneer de casemanager de klant hierbij helpt.
- Cliënten zijn meestal in staat zelfstandig voor uitbreiding van het netwerk te zorgen. Voor verbetering van bestaande relaties in het netwerk is meestal de hulp van een professional onontbeerlijk.
- Netwerkleden kunnen vaak behulpzaam zijn bij het uitbreiden van het netwerk.
- Casemanagers ervaren soms het erbij betrekken van netwerkleden als een doorbreking van hun professionele domein. Het is goed dat de casemanager dit in overweging neemt wanneer hij aarzelingen heeft om netwerkleden in te schakelen.
- Het kan van belang zijn te werken met een netwerkbiografie van de cliënt: welke gebeurtenissen in zijn leven hebben een ingrijpende verandering in het netwerk tot gevolg gehad?
- Via dagactiviteit in de sfeer van vrije tijd, scholing of werk kunnen mensen met name hun netwerk uitbreiden. Via scholing en werk doen de meeste mensen 40 tot 60 % van hun vriendschappelijke contacten op.
- Voor het aangaan van langer lopende verplichtingen zoals een cursus, het lidmaatschap van een vereniging of een plaats op de arbeidsmarkt, is vaak de ondersteuning door een casemanager noodzakelijk.

4.10 Probleemvelden

Soms is het belangrijk naast hulpvragen voortkomend uit behoeften, probleemvelden te onderscheiden. Zo is het bij nieuwkomers (mensen uit andere culturen) die met problemen komen omdat ze geen werk hebben, onder andere van belang na te gaan in hoeverre ze Nederlands kunnen verstaan en spreken. Het beheersen van de Nederlandse taal is immers een eerste vereiste om zich op de Nederlandse arbeidsmarkt te kunnen begeven. Spreekt de desbetreffende cliënt niet of nauwelijks Nederlands en roert hij dit punt niet aan, dan is hier sprake van een probleemveld.

Probleemvelden zijn problemen in de situatie van de cliënt die wel door de casemanager (en anderen) en niet door de cliënt worden gesignaleerd:
- casemanagers constateren problemen die niet in de hulpvragen van de cliënt tot uitdrukking komen;
- casemanagers constateren dat slechts één aspect van een probleem in een hulpvraag tot uitdrukking komt.

Probleemvelden zijn in het algemeen structureel van aard en zijn vaak positioneel gebonden. Probleemvelden beïnvloeden de aansluiting tussen de cliënt en zijn omgeving:
- Gebrekkige sociale redzaamheid;
- Geen goed Nederlands kunnen spreken;
- Ontbreken van seksuele mogelijkheden;
- Geen werk hebben;
- Niet voldoende vrijetijdsbesteding hebben;
- Slechte woonomgeving;
- Niet over een draagkrachtig netwerk beschikken;
- Gediscrimineerd worden;
- Gebrek aan financiën;
- Niet met geld kunnen omgaan;
- Slechte persoonlijke verzorging;
- Enzovoort.

In het kader van integrale hulp- en dienstverlening aan de cliënt is het van belang deze probleemvelden in beeld te brengen en ze op te nemen in het hulpverleningsplan. Juist bij mensen met complexe problematiek blijken de probleemvelden zich op te stapelen en een belangrijk deel van de totale problematiek te vormen. Ten aanzien van het benoemen van probleemvelden, de volgende kanttekeningen:
- Betrek de cliënt en het cliëntsysteem zoveel mogelijk bij het vaststellen van een probleemveld;
- Indien dit niet mogelijk is, stel dan alleen een probleemveld vast, na 'collegiale toetsing' al dan niet in een uitvoeringsteam, andere professionals, enzovoort. Dit om te voorkomen dat de eigen normen en waarden van de casemanager bepalend zijn voor de vaststelling van een probleemveld;
- Probeer met de cliënt een probleemveld te concretiseren tot één of meer behoeften;
- Behoeften die uit een probleemveld zijn ontwikkeld, kennen vaak een programmatische (cursusachtige) aanpak en een trajectmatige benadering. Aan veel van deze behoeften kan vaak in groepsverband worden gewerkt.

Ga nu naar het oefengedeelte op de cd-rom. Doe de oefening **'Probleemvelden'.**

4.11 De rol van de professionele hulp- en dienstverlening

Aan het slot van dit hoofdstuk over assessment willen wij stilstaan bij de rol van de professionele hulp- en dienstverlening. Zoals wij in paragraaf 3.4 aangaven is het inschakelen van professionele hulp- en dienstverlening pas aan de orde wanneer de casemanager met de cliënt heeft vastgesteld op welke punten de cliënt en diens netwerk tekort komen aan mogelijkheden en middelen om op een adequate wijze de geïdentificeerde behoeften van de cliënt te realiseren. Het assessment door de casemanager kent in dit verband twee niveaus:

1. Sociale kaart algemeen

De casemanager zal de sociale kaart in zijn werkgebied goed moeten kennen en op actueel peil moeten houden, bijvoorbeeld via internet. Dat is met name van belang wanneer doelstellingen van instellingen veranderen onder invloed van fusies of gewijzigde voorwaarden van de kant van subsidiegevers.

Om een goed overzicht te hebben van de sociale kaart moet de casemanager ten minste over de volgende informatie beschikken:

a. Naam en adres van alle instellingen op het gebied van hulp- en dienstverlening in het werkgebied van de casemanager.
b. Openingstijden van de instelling en spreekuurtijden van de verschillende functionarissen in die instellingen.
c. Een overzicht van het soort diensten die de instelling levert en een inhoudelijke beschrijving van elk van die diensten.
d. Namen van functionarissen in die instellingen die deze diensten uitvoeren.
e. Condities vanuit de instelling waarop de hulp verleend wordt zoals intakeprocedures, gevraagd verwijzingsmateriaal. Hierbij is ook van belang te weten in hoeverre de instelling bereid is de casemanager in zijn functie en in zijn relatie met de cliënt te accepteren. Op dit punt komen wij nader terug in hoofdstuk 6.
f. Het laatste wat de casemanager in elk geval moeten weten is of de instelling of functionarissen van die instelling bereid zijn hun hulp- en dienstverlening af te stemmen op de specifieke behoeften van individuele cliënten. Dit betekent dat de casemanager moet weten of en in hoeverre instellingen bereid zijn hun hulpaanbod op deze specifieke vragen te organiseren en of zij ook inderdaad de mogelijkheden hiertoe hebben en benutten.

2. Sociale kaart in relatie met de geïdentificeerde behoefte(n) van de cliënt

Behalve dat de casemanager een goed algemeen overzicht moet hebben van de mogelijkheden van hulp- en dienstverlening in zijn werkgebied, moet hij ook inhoudelijk zo goed op de hoogte zijn van de aard van die hulp- en dienstverlening dat hij in staat is vanuit de geïdentificeerde behoefte(n) van zijn cliënt de instelling te toetsen aan de hand van de volgende criteria.

a. Beschikbaarheid;
Het gaat hierbij om de vraag of de hulp die de cliënt nodig heeft ook werkelijk geboden kan worden door die instelling. Dit luistert des te nauwer wanneer we het principe van hulp-op-maat serieus nemen. Naarmate duidelijker wordt wat de specifieke vraag van de cliënt is, zal het vaker voorkomen dat het bestaande hulpaanbod niet in die behoefte kan voorzien. Er zal hulp op maat ontwikkeld moeten worden en de vraag is of de beoogde instelling i.c. de betreffende hulp- of dienstverlener dit kan en wil realiseren.

b. Geschiktheid;
De casemanager zal moeten weten of de geboden hulp geschikt is voor zijn cliënt. Hulp kan aanwezig zijn maar niet geschikt voor deze specifieke cliënt met deze specifieke behoefte(n). Deze situatie komen we nogal eens tegen wanneer het gaat om opname in een tehuis. In de hedendaagse praktijk blijkt dat het voor kan komen dat mensen met een lichamelijke handicap die niet thuis kunnen wonen uitsluitend kunnen worden opgenomen in een verpleeghuis waar zij tussen dementerende bejaarden hun leven moeten proberen vorm te geven. Daar komt in de praktijk nauwelijks iets van terecht. Deze jongeren hebben geheel andere behoeften dan hoogbejaarden. Zij willen graag een eigen kamer. Wonen het liefst met andere jongeren samen. Verlangen naar een zinvolle dagbesteding; alternatieve arbeid, onderwijs en creatieve- of bezigheidstherapie. En ze hebben behoefte aan sociale begeleiding om hun leven mét handicap weer op de rails te krijgen. Nu stompen zij af, hospitaliseren, verliezen hun levensvreugd. Het leven van alle dag gaat aan hen voorbij. (Buseman, 1995; Van der Waal 2007) Een geschikt aanbod ontbreekt.

c. Geëigendheid;
De casemanager zal moeten nagaan of de beschikbare hulp ook past in de cultuur van de cliënt en diens sociale netwerk. Dat zal in sommige gevallen moeten leiden tot 'vertaling' en aanpassen van de aangeboden hulp- en dienstverlening zodat deze ingevoegd kan worden in het leven van de cliënt. Een voorbeeld hiervan treffen wij aan in een artikel in Dagblad Trouw. Diemer (1995: 9) beschrijft de veranderingen die vanaf 1993 hebben plaats gevonden in verpleeghuis 'Hogewey'[5] te Weesp. Met de honderdzestig demente bewoners werd geprobeerd het leven van vroeger zoveel mogelijk voort te zetten:

> Daartoe werden de gangen ingedeeld in 'straten' met vijftien verschillende woongroepen met elf bewoners en personeel. Elke woongroep heeft voor de privacy een voordeur met een huisbel, daarachter een woonkamer met een pantry, waarin kan worden gekookt en slaapkamers(...).
> Bij de samenstelling van de groepen werd uitgegaan van verschillende leefstijlen. Rekening is gehouden met opvoeding, opleiding, sociale voorkeur, om zo een vertrouwde omgeving te bieden. Zo is er een groep met sterke banden met Nederlands-Indië, de Indische groep. Er is er een met een religieuze achtergrond, of van Amsterdammers, met mensen uit het Gooi, met ex-zakenlieden en een culturele groep.
> De aankleding van de woonkamers is van groep tot groep verschillend. Bij de religieuze groep hangt een klein kruis aan de muur en er staat een orgel. Het frappante is dat mensen met verschillende kerkelijke achtergronden protestant of katholiek elkaar respecteren en de ruimte geven. Er komt een pastor op bezoek en er wordt gebeden en gedankt bij het eten.
> De Gooise groep heeft elegant meubilair met crapauds en een open haard. Iedere week bezorgt de bloemist een boeket. Omdat deze mensen gewend zijn aan een glas wijn bij hun eten krijgen ze dat nu ook. Toen ze te kennen gaven dat de huiswijn naar niks smaakte werd het een Chablis. Extraatjes worden betaald uit een potje van bewoners en hun verzorgers (familie en vrienden). Voor meubilering wordt de familie gevraagd meubels of schilderijtjes uit het huis van de patiënten, gewoon om iets vertrouwds te scheppen. Ook huisdieren zijn welkom (...).
> 'Hogewey' kent een bloeiend verenigingsleven, waar waarschijnlijk geen enkele verpleeghuis op kan bogen. Het programmaboekje vermeldt 25 clubs. Van de zwem- en wandelclub tot de zijdeschilderclub en van de film- en diaclub tot de tuingroep. En niet te vergeten legio zang- en muziekgroepen. Mensen die vroeger hebben geschilderd, getuinierd of gezongen, kunnen hier op terug vallen. Hogewey heeft een eigen restaurant. Een dagje uit en een midweek op vakantie zijn normaal, net als een visje kopen op de markt van Weesp. De cultuurgroep heeft theater- en concertabonnementen. Anderen gaan liever naar Artis of het Rijksmuseum. Het wordt per woongroep bepaald.

Bij 'Hogewey' gaan ze uit van een beperking, maar met toegevoegde waarde(..). Verpleeghuis 'Hogewey' heeft een visie ontwikkeld waardoor de psychogeriatrische patiënten niet doelloos wachten op de dingen die komen gaan(...), maar er wordt ingespeeld op de mogelijkheden die ze nog hebben. Vroeger werd gekeken naar wat het personeel aankon, nu naar wat de bewoners kunnen(...).
Vaak kunnen de bewoners nog allerlei dingen. Met het personeel zorgen voor de huishouding in hun eigen woongroep, het bereiden van de maaltijd, de was vouwen of koken. Tenminste als ze daar zin in hebben, anders hoeft het niet. Maar het zijn vertrouwde handelingen die hen een gevoel van eigenwaarde geven. Binnen hun eigen grenzen invulling en richting aan hun leven geven.
Door in te spelen op datgene wat mensen wél kunnen zijn opmerkelijke resultaten geboekt. Het gebruik van (kalmerende) medicijnen is met 33 procent gedaald en het incontinentiemateriaal met 40.

> Zo blijkt ook bijvoorbeeld het wonen in een gespecialiseerd verzorgingshuis voor mensen uit andere culturen te voldoen aan een behoefte die pas sinds kort onderkend en erkend is. Een voorbeeld is Nieuw Beekvliet[6] in Sint Michielsgestel, een verzorgingshuis dat zich speciaal richt op ouderen uit Suriname, Indonesië en de Nederlandse Antillen. Nederland houdt hier op bij de voordeur. Senioren uit Indonesië, Suriname en de Antillen wonen hier in een omgeving die op hun wensen is afgestemd. Het heeft de toekomst – ook voor Turken en Marokkanen. In Nederlandse centra kwijnen ze weg.

d. Acceptatie;
Ook al lijkt de geboden hulp aan te sluiten op de geïdentificeerde behoefte(n) van de cliënt, dan kan het toch voorkomen dat deze hulp niet door de cliënt wordt geaccepteerd. Het is dan nodig te onderzoeken welke onderdelen in de geboden hulp- en dienstverlening niet geaccepteerd worden door de cliënt. Dit kan betekenen dat de casemanager met de cliënt een kosten-batenanalyse moet maken om helder te krijgen hoe zwaar de argumenten van de cliënt uiteindelijk voor hem zelf zijn om de hulp wel of niet te kunnen accepteren. In een artikel over zorg voor allochtone ouderen[7] staat te lezen 'Een vreemde aan hun bed willen veel oudere allochtonen niet, een ander zou wel eens kunnen denken dat het niet goed gaat met de familie'. Hierbij zal ook de opstelling van de hulp- en dienstverlener een rol spelen.

Ga nu naar het oefengedeelte op de cd-rom. Bekijk filmfragment 6 'Henk hoort het voorstel van het team'. Beantwoord daarna de bijbehorende vragen.

e. Toegankelijkheid;
Hierbij gaat het om de vraag of de cliënt ook daadwerkelijk in staat is gebruik te maken van de diensten van een instelling. Belemmeringen kunnen zijn:
- geografische ligging;
- financiële toegankelijkheid;
- sociaal-culturele toegankelijkheid;
- psychologische toegankelijkheid;
- openingstijden;
- fysieke toegankelijkheid.

Deze factoren kunnen vertaald worden in de volgende vragen:
- Kan de cliënt het noodzakelijke vervoer krijgen om de instelling te bereiken?
- Als de cliënt zich de hulp financieel niet kan veroorloven, zijn daar dan voorzieningen voor te treffen?

- Beheersen werknemers in die instelling de taal van de cliënt en zijn ze toegerust om met de specifieke raciale, etnische of socio-culturele karakteristieken van de cliënt om te gaan?
- Voelt de cliënt zich welkom in de instelling en is de instelling in staat de angst van de cliënt voor de instelling weg te nemen?
- Zijn de openingstijden van de instelling zodanig flexibel dat ook rekening gehouden kan worden met andere verplichtingen die de cliënt heeft?
- Is het gebouw waarin de instelling gevestigd is ook toegankelijk voor mensen die slecht ter been zijn of rolstoelgebruiker zijn?

4.12 Het assessmentproces samengevat

Wanneer cliënt en casemanager alle stappen en stadia van het assessmentproces doorlopen hebben is er veel informatie verzameld.

Deze informatie kan worden samengevat in het volgende schema (Moxley 1989).

behoefte-gebied	behoefte-omschrijving	eigen mogelijkheden		netwerk-mogelijkheden		professionele mogelijkheden		opmerkingen
		Krachten	Beperkingen	Krachten	Beperkingen	Krachten	Beperkingen	
inkomen								
wonen								
werk								
fysieke gezondheid								
mentale gezondheid								
sociale contacten								
vrije tijd								
act. dagelijks leven								
vervoer								
juridische zaken								
opleiding en scholing								
andere zaken								

Schema 'samenvatting assessment'.

> *Ga nu naar het oefengedeelte op de cd-rom. Doe de oefening* **'Assessment'**.

HOOFDSTUK 4 Assessment

Ga nu naar het oefengedeelte op de cd-rom. Bekijk filmfragment 12 'Voorlopige afsluiting'. Beantwoord daarna de daarbij behorende vragen.

Noten

1 We realiseren ons dat het begrip 'assessment' ook gebruikt wordt in het onderwijs en het bedrijfsleven waar het een soortgelijke betekenis heeft, maar in een andere context en soms ook met een andere bedoeling.
2 In het geval het (echt)paar bestaat uit twee personen van hetzelfde geslacht worden de symbolen respectievelijk twee vierkantjes of twee rondjes.
3 Zie H.M.J.Baars 1998.
4 Idem
5 Enige jaren geleden won 'Hogewey' uit 100 inzendingen de International Hospital Federation-trofee.
6 Zie het artikel 'Hier voel ik me lekker' van Remco Graat in *de Volkskrant*, 25 februari 2000.
7 Jeannine Westenberg 'Laat instellingen niet doen alsof ze iets nieuws horen.' *Zorg + Welzijn*, 9 augustus 2000.

5
Planning en plan

Wanneer cliënt en casemanager uiteindelijk hebben vastgesteld welke hulp- en dienstverlening voor deze cliënt nodig is, volgt de planning van de hulpverlening, resulterend in een hulpverleningsplan.
In dit hoofdstuk beschrijven wij het omzetten van de gegevens afkomstig uit het assessmentproces in een hulpverleningsplan.

Bij het opstellen van het hulpverleningsplan van de cliënt moet een aantal vragen beantwoord worden:
- Wie (cliënt, bronnen uit diens omgeving, professionele hulp-, zorg- en dienstverleners die ingezet moeten worden);
- doet wat (gaat in op welke behoefte);
- waar (op welke plaats);
- wanneer (op welk tijdstip);
- hoe (de te gebruiken werkwijzen en middelen);
- ten einde te bereiken dat het (sub)doel verwezenlijkt wordt;
- om zo een bijdrage te leveren aan het algeheel gestelde doel (einddoel van het gehele plan).

5.1 Het hulpverleningsplan

Wat wordt in het plan geregeld?
Het plan is een werkplan met onder andere daarin opgenomen de verdeling van werkzaamheden. In het plan wordt omschreven welke activiteiten nodig zijn, wie welke taken en welke verantwoordelijkheden krijgen om doelen en subdoelen te bereiken. Door een taakverdeling te maken wordt duidelijk wie er nodig zijn om deel te nemen aan het uitvoeringsteam.
Vervolgens wordt de samenwerking tussen de participanten in het casemanagementproces nader ingevuld. Door de cliënt, diens sociale netwerk en professionals in te schakelen kan de casemanager een optimale betrokkenheid bewerkstelligen bij het hulpverleningsplan van alle betrokkenen. Door de samenwerking expliciet te benoemen wordt vrijblijvendheid voorkomen.
In de derde plaats wordt omschreven wie waarvoor verantwoordelijk is. Omdat het plan rollen, activiteiten en tijdslimieten omschrijft voor alle participanten, kan de casemanager de betrokkenen op de voet volgen.
Door het plan zo op te stellen kan het dienen als een leidraad voor alle betrokkenen. Voor de casemanager is het de basis voor het kunnen uitoefenen van zijn monitoring functie.
Het plan, ten slotte, maakt het mogelijk de uitkomsten van alle activiteiten en inspanningen te evalueren in termen van betekenis ervan voor de vervulling van de behoeften van de cliënt.

5.2 De globale inhoud van het plan

1. *Allereerst zullen de relevante behoeften waarop dit plan gebaseerd is gespecificeerd moeten worden*

De bedoeling van het hulp- en dienstverleningsplan is het vervullen van een of meer geïdentificeerde behoeften van de cliënt. Dat betekent dat het plan moet aanvangen met het duidelijk in beeld brengen van de behoeften waarop het plan gericht is. Hierbij kan gebruik gemaakt worden van de gebieden waarop behoeften van cliënten betrekking kunnen hebben (zie paragraaf 4.4). Omdat niet alle behoeften tegelijkertijd in een plan kunnen worden opgenomen moeten cliënt en casemanager prioriteiten stellen.

Dit proces van prioriteiten stellen kan dienen bij het maken van de overstap van het vaststellen van de behoeften, naar het vaststellen van welke hulpverlening georganiseerd moet worden om aan deze behoeften tegemoet te komen. Omdat casemanagement opgevat wordt als een dienstverlening op het niveau van de cliënt, prevaleren de prioriteiten die de cliënt zelf aangeeft.

Als de structuur van het hulpverleningsplan gebaseerd is op de behoeften zoals de cliënt die heeft aangegeven en geprioriteerd, dan zal het plan zowel relevant als verantwoord zijn. Dit wordt mogelijk als zowel de cliënt als de casemanager in staat zijn vast te stellen of het plan werkelijk voorziet in de behoeften die als het belangrijkst en het dringendst zijn omschreven.

> *Ga nu naar het oefengedeelte op de cd-rom. Bekijk filmfragment 7 'Inventariseren van wat ieder gezinslid als moeilijk ervaart'.*

2. In de tweede plaats zal het te bereiken resultaat benoemd moeten worden

Dit onderdeel van het plan vraagt van de casemanager dat deze preciseert welke verandering de hulpverlening in het leven van de cliënt zal brengen. Met andere woorden: het is belangrijk te specificeren op welke punten het leven van de cliënt zal veranderen wanneer de behoeften van de cliënt vervuld zijn. De term 'resultaat' onderstreept de noodzaak om de hulpverlening te zien in het perspectief van veranderingen in de situatie van de cliënt. Hoe zal de leefsituatie van de cliënt verbeterd worden? Welke verschillen met de huidige situatie zal de hulpverlening, zoals benoemd in het plan, opleveren en worden deze verschillen door de cliënt als positief ervaren? De effectiviteit van het plan zal daarom afhangen van de helderheid waarmee de beoogde resultaten van het plan omschreven worden.

Dit betekent tevens dat de doelen in het plan helder omschreven dienen te zijn. In de formulering van een doel wordt mede duidelijk wat verbeterd zal zijn wanneer de beoogde hulpverlening is gegeven. Aangezien doelen richtingbepalend zijn, wordt hieruit voor zowel de cliënt als de casemanager duidelijk welk specifiek aspect van de behoefte vervuld dient te worden. Anderzijds kunnen doelen, in het geval cliënt en casemanager belemmeringen of problemen tegenkomen bij het vervullen van de behoeften, aangeven wat uit de weg geruimd moet worden. En ten slotte fungeren doelen als middelen om het resultaat te meten van de uitkomsten van het casemanagement-proces van de cliënt. We spreken dus van 'resultaat-gerichte doelen'.

Aan de hand van een voorbeeld laten we zien hoe resultaat-gerichte doelen worden beschreven.

VOORBEELD: Mevrouw Jansen is 78 jaar. Zij is vijftien jaar weduwe en heeft twee getrouwde kinderen die wel in dezelfde stad wonen, maar niet in dezelfde buurt. Zij woont al eenenvijftig jaar in hetzelfde huis waar zij zeer aan gehecht is. Zij wil dolgraag in haar huis blijven wonen. Omdat haar lichamelijke toestand langzamaan slechter wordt, bedreigt de wijze waarop haar huis in elkaar zit haar veiligheid. Het huis is slecht toegankelijk met drempels en traptreetjes waar ze moeilijk overheen kan komen. Daar komt bij dat het onderhoud van het huis te wensen overlaat, ramen lekken en het sanitair vaak kapot is. Zij geeft in gesprekken met de casemanager aan dat zij het gevoel krijgt te vereenzamen. In het assessmentproces blijkt dat mevrouw Jansen in haar huis kan blijven wonen als er iets aan haar wijze van wonen gebeurt.

Hier volgen wat voorbeelden van resultaat-gerichte doelen die relevant zijn voor de huisvestingssituatie van mevrouw Jansen.

Behoefte-gebied: *wonen*.
a. De veiligheid in het huis van mevrouw Jansen moet verbeteren zodat ze zelfstandig kan blijven wonen.
b. De verwaarlozing van het huis moet worden weggewerkt, zodat zij onafhankelijk kan blijven leven.

Om mevrouw Jansens onafhankelijkheid en zelfbepaling zo veel mogelijk te bewaren stellen de casemanager, de cliënt en leden van haar sociaal netwerk verschillende subdoelen die te maken hebben met het sociale en interpersoonlijke behoeftegebied:

Behoefte gebied: *sociaal en interpersoonlijk*:
a. De frequentie van het sociale contact tussen mevrouw Jansen en haar buren laten toenemen.
b. De frequentie van het sociale contact tussen mevrouw Jansen en haar kleinkinderen doen toenemen.
c. De frequentie van het sociale contact tussen mevrouw Jansen en leeftijdsgenoten doen toenemen.

3. Als de resultaatgerichte doelen benoemd zijn is het nodig subdoelen, stappen zo men wil, te benoemen

Dit onderdeel van het plan brengt met zich mee dat de casemanager de hulpverlening zoals de cliënt deze nodig heeft, nader specificeert om resultaten te kunnen boeken. Deze subdoelen worden daarom gekoppeld aan resultaat-gerichte doelen die op hun beurt weer gekoppeld zijn aan de geprioriteerde behoeften van de cliënt.

Vastgesteld wordt wat er gedaan moet worden om het omschreven doel te bereiken. In het bijzonder zal worden vastgesteld of deze hulp verleend wordt door professionals vanuit instellingen, of op informele wijze door leden van het sociale netwerk van de cliënt.

VOORBEELD: Als we nog even verder ingaan op het geval mevrouw Jansen, laten we dan eens zien welke subdoelen geformuleerd kunnen worden wanneer het gaat om het bereiken van het doel: de veiligheid in huis zo vergroten dat zij onafhankelijk kan blijven wonen:
1. Technische ondersteuning vragen bij een ergotherapeut die kan nagaan welke delen in het huis risico opleveren voor mevrouw Jansen en die advies kan geven met betrekking tot noodzakelijke veranderingen in het huis.
2. Op basis van de aanbevelingen van de ergotherapeut kunnen de veranderingen in huis worden aangebracht zodat de kans op ongelukken afneemt.
3. Mevrouw Jansen moet leren hoe zij haar dagelijkse huishoudroutine zo kan aanpassen dat haar veiligheid toeneemt.
4. De buurvrouw van mevrouw Jansen zal op een onopvallende manier een oogje in het zeil houden voor wat betreft veiligheid in huis.

De eerste vraag die opkomt bij deze manier van hulpverlening is of ze in verhouding staan met de te bereiken doelen in het plan. Met andere woorden: kan de casemanager door deze doelen te stellen en te laten uitvoeren er vanuit gaan dat de gewenste verandering inder-

daad op zal treden voor de cliënt en dat uiteindelijk de specifieke behoefte van deze cliënt vervuld zal zijn?
Wanneer we nog eens kijken naar de hulpverlening in dit voorbeeld, zien we dat deze overeenkomt met de opdracht voor de casemanager om een ondersteuningsnetwerk met de cliënt te maken. De doelen laten zien dat de casemanager in staat is een andere professional (de ergotherapeut), de cliënt (mevrouw Jansen) en een lid van haar sociaal netwerk (de buurvrouw van mevrouw Jansen) te betrekken bij de activiteiten die zullen leiden tot de vervulling van de behoefte van cliënte op het gebied van wonen.

4. *In de vierde plaats moet worden aangegeven wie met betrekking tot welk subdoel wat zal doen*

Voor iedere dienst en vorm van hulpverlening zoals neergelegd in het plan van de cliënt moet de casemanager uitvoerders of instellingen opsporen en hij moet de activiteiten omschrijven die deze moeten ondernemen om een specifiek subdoel te bereiken.
In dit gedeelte van het plan is de casemanager dus gericht op de vraag 'wie zal wat doen' om een bepaald doel te bereiken.

VOORBEELD: Wij kijken nogmaals naar mevrouw Jansen: de hulp van een ergotherapeut is nodig om technisch advies te geven met betrekking tot de vraag hoe gevaarlijk haar huis voor mevrouw Jansen is. Aan de ergotherapeut wordt gevraagd tot welke stappen zijn advies moet leiden:
1. De ergotherapeut zal een overzicht maken van de risicofactoren in het huis van mevrouw Jansen.
2. Hij zal een onderzoek doen naar de mogelijkheden die mevrouw Jansen heeft om op een veiliger manier haar huishouden te doen.
3. Hij zal een rapport schrijven met zijn aanbevelingen om de huiselijke omgeving van mevrouw Jansen zo te veranderen dat deze in overeenstemming wordt gebracht met de fysieke mogelijkheden die mevrouw Jansen heeft.

Een ander subdoel brengt met zich mee dat mevrouw Jansen getraind moet worden om haar dagelijks huishoudelijk werk op een andere manier te doen zodat haar situatie thuis veiliger wordt. Uitvoerders in deze situatie kunnen zowel de ergotherapeut als mevrouw Jansen zelf zijn. De ergotherapeut zal activiteiten ondernemen om de nieuwe huishoudroutine uiteen te zetten en mevrouw Jansen te instrueren met betrekking tot de stappen die zij in deze nieuwe routine moet leren zetten. Mevrouw Jansen zal deze nieuwe routine oefenen en laten zien dat zij er goed mee overweg kan.

Dit onderdeel van het plan legt de basis voor het monitoring werk van de casemanager (zie hoofdstuk 7) en maakt het mogelijk verantwoording te vragen. Door te beschrijven wie de uitvoerders van dit deel van het plan zijn en wat hun werkzaamheden zijn, kan de casemanager het plan na verloop van tijd bezien en zich ervan vergewissen dat degenen die belast zijn met de uitvoering van het plan inderdaad de noodzakelijke werkzaamheden verrichten om de gestelde doelen te bereiken.
Dit gedeelte van het plan vereist ook dat de casemanager nagaat hoe de cliënt, de leden van het sociale netwerk en de professionals betrokken kunnen worden in het bereiken van de hulpverleningsdoelen. Misschien zal in een bepaald geval alleen de cliënt, een lid van het sociaal netwerk of een professional betrokken worden bij de uitvoering van een bepaalde dienst of vorm van hulp. Maar in andere situaties zullen zij alle drie betrokken worden bij de

realisering van één doel. Bij het opstellen van het hulpverleningsplan zal de casemanager gericht zijn op het ontwikkelen van het cliëntondersteunende netwerk. Het zoeken naar mogelijkheden om cliënten, leden van het sociale netwerk en professionals in een gecoördineerde inspanning samen doelen te laten bereiken, betekent dat de casemanager werkt vanuit een integrale, zo men wil, een 'holistische' benadering.

5. *Het aangeven hoeveel tijd besteed zal worden aan welke activiteit*
Gekoppeld aan ieder doel is een tijdstip waarop het doel en alle daarbij behorende activiteiten moeten zijn bereikt en voltooid. Dit onderdeel van het hulpverleningsplan lijkt eenvoudig. Maar het uitzetten van een redelijke termijn is cruciaal om de behoeften van een cliënt op effectieve wijze tegemoet te komen. Zo kan een *tijdbalk* allereerst de urgentie van een bepaald doel aangeven. Casemanagers kunnen te maken hebben met mensen in crisissituaties waarbij verschillende doelen op zeer korte termijn moeten worden gerealiseerd. Ten tweede kan de tijdbalk een zekere natuurlijke hiërarchie aangeven in de hulpverlening en de daarbij behorende activiteiten. Sommige doelen moeten eerst gehaald zijn voordat andere bereikt kunnen worden. In het voorbeeld van mevrouw Jansens woonsituatie moest de ergotherapeut eerst de veiligheid van het wonen bekijken voordat er een trainingsprotocol kon worden opgesteld om mevrouw Jansen een nieuwe routine van huishouden aan te leren.
Tot slot geeft een tijdbalk een basis aan het monitoren van de implementatie van het plan. De casemanager kan bijvoorbeeld het plan als een checklist gebruiken. Door langs de tijdbalk te gaan kan de casemanager nagaan of de doelen en activiteiten op het afgesproken tijdstip zijn gehaald en uitgevoerd en welke niet. Hij of zij kan dan in contact treden met degenen die verantwoordelijk zijn voor de afgesproken activiteiten om na te gaan welke obstakels of problemen het uitvoeren van activiteiten en het bereiken van de doelen hebben verhinderd.

6. *Aangeven welke veranderingen verwacht worden bij het bereiken van ieder subdoel*
De logica van het hulpverleningsplan vereist een verbinding tussen behoeften, doelen, subdoelen, activiteiten en mogelijke resultaten. Het verkrijgen van hulp en ondersteuning en de daarmee verbonden activiteiten moeten tot verandering leiden in het leven van de cliënt. Daarom moeten casemanagers weten welke veranderingen kunnen optreden als een bepaald doel is bereikt en de daarbij behorende activiteiten zijn afgerond.
Het laatste deel van het hulpverleningsplan is dan ook gewijd aan de beoogde veranderingen. De belangrijkste vraag hierbij is wat er zal veranderen wanneer het doel is bereikt. Met andere woorden, zal het bereiken van het doel het leven van de cliënt verbeteren? We kunnen in het geval van mevrouw Jansen de volgende veranderingen verwachten als de gestelde doelen zijn bereikt:

VOORBEELD:
1 Met behulp van technische ondersteuning van een ergotherapeut willen we meer weten van de onveiligheid in het huis van mevrouw Jansen.
2 Deze kennis zal ons in staat stellen mevrouw Jansen te helpen risicovolle situaties in huis te vermijden.
3 Deze kennis kan ons evenzo in staat stellen zó met de buurvrouw van mevrouw Jansen te werken dat deze wil inspringen waar mevrouw Jansen zelf niet in staat is voldoende op haar veiligheid te letten.

De verwachte veranderingen kunnen we realiseren door dit doel te bereiken met inbegrip van:
1. toegenomen kennis van risicofactoren in de woonomgeving;
2. ontwikkelen van vaardigheden bij de cliënt en
3. vergrote technische steun.

Deze drie veranderingen brengen de cliënt dichter bij het te bereiken doel en de daarbij behorende te vervullen behoefte. In het geval van mevrouw Jansen kan zij haar leven veilig voortzetten in haar bestaande huishouden.

Daarmee is het ultieme doel van casemanagement in deze case bereikt: het bevorderen van de onafhankelijkheid en zelfbepaling van de cliënt.

5.3 Hulpverleningsprotocol

Hoewel ieder hulpverleningsplan voor iedere cliënt op maat gemaakt moet worden is het toch denkbaar dat sommige vormen van hulp protocollair geboden moeten en kunnen worden. Daarom eerst iets over protocollen.

Op allerlei terreinen van de hulpverlening (GGZ, verslavingszorg, (algemeen) maatschappelijk werk, et cetera.) wordt in toenemende mate geconstateerd dat met name wanneer sprake is van complexe problematiek, er dringend behoefte bestaat aan een betere organisatie van de hulpverlening. Een van de manieren waarop dit geprobeerd wordt is het ontwerpen van protocollen.

In de medische wereld is het begrip 'protocol' al heel lang bekend. Het wordt in die wereld omschreven als een geëxpliciteerde vorm van consensus over de aanpak van een bepaald probleem. Het ligt tamelijk voor de hand dat deze protocollen leiden tot standaardprogramma's en als zodanig komen we ze ook tegen in de hulpverlening. Stoelinga en Van Lieshout (1991) noemen een programma: *'De koppeling van een gespecificeerde groep hulpverleningsactiviteiten aan een gespecificeerde groep hulpvragers'*.

Programma's vormen de schakel tussen vraag en aanbod, tussen inhoud en organisatie. Per programma wordt omschreven om welke doelgroep het gaat, welke activiteiten deel uitmaken van het programma, welke organisatorische randvoorwaarden er moeten zijn om het programma adequaat te kunnen uitvoeren en welke kwaliteitseisen er gesteld moeten worden.

Op het terrein van de GGZ is in de jaren '90 een stormachtige ontwikkeling waar te nemen waar het gaat om het opzetten van (zorg)programma's. We schreven hier al over in hoofdstuk 2. Het standaardiseren van het hulpverleningsaanbod zou de hulpverlening transparanter maken voor de cliënt en de financier en vooral ook effectiever en efficiënter zijn voor de behandelaar: protocollen en richtlijnen verminderen de noodzaak van overleg. Nieuwe wetenschappelijke kennis kan sneller en beter in praktijk worden gebracht (Schene en Verburg 1999). Bij deze programma's gaat het dus om een vastgestelde 'hulpverleningsroute' voor mensen die op basis van diagnose deel uit maken van een van de beschreven doelgroepen.

Ondanks alle goede bedoelingen om hulpvraag en hulpaanbod via protocollen en programma's beter op elkaar af te stemmen blijven wij onze grote bedenkingen houden over deze gang van zaken: cliënten die een hulpvraag hebben die niet programmatisch 'gehonoreerd' kan worden moeten óf hun hulpvraag aanpassen zodat zij binnen een programma passen, óf zij vallen tussen wal en schip, een situatie die zich bijvoorbeeld regelmatig in de steeds strakker gestructureerde jeugdhulpverlening voordoet.

Er is ook een andere manier van protocollering denkbaar. Schumacher (1991) beschrijft een analyse-instrument dat ontwikkeld is om meervoudige probleemsituaties te kunnen ontrafelen en structureren én een bijbehorend protocol dat gebruikt kan worden bij het maken van hulpverleningsplannen. In het *analyseschema* wordt nagegaan:
a. op welke(e) niveau(s) het probleem zich voordoet:
   - micro;
   - meso;
   - macro.
b. welke probleemaspecten zich per niveau kunnen voordoen:
   - micro: individueel functioneren: lichamelijk, psychisch, materieel;
   - meso: woon-, werk- en leefomgeving;
   - macro: functioneren maatschappelijke instituties.

Het **protocol hulpverleningsplannen** ziet er dan als volgt uit:

selectie behoefte-aspecten	hulp-verlenings-doel	niveau	volgorde	hulp-verleningsplan en methodiek	taken andere disciplines	termijn
1.........						
2.........						
3.........						
etc.						

Het verschil tussen beide typen protocollen is dat het eerste type van toepassing is op gediagnosticeerde doel*groepen*, terwijl het tweede type een *individueel* hulpverleningsprogramma betreft.

In beide hier genoemde protocollen kunnen de gegevens die betrekking hebben op het niveau en het functioneren van de cliënt of het cliëntsysteem grofweg worden ingedeeld in twee grote categorieën, *sporen* genaamd. In de literatuur (Van den Berg en Glas 1991) is sprake van een zogenaamd 'toeleidingsspoor' en een 'maatschappelijk spoor'. In het toeleidingsspoor worden activiteiten, *trajecten* genaamd, uitgevoerd die speciaal bedoeld zijn voor cliënten met de minste mogelijkheden en capaciteiten. In het maatschappelijk spoor worden trajecten uitgevoerd die bedoeld zijn voor 'sterkere' cliënten. In deze zin is er dus sprake van protocollering wanneer het doorlopen van bepaalde trajecten voorwaarde is voor de voortgang van de hulpverlening.

Het is dus denkbaar dat een cliënt op basis van een individueel geformuleerd hulpverleningsplan deel neemt aan de 'protocollaire route' om toe te kunnen komen aan de realisering van zijn behoefte(n).

5.4 Dossiervorming

Het lijkt ons van belang om in dit hoofdstuk over plan en planning ook iets te schrijven over dossiers en dossiervorming.

Wanneer hulpverlening gebeurt vanuit een instelling betekent dat dat die instelling tenminste medeverantwoordelijk is voor de hulpverlening. Soms moet de instelling zich daarover kunnen verantwoorden, maar altijd moet de instelling de continuïteit van de hulpverlening kunnen garanderen. Dat betekent dat de instelling een geheugen moet hebben waarop in voorkomende gevallen teruggevallen moet kunnen worden.

In het geval van casemanagement waar sprake is van een uitvoeringsteam is het van nog veel meer belang dat er een dossier is waarin de gegevens van het assessment, het hulpverleningsplan en de afgesproken stappen, terug te vinden zijn, evenals de opmerkingen in het kader van monitoring en evaluatie. Het dossier van de casemanager is een weerspiegeling van de werkelijkheid dat het niet om 'mijn' cliënt gaat maar om 'onze' cliënt.

Dossiervorming is een omstreden zaak in de hulpverlening. Enerzijds is er soms verzet van hulpverleners tegen het inrichten en instandhouden van dossiers omdat zij vinden dat het de privacy van hun cliënten kan schaden, aan de andere kant blijkt nogal eens dat die angst ongegrond is omdat zelfs essentiële informatie in dossiers ontbreekt. Boersma (1993) vermeldt in haar onderzoek naar de hulpvraagbepaling bij cliënten van de Spd-Drenthe over dossiervorming: 'Maatschappelijk werkers geven zelf aan dat dossiers regelmatig onvolledig zijn. Hierdoor lopen overdrachten en heraanmeldingen ook lang niet altijd even soepel. De nieuwe maatschappelijk werkers krijgen niet altijd even goed zicht op de problematiek en vaak wordt niet duidelijk wat een voorganger al gedaan heeft. Wel wordt het *belang* van een goede overdracht ingezien door de maatschappelijk werkers. Het is vervelend om allerlei zaken opnieuw te moeten doen. Ook voor cliënten kan het wel eens vervelend zijn om steeds dezelfde vragen te moeten beantwoorden'.

> *Ga nu naar het oefengedeelte op de cd-rom. Doe de oefening* 'Dossier'.

In de praktijk blijkt dat in veel dossiers wel een chronologie van gebeurtenissen te achterhalen is, maar geen procesbeschrijving. Met een procesbeschrijving geef je de subtiele veranderingen weer die bij de cliënt plaatsvinden (verschuivingen in: hoe verhoud ik mij tot de situatie). Het gaat erom die verschuivingen zichtbaar te maken: die hele kleine stapjes. Dat is nodig voor zowel de cliënt ('ik kom toch verder') als voor de werker ('ik doe 'toch' iets zinvols'). Procesverslagen kunnen een middel zijn tegen burn-out.

Het maken van procesbeschrijvingen is ook belangrijk voor degene die in de toekomst een cliënt van je overneemt. Het gaat dan om de continuïteit in de hulpverlening. In de procesbeschrijving worden de wortels weergegeven van het hulpverleningsproces. Met het nalaten van die beschrijving verdrogen die wortels en verdroogt daarmee het hulpverleningsproces.

Dan is er sprake van een aansluitingsprobleem op cliëntniveau. Casemanagement en zorgconsulentschap zijn juist ingesteld om dergelijke aansluitingsproblemen te voorkomen. Voor de overdraagbaarheid is met name de actuele informatie van groot belang.

5.5 Contract met de cliënt

In het dossier dient ook een akkoordverklaring van de cliënt met het hulpverleningsplan zoals het is opgesteld inclusief de voorstellen met betrekking tot het te vormen uitvoeringsteam aanwezig te zijn. Dit betekent dat de cliënt op de hoogte moet zijn van zijn rechten en plichten in het totaal van de hulpverlening.

Rechten slaan op zaken als vertrouwelijk behandelen van alle gegevens van de cliënt, inzage in zijn dossier, recht op zelfbepaling. Wat betreft dit laatste:
- de cliënt heeft het recht zijn behoeften en de wijze waarop hij deze beleeft niet alleen tot uitdrukking te brengen, maar ook te verwachten dat er mee omgegaan wordt zoals hij op basis van zorgvuldige hulpverlening mag verwachten;
- de cliënt heeft het recht professionals te kiezen die bepaalde aspecten nader onderzoeken wanneer de deskundigheid die deze vertegenwoordigen niet in het uitvoeringsteam aanwezig is;
- de cliënt heeft het recht aanwezig te zijn of zich te laten vertegenwoordigen door een door hem of haar aan te wijzen vertegenwoordiger in de vergaderingen van het uitvoeringsteam;
- de cliënt heeft het recht een afschrift van beslissingen die het uitvoeringsteam neemt te ontvangen;
- Et cetera.

Plichten slaan op de inzet van de cliënt met betrekking tot de realisering van zijn behoeften. Hij wordt geacht naar zijn vermogen verantwoordelijkheid te nemen voor zijn aandeel in het realiseren van het hulpverleningsplan. Dit kan bijvoorbeeld tot uitdrukking komen in de overeenkomst dat het uitvoeringsteam geen volgende stap zet wanneer de cliënt in gebreke is gebleven. Anderzijds zullen ook de rechten en plichten van de deelnemers aan het hulpverleningsplan vastgelegd moeten worden. Voor professionals zullen dit meestal de rechten en plichten zijn zoals die bij hun beroepscode horen. Regeling van rechten en plichten over en weer resulteren in een samenwerkingscontract wat in het dossier kan worden opgeslagen.

> *Ga nu naar het oefengedeelte op de cd-rom. Bekijk het filmfragment 9* **'Cliënt Centraal II'.**

> *Ga nu naar het oefengedeelte op de cd-rom. Doe de oefening* **'Opstellen van een hulpverleningsplan'.**

6
Linking

Na het opstellen van het hulpverleningsplan zal de uitvoering ervan moeten worden gerealiseerd. Dit houdt in dat er door de casemanager een verbinding (link) gelegd wordt tussen alle participanten aan de hulpverlening: de uitvoerders van het plan. Dat betreft dus de cliënt zelf, leden van zijn sociale netwerk en professionals. Als het goed is, is uit het hulpverleningsplan duidelijk geworden wie wat zal gaan doen. Maar nu moeten er afspraken gemaakt worden over de precieze invulling van de samenwerking.

Om casemanagement te kunnen uitvoeren dient er sprake te zijn van een specifieke vorm van samenwerking: teamsamenwerking. We zullen in dit en de volgende hoofdstukken niet spreken van een multidisciplinair team of een interdisciplinair team, maar van een *uitvoeringsteam*. We doen dit omdat we ook in onze woordkeus duidelijk willen maken dat het een team betreft waaraan de cliënt, voorzover dat in diens vermogen ligt, altijd deelneemt. Een uitvoeringsteam is echter vaak niet zomaar gevormd. Er kunnen zich fricties voordoen, er zal soms onderhandeld moeten worden met de samenwerkende partners.

Aan al deze aspecten zullen we in dit hoofdstuk aandacht besteden. We zullen daarbij ook onderscheid moeten aanbrengen tussen een uitvoeringsteam dat speciaal ten behoeve van één cliënt wordt geformeerd (incidenteel) en teams die ten behoeve van meerdere cliënten worden geformeerd (continu).

6.1 Het samenstellen van een uitvoeringsteam

Wanneer het samenstellen van een uitvoeringsteam aan de orde komt, moet de casemanager weten welke professionals en leden van het sociale netwerk uitgenodigd moeten worden. De casemanager heeft altijd zijn eigen assessment uitgevoerd en kan op basis van assessment en het hulpverleningsplan vaststellen welke professionals van welke instellingen en welke leden van het sociale netwerk van belang zijn bij de uitvoering van de dienstverlening aan de cliënt.

Een kritische factor hierbij is de omvang van het team. Als het te groot is wordt de cliënt overruled waardoor diens bereidheid om mee te werken afneemt en kunnen problemen ontstaan bij het coördineren van de diverse inbrengen van de teamleden. De casemanager kan dan een basisprincipe volgen om een effectieve taakgroep te formeren: *Een groep moet zo min mogelijk leden hebben met zoveel mogelijk inbreng die nodig is om het doel of de opdracht van het uitvoeringsteam te realiseren.*

De opdracht van het uitvoeringsteam is een hulpverleningsplan – wat past bij de behoeften van de cliënt – verder in te vullen en uit te voeren. Het team moet dus groot genoeg zijn om aan deze behoeften tegemoet te komen. De casemanager moet zich echter bewust zijn van het feit dat wanneer het aantal leden van het team stijgt, de complexiteit van het team toeneemt wat de effectiviteit van het team kan doen afnemen.

Er is nog een andere factor waar de casemanager alert op moet zijn. In de praktijk zal het vrijwel nooit zo zijn dat ieder uitvoeringsteam helemaal opnieuw zal worden samengesteld. Integendeel, naarmate de casemanager langer in zijn functie werkt en vaker met cliënten met gelijksoortige hulpvragen werkt, ligt het voor de hand dat de samenstelling van het professionele deel van het uitvoeringsteam in toenemende mate hetzelfde zal zijn. Dat zal ook nodig zijn om als professionals met elkaar te leren samenwerken en de eigen deskundigheid te ontwikkelen in dit samenwerken. Aan de andere kant zal het deelnemen aan deze teams door cliënten en leden van diens sociale netwerk vereisen dat de professionals als vaste leden van het uitvoeringsteam deze nieuwe leden als gelijkwaardige teamleden accepteren en ook als zodanig met hen omgaan.

Teamcohesie bevorderen.
Wanneer het team eenmaal is gevormd, is het noodzakelijk dat de leden van het team ervan doordrongen zijn dat ze een gemeenschappelijk belang dienen met betrekking tot de behoeften van de cliënt. Dat betekent dat de casemanager zorg moet dragen voor het ont-

staan van een zekere cohesie. Cohesie kan ontstaan uit het gevoel dat iedere deelnemer van waarde is voor het team en dat zijn of haar inbreng belangrijk is bij het verder invullen en uitvoeren van een terzake dienend plan.
Auvine e.a.(1978) beschrijven een aantal elementen dat groepscohesie bevordert:
a. Een teamcontract waarin de verwachting met betrekking tot samenwerking in plaats van competitie onder woorden gebracht is.
b. Gemeenschappelijk bezit van ideeën.
c. Waardering voor gevoelens en perspectieven van de leden.
d. Aansporen dat alle deelnemers een bijdrage leveren.
e. Pogingen ondernemen om de macht van alle teamleden op gelijk niveau te krijgen.
f. Erkennen dat verschil van mening een normaal verschijnsel is in teams en dat dat opgelost kan worden.

De casemanager bevordert de cohesie in het team door de interactie tussen de teamleden aan te moedigen.
- Allereerst kan hij ervoor zorgdragen dat de doelen en het programma van het uitvoeringsteam duidelijk zijn en dat de teamleden weten wat van hen verwacht wordt én wat voor een soort rol van hen verlangd wordt in het gehele proces.
- De casemanager streeft ernaar dat alle deelnemers een gelijkwaardige inbreng hebben. Er moet geen sfeer zijn waar de één opdrachten geeft aan de ander (dat geldt ook voor de cliënt).
- Hij sluit bij onovercomelijke problemen de mogelijkheid tot mutatie van de samenstelling van het team niet uit.
- Hij is alert op de deskundigheden en kwaliteiten van de teamleden, erkent ze en benut ze. Hij stimuleert de teamleden dit ook ten opzichte van elkaar te doen.
- Tevens maakt hij duidelijk dat het belangrijk is elkaars beperkingen te accepteren.
- Hij stimuleert de teamleden meer over elkaars ideeën, bedoelingen en beroepsopvattingen te weten te komen. Hij spoort ze aan door ernaar te vragen omdat het voor de antwoordgever zelf ook verhelderend kan werken. Bovendien kan het een onjuiste beeldvorming corrigeren.
- De casemanager dringt aan op het voeren van open overleg, maar waakt er voor dat het overleg niet met al te grote openhartigheid belast wordt.
- We wijzen erop dat hierbij rekening gehouden moet worden met de privacy van de cliënt. Daartoe dient een privacyreglement opgesteld te worden. Een voorbeeld van een privacyreglement is te vinden op de cd-rom *Privacyreglement GGD Groningen* (2009).

Leiding geven aan de teambijeenkomsten.
Als het team eenmaal aan het werk gaat moet de casemanager proberen de productiviteit van het team te optimaliseren. Het eerste belangrijke product is het verder invullen van het hulpverleningsplan voor de cliënt waarin de doelen, stappen, activiteiten en de rollen van de participanten duidelijk omschreven zijn.

6.2 Samenwerken

Een van de kenmerken van casemanagement is dat het teamwork is. De casemanager werkt zoveel als mogelijk is met de cliënt en met de leden van diens sociale netwerk in hun rol als medeleden van het uitvoeringsteam én met vertegenwoordigers van verschillende disciplines samen. De casemanager zet een integratief proces in gang waarbij alle betrokkenen reageren op de geïdentificeerde behoefte(n) en het daaruit afgeleide hulpverleningsplan. Mensen worden uitgenodigd aan een uitvoeringsteam deel te nemen omdat van hen wordt verwacht dat zij een specifieke inbreng kunnen hebben. Zij verschillen in kennis en vaardigheden, en soms ook van inzicht. Dat is juist de meerwaarde van een uitvoeringsteam wanneer goed met elkaar wordt samengewerkt.

Samenwerken is het erkennen van elkaars verschillen, het weten dat je én als persoon én in positie én in deskundigheid verschilt en soms ook nog in doelstelling. Deze erkenning heet het *legitimeren van verschillen*. Het gaat er dus niet om allemaal zoveel water in de wijn te doen dat alle verschillen verdwenen zijn, integendeel, het betekent gebruik maken van het feit dát de verschillen er zijn. In plaats van streven naar gelijkheid en harmonie is het creatiever te streven naar het zo duidelijk mogelijk maken van de verschillen in een team. Bij samenwerken gaat het om het formuleren van een gemeenschappelijke vraag en het geven van (zoveel mogelijk) verschillende antwoorden daar op. Wanneer al die verschillende antwoorden naast elkaar liggen wordt daar een enkelvoudig of meervoudig antwoord uit gedistilleerd.

Samenwerkingsproblemen ontstaan vaak daar waar een team of teamleden het niet kunnen verdragen dat er meer antwoorden op één vraag gegeven worden omdat de team-ideologie zou vereisen dat er één antwoord nodig en mogelijk zou zijn. Een pluriform, rijk geschakeerd antwoord biedt des te meer verwerkingsmogelijkheden. Het is de realiteit dat mensen die goed thuis zijn op een bepaald vakgebied vaak een beperkt overzicht over het totaal hebben. De actieve aanwezigheid van mensen die een andere visie op grond van hun positie of deskundigheid hebben, werkt verrijkend en stimulerend, zolang niet iemand zijn condities dominant maakt in het team. Is dat wel het geval, dan zal daar eerst over gesproken moeten worden en zullen de condities opnieuw wederzijds verhelderd moeten worden.

6.2.1 Samenwerkingscondities

Bij het gestalte geven aan samenwerking gaat het dus ook om *samenwerkingscondities*. Het is van belang te weten wat ieders eigen condities zijn om samen te werken in het team en wat de condities van de andere teamleden zijn.

Niemand wil in een uitvoeringsteam het gevoel of de indruk krijgen dat hij niet als deskundige door de andere teamleden gezien wordt, maar als een soort boodschappenmeisje of -jongen van het team. Het gaat in eerste instantie niet om een inhoudelijke kwalificatie om te mogen deelnemen aan een teamsamenwerking, maar om een wederzijds kennen van de condities waaronder en van waaruit teamleden bereid zijn met elkaar samen te werken. Over en weer dient daar rekening mee gehouden te worden. Samenwerken is condities stellen en posities innemen.

Er zijn tenminste twee aspecten in een samenwerkingsrelatie te onderscheiden. Eén aspect is de *positie* die je inneemt in de samenwerkingsrelatie ten opzichte van de anderen. In het uitvoeringsteam verschillen de posities die de deelnemers ten opzichte van elkaar innemen, hoewel ze overigens ten opzichte van elkaar wel gelijkwaardig zijn.

Het andere aspect is een *inhoudelijk aspect*: wat representeer je in de samenwerking? Inhoudelijk representeert ieder teamlid, inclusief de cliënt, zijn eigen deskundigheid. Het is alleen van het grootste belang dat een ieder in het team goed onder woorden kan brengen wat die eigen deskundigheid c.q. inbreng dan is. Vervolgens zal die eigen deskundigheid in verband gebracht moeten worden met de geïdentificeerde behoefte(n) van de cliënt en met de inbreng van de andere teamleden. Daarom nu eerst een oefening om stil te staan bij het belang van het inhoudelijk aspect van de samenwerking.

6.2.2 Oefening samenwerken

TERZIJDE

Neem een casus waarin moet worden samengewerkt.
- Beschrijf het eigen aandeel hierin.
- Met wie moet waarom worden samengewerkt?
- Maak een programmavoorstel voor samenwerking, waarin duidelijk verwoord wordt wat van een ieder verwacht wordt in relatie tot de hulpvraag van de cliënt.

Deze oefening kan in een groep eventueel in een rollenspel worden uitgewerkt:
Splits de groep in twee subgroepen.
- De ene subgroep bereidt een rol voor als casemanager die een samenwerkingsverband rond de cliënt uit de casus wil organiseren op basis van het programmavoorstel.
- De andere subgroep bereidt de rollen van de mogelijke participanten aan het samenwerkingsproject voor.
- Formuleer met elkaar de samenwerkingscondities voor ieder van degenen die uitgenodigd is tot samenwerking op basis van het ontworpen programma.

Uitwerking in een rollenspel.

6.2.3 Teamsamenwerking

Zoals gezegd gaat het bij casemanagement om *teamsamenwerking* gericht op de uitvoering van het hulpverleningsplan. Dat is een vorm van samenwerking die de eigen discipline en/of organisatie overstijgt en die noodzakelijk is om aan de behoefte(n) van de cliënt optimaal en zo efficiënt mogelijk tegemoet te kunnen komen. Daarbij is het van belang te onderkennen aan welke voorwaardenscheppende eisen die samenwerking dient te voldoen (organisatie van de uitvoering) en wat die samenwerking moet inhouden (hulpverleningsplan).
Teamsamenwerking berust echter allereerst op een bepaalde attitude: niet de vertrouwensrelatie met de cliënt staat centraal (zoals gehanteerd op veel plaatsen in de hulpverlening), maar de *samenwerkingsrelatie*, zowel met de cliënt of het cliëntsysteem, alsook met de anderen die betrokken zijn bij de hulpverlening. Teamsamenwerking veronderstelt het volgende.
- Om te kunnen samenwerken zullen de teamleden moeten leren de vragen van de cliënt niet te benaderen vanuit de optiek 'wat heb ik te bieden', maar vanuit de optiek: 'wat vraagt de cliënt en wie kan dat bieden'. Dit betekent leren afzien van de vanzelfsprekendheid dat er sprake is van '*mijn*' cliënt, waarin de relatie tussen mij en mijn cliënt domineert, maar dat er sprake kan zijn van '*onze*' cliënt, waarin de relaties gelijkwaardig zijn.

- Ieder professioneel teamlid moet goed bekend zijn met de identiteit van zijn eigen beroep en leren de grenzen en mogelijkheden daarvan als volwaardig te accepteren (goed leren omgaan met legitimatieproblemen).
- Teamleden beschikken over de vaardigheden om hun inspanningen te bundelen om tot een gezamenlijk doel te komen.
- Teamleden staan open voor kritiek van anderen op hun bijdrage mits die kritiek past in dat waar het team als geheel mee bezig is.
- Teamleden zijn competent, maar ze vermijden competitie.

6.2.4 Conflicten bij samenwerking

Wie het meest aan z'n trekken komt, is het meest tevreden. Deelnemers die minder van zichzelf in de samenwerking terugvinden, kunnen ontevreden raken. Het is mogelijk dat er één of meer conflicten ontstaan.

Deze zaken zijn in het samenwerkingsproces onvermijdelijk, maar zeker niet onoverkomelijk. Er kunnen meningsverschillen bestaan over samenwerkingsdoelen, werkwijzen en tempo waarin veranderingen zich moeten voltrekken. Vaak ligt hier een strijd om het leiderschap of tussen ideologische kampen aan ten grondslag. Om deze conflicten te begrijpen en op te lossen moet men samenwerking beschouwen als een *onderhandelingsproces* tussen de deelnemers. Door te erkennen dat men elkaar nodig heeft, maar ook dat er verschillende belangen zijn, ontstaat er een constructieve basis voor samenwerking. Wil de samenwerking kans van slagen hebben, dan is het nodig dat men elkaars standpunten respecteert en dat men oplossingen zoekt die zo breed mogelijk worden gedragen. Het gaat niet om de winst of het verlies, het gaat om een beter afgestemde hulpverlening aan de cliënt.

6.3 Onderhandelen

Casemanagement wordt wel omschreven als het organiseren en coördineren van integrale hulpverlening bij complexe problematiek *door middel van onderhandelen*. Om als casemanager te kunnen onderhandelen is het nodig dat je weet waar je staat en waar je niet staat, wat je vindt en niet vindt, wat je wilt en niet wilt, waar je het over wilt hebben en waarover niet. Daarom besteden we hier nu aandacht aan onderhandelen als activiteit van de casemanager.

In het dagelijks spraakgebruik houdt onderhandelen in: 'het met elkaar (mondeling of schriftelijk) spreken of handelen over een zaak, waarbij getracht wordt het met elkaar eens te worden met als doel een overeenkomst (een verdrag) te sluiten.'

Mastenbroek (1987) omschrijft onderhandelen als een overleg waarin enkele personen of groepen met tegengestelde belangen of wensen proberen een compromis te vinden dat door allen wordt gedeeld. Hij onderscheidt vier belangrijke activiteiten bij onderhandelen:
a. inhoudelijke vastberadenheid waarbij het kiezen van een goede uitgangspositie (via een open positiekeuze bijvoorbeeld in de vorm van vooroverleg of via een definitieve positiekeuze bijvoorbeeld in de vorm van 'take it or leave it') en overredingskracht (ken je zaken, besteed aandacht aan de presentatie, stel je positief op zonder in te leveren, beperk je in het debatteren) de belangrijkste facetten zijn;

b. de beïnvloeding van procedures;
c. het hanteren van de machtsbalans;
d. het creëren van een positief gespreksklimaat en persoonlijke verhoudingen.

6.3.1 Onderhandelen: wederzijdse afhankelijkheid

In de literatuur over onderhandelen staat één uitgangspunt centraal: de betrokken partijen moeten wederzijds afhankelijk zijn om te kunnen onderhandelen. Wanneer de ene partij alle macht in handen heeft en de andere partij geen macht heeft, dan valt er niet te onderhandelen. Je moet nu eenmaal wisselgeld hebben om te kunnen onderhandelen. Dat is waar, maar dit uitgangspunt kan tegelijk een valkuil zijn.
Het is waar dat partijen bij het onderhandelen wederzijds afhankelijk moeten zijn om te kunnen onderhandelen. Mensen of groepen beschouwen zichzelf echter vaak als volkomen afhankelijk en zonder macht terwijl ze dat helemaal niet zijn. Ze beschikken wel degelijk over macht en over wisselgeld zonder dat te beseffen (Van Riet en Wouters, 1990).

6.3.2 Oefening onderhandelen I

De volgende oefening, Haaieneiland (naar Mastenbroek 1987), is een oefening die vaak gebruikt wordt bij het oefenen in onderhandelen en is in het bijzonder bedoeld om te laten ervaren wat macht en wisselgeld betekenen bij onderhandelen.

TERZIJDE

Het verhaal:
Er zijn drie rovers die gehoord hebben van het bestaan van een geheime schat op een eiland. Zij besluiten die schat te gaan halen. Er zijn echter enkele complicaties. Om te beginnen: Haaieneiland heet niet voor niets zo, het wordt namelijk omringd door veel haaien én er staat vaak een stevige storm rond het eiland. Het varen wordt ook nog bemoeilijkt door de riffen die zich rond het eiland onder water bevinden.
Een van de rovers, A, is in het bezit van een stevige boot. Maar gezien de moeilijke tocht is het onmogelijk dat hij de tocht alleen kan maken.
De tweede rover B heeft ook een boot, maar die is in aanmerkelijk minder goede staat dan die van rover A. Dat betekent dat hij – als hij de tocht al ongeschonden zou overleven – slechts maximaal de helft van de schat zou kunnen meenemen.
Rover C heeft geen boot.
Alle drie azen ze op de schat, maar ze willen geen van drieën tot het uiterste gaan omdat ze verwachten elkaar in de toekomst wel vaker nodig hebben bij 'het klaren van klussen'.

Opdracht in een groepje van drie:
Voer met elkaar de onderhandelen en ga achteraf na wat er tijdens de onderhandelingen gebeurde met het machtsevenwicht tussen de betrokkenen.

Voordat wordt onderhandeld moet je je dus eerst bewust zijn welke positie je inneemt en welke macht je vanuit die positie kunt gebruiken om als onderhandelingspartij te kunnen optreden. Een positie is immers niet een geheel van plichten, maar een geheel van *rechten en plichten*.

Nog een tweede punt is hierbij van belang. Soms is de macht die aan iemands positie gekoppeld is erg klein. Dat verandert echter wanneer je niet individueel probeert te onderhandelen, maar samen met positiegenoten. Het inruilen van het 'ik' door een 'wij' bij onderhandelen kan een (getals)macht opleveren die voldoende kan zijn om te kunnen onderhandelen.

Samengevat komen we tot de volgende kenmerken van onderhandelen:
a. Onderhandelen is een (volwassen) relatie aangaan met iemand of meerderen die andere belangen heeft/hebben dan jij/jullie.
b. Dat betekent dat luisteren essentieel is bij onderhandelen. Daarbij is eveneens het herhalen van wat door de tegenpartij wordt gezegd essentieel. Dit om te controleren of je het wel goed 'verstaan' hebt en om de ander te laten merken dat je haar/hem serieus neemt.
c. Onderhandelen betekent dus dat je ernaar streeft de andere partij 'heel' te houden, in haar waarde te houden.
e. Dat houdt in dat je de andere partij niet moet gaan voorschrijven wat deze moet denken, moet vinden, moet doen, want dan behandel je de andere kant als 'onvolwassen, nietwetend, stom'. Het werkwoord moeten is dodelijk bij onderhandelingen.
f. Onderhandelen doe je dagelijks met mensen om je heen. Gebruik die ervaring en de technieken die je daarvoor in huis hebt!
g. Onderhandelen is samenwerken. Samenwerken terwijl er sprake is van verschillende belangen.
h. De kern van samenwerken is niet het met elkaar eens zijn, maar het legitimeren van elkaars verschillen, binnen gemeenschappelijke aangegeven/afgesproken grenzen. Bij onderhandelen gaat het over die grenzen.
i. Onderhandelen is niet een pogen het met elkaar eens te worden, maar een creëren van gemeenschappelijke grenzen, waarbinnen men kan verschillen zonder dat dit tot conflicten leidt.
j. Onderhandelen betekent dus dat je probeert conflicten te voorkomen. Niet ten koste van alles, maar binnen je eigen grenzen en binnen de grenzen van de groep namens wie je onderhandelt.
k. Onderhandelen is dus het tegendeel van zaken over je kant laten gaan. Het is een geëmancipeerd samenwerken bij belangentegenstellingen.
l. Onderhandelen kan worden omschreven als een overleg waarin enkele personen of groepen met tegengestelde belangen of wensen proberen een compromis te vinden dat door allen wordt gedeeld.

6.3.3 Belangen, zienswijzen, standpunten, communicatie en relatie

Een *belang* is iets dat iemand voordeel geeft. Wanneer iemand weergeeft waar het haar/hem om gaat, waar hij of zij naar streeft, waar men behoefte aan heeft of belangstelling voor heeft, dan is er sprake van een belang. Een *zienswijze* is een opvatting hoe een belang het best gediend kan worden. Een *standpunt* is een uitspraak over waar men ten aanzien

van iets staat. Belang en zienswijze komen bij onderhandelen vaak tot uitdrukking in een standpunt. Met een standpunt communiceert men een eigen beslissing.
Tijdens onderhandelingen worden standpunten het meest gebruikt. In mindere mate zienswijzen en slechts in beperkte mate belangen. Dat is een slechte zaak omdat het bij onderhandelen in wezen om (tegengestelde) belangen gaat.

Tip 1
Probeer bij onderhandelen van een standpunten-bepaalde-opstelling te komen tot een belangen-gerichte-opstelling. Zoek uit welke belangen achter standpunten schuilgaan. Ga niet in op de standpunten van de andere partij, maar op diens belangen.

Tip 2
Zoek bij een belangengerichte opstelling naar gemeenschappelijke elementen in die belangen. Zelfs conflicten zijn gedeelde problemen.

Tip 3
In welke creatieve vraagstelling kun je wederzijdse belangen verwoorden?

Communicatie
Zonder communicatie is onderhandelen niet mogelijk. Bij onderhandelen gaat het om beïnvloedende communicatie. Een communicatie die niet gericht is op een tegenstreven, maar op creatieve samenwerking. Dat betekent dat bij onderhandelen men niet de strijd moet aangaan waardoor de communicatie verbroken of verstoord kan worden, maar dat men zich richten zal op redelijkheid, op objectieve redenen.
Het gaat er niet om de ander te beheersen, maar om het proces te beheersen: de onderhandelings-spelregels, het onderhandelingsproces.

Tip 4
Onderhandelen is iets anders dan een conflict uitvechten. Onderhandelen is communiceren. Probeer de communicatie in stand te houden. De relatie tussen partijen is bij onderhandelen niet slechts een hulpmiddel, maar een zelfstandig belang.

Tip 5
Probeer tijdens het onderhandelen relatie en inhoud te scheiden. Werk aan beide: ten aanzien van de inhoud op een directe wijze, ten aanzien van de relatie op indirecte (afgeleide) manier. Het verschil tussen oorlog en vrede is, hoe je met verschillen omgaat.

Tip 6
Bij onderhandelen zijn in de communicatie verschillende niveaus te onderscheiden: een inhoudsniveau, een procedure-niveau, een interactie/relatie-niveau en een gevoels-niveau. Communiceer tijdens het onderhandelen vooral op inhoudsniveau op basis van redelijke argumenten. Dan pas kan er sprake zijn van beïnvloedende communicatie.

Relatie
Onderhandelen steunt op het hebben of creëren van een relatie. Een veel gemaakte fout is dat een goede relatie wordt verward met goedkeuring of sympathie. Een goede relatie is afhankelijk van wederzijds respect en spelregels. Maar vaak is men meer gebiologeerd door

strijd dan dat men samen met de andere partij naar oplossingen probeert te zoeken. Onderhandelingen mislukken met name wanneer er sprake is van:
- hoge inzet,
- korte tijd,
- vijandigheid,
- onzekerheid.

Met name vijandigheid en onzekerheid zeggen iets over de relatie.

Tip 7
Bedenk wat het voor de andere partij betekent als hij jouw eisen inwilligt. Zou jij dat in die situatie doen?

Tip 8
Probeer goed in de gaten te houden dat de andere partij ook winst opstrijkt (als je altijd wint wil niemand met je spelen). Die winst moet je zoveel mogelijk bepalen aan de hand van objectieve criteria.

Tip 9
Probeer het probleem altijd kleiner te houden dan de relatie. Snijd het probleem desnoods in stukjes. Snij dan ook je inzet in stukjes. Scheid de problemen per probleem en daarmee de processen. Wees vriendelijk in de relatie, maar spijkerhard ten aanzien van de inhoud.

6.3.4 Onderhandelaar

Onderhandelen steunt op drie peilers:
- creativiteit (alternatieve oplossingen voor problemen bij verschillende belangen);
- een relatie (die gekenmerkt wordt door beïnvloedend communiceren en spelregels voor onvoorziene problemen);
- besluitvorming (op basis van voorzichtige concessies en compromissen).

De onderhandelaar kan hierbij verschillende posities innemen. De twee uiterste posities zijn die van de zachte onderhandelaar (Z) en die van de sterke onderhandelaar (S):
- Z doet alles voor de relatie, terwijl S ten koste van alles probeert te winnen.
- Z wil de andere partij vertrouwen, terwijl S zich afvraagt: waarom zou ik?
- Z doet alles om het eens te worden. S blijft op eigen standpunt staan.
- Z 'verkoopt' zijn oplossing, maar staat open voor andere. S ziet maar één oplossing: de zijne, en houdt daar aan vast.
- Z praat over waartoe hij bereid is. S praat over wat hij weigert.
- Z voelt zich afhankelijk van de ander en neigt tot het accepteren van diens voorwaarden. S ziet de ander als afhankelijk en neigt tot afdwingen van zijn voorwaarden.

Tip 10
Probeer de positie van de zwakke en de sterke onderhandelaar te mijden. Het zijn valkuilen. Werk aan je beste alternatief en probeer te bedenken wat het beste alternatief is voor de andere partij. Het beste alternatief is het slechtste wanneer dat alternatief niet realistisch is.

Tip 11
Men onderhandelt alleen als men wederzijds afhankelijk is. De andere partij kan minder afhankelijk zijn dan de eigen partij. Juist dan is het belangrijk te onderkennen wat die (kleinere) afhankelijkheid van de ander is. Waarom heeft die ander je nodig?

Tip 12
Onderhandelen kost tijd en geduld. Probeer de voortgang van de onderhandelingen onafhankelijk te maken van de vertrouwenskwestie. Sta er op te praten over wat *wij* zouden moeten doen.

6.3.5 Houding

Onderhandelen is niet in de eerste plaats een techniek, maar een houding. Een houding hoe je onder moeilijke omstandigheden toch jezelf blijft, je eigen grenzen trekt, en staat waarvoor je staat. Toch gaat het daarbij niet om een defensieve houding, maar om een opstelling van creatief zoeken, hoe je er, samen met die andere partij uit kunt komen: standvastig en flexibel. Daarnaast is onderhandelen ook een techniek:

Tip 13
Maak je eigen agenda voordat je gaat onderhandelen.

Tip 14
Maak wat de ander zegt positief. Bijvoorbeeld: 'Welke startdatum hebt u in uw hoofd?' in plaats van 'Wat is dat voor vaags?'.

Tip 15
Verander bezwaren in voorwaarden. Bijvoorbeeld: 'Ik begrijp dat u als voorwaarde stelt..' Of: 'U bent bereid mits...'.

Tip 16
Benoem de consequenties als partijen niet tot overeenstemming komen.

Tip 17
Onderhandel altijd zo, dat je kunt terugkeren naar de onderhandelingstafel.

Tip 18
Vergelijk je, indien mogelijk, met een partij die de tegenpartij 'hoog heeft zitten'.

Tip 19
Elimineer onuitgesproken bezwaren door ze te benoemen en door ze te laten ontkennen door de tegenpartij.

Tip 20
Wanneer je onderhandelt uit een minder-machtige positie, denk dan aan het begrip emancipatie. Het kan je op ideeën brengen.

6.3.6 Voordat je met anderen gaat onderhandelen

a. Als je wilt onderhandelen met anderen, zul je eerst met jezelf moeten onderhandelen: je moet weten wat je wilt, waar je staat, tot hoever je wilt gaan, enzovoort.
b. BOZO: **B**este **O**ptie **Z**onder **O**vereenstemming. (Fisher en Ury 1981) Je BOZO is de norm waaraan je elk voorstel moet toetsen. Het is de enige norm die je zowel kan beschermen tegen het accepteren van voorwaarden die te ongunstig zijn als tegen het verwerpen van voorwaarden waarvan het in je belang zou zijn ze te accepteren. Je kunt je BOZO tijdens de onderhandelingen bijstellen. Doe je dat niet, dan kan je BOZO tegen je werken.
- Buit je voordelen uit: hoe beter je BOZO is, hoe groter je macht. Je relatieve onderhandelingsmacht is iets wat afhankelijk is van de aantrekkelijkheid die de beste BOZO voor je heeft. Daarom:
- Ontwikkel je BOZO: een grondige verkenning van wat je zult doen als je geen overeenkomst bereikt, kan je heel wat sterker doen staan.

Het opstellen van een BOZO vereist drie dingen:
- het bedenken van een lijst met dingen die je eventueel kunt doen als er geen overeenkomst wordt bereikt;
- het verbeteren van de wat beter lijkende ideeën en het omzetten daarvan in praktische mogelijkheden;
- het doen van een voorlopige keuze van de ene mogelijkheid die het best lijkt.

- Denk na over de BOZO van de andere partij. Als blijkt dat zowel jij als je tegenpartij een aantrekkelijke BOZO hebben, is het in veel gevallen het beste resultaat – voor beide partijen – dat er geen enkele overeenkomst wordt bereikt. In zulke gevallen zijn succesvolle onderhandelingen een middel waarmee jij en hij op een vriendschappelijke en efficiente manier ontdekken dat elk van jullie zijn respectievelijke belangen het best kan dienen door elders naar mogelijkheden te zoeken en niet te proberen toch een onderlinge overeenkomst te bereiken.

c. Taalgebruik bij onderhandelen: onderhandelen is verwoorden en met woorden kunnen spelen.
d. Nuanceren bij onderhandelen: een nuanceren van de situatie: het niet-onderhandelbare onderhandelbaar maken.
e. Men onderhandelt vaak niet over bepaalde onderwerpen omdat men zich conformeert aan de heersende cultuur die inhoudt dat over die onderwerpen niet onderhandeld wordt. Die onderwerpen liggen dan buiten het eigen referentiekader.
Voorbeeld: samen met anderen onderhandelen met een caissière over de prijs van een cd, terwijl de prijs erop staat.
f. Onderhandelen vanuit een onmachtspositie kan gestart worden vanuit de rechten van die positie. Het is dan wel zaak die rechten op te sporen.
Voorbeeld: de rechten die vrouwen in de bijstand hebben ten aanzien van een GSD.
g. Soms zit je niet in de positie van onderhandelaar. Dan kun je ook niet onderhandelen. Met behulp van de macht van het getal kun je die positie scheppen. Of je kunt op de consequenties wijzen wanneer je niet als onderhandelingspartij wordt erkend.
h. Initiatief, het hebben van een eigen agenda, creativiteit en realiteitszin zijn belangrijke gegevenheden om te kunnen onderhandelen.

6.3.7 Oefening onderhandelen II

Deze oefening is bedoeld om in een groep te worden uitgevoerd.
- Kies in de hele groep een situatie waarin onderhandeld moet worden.
- Verdeel de groep in eenzelfde aantal subgroepjes als er onderhandelingspartijen zijn. Iedere subgroep bereidt dus één rol voor.

Voorbereiding in subgroep(en):
- Stel de BOZO vast die bij de positie van deze onderhandelaar hoort.
- Stel de ondergrens in de onderhandelingen vast uitgaande van deze onderhandelaar.
- Stel het wisselgeld vast.
- Stel vast welke woorden wel en welke niet in deze onderhandelingen gebruikt kunnen worden.

Spelen van het rollenspel in de hele groep.

6.3.8 Onderhandelen, bemiddelen, arbitrage

Er is een onderscheid te maken tussen onderhandelen, bemiddelen, arbitrage. Bij *onderhandelen* zijn partijen met elkaar in gesprek om tot een overeenkomst te komen.

Onderhandelen: A ⟵——————⟶ B

Bij *bemiddeling* neemt de bemiddelende partij (C) een tussenpositie in tussen de partijen, waarbij de activiteit van de bemiddelaar gericht is op het *proces* van het onderhandelen en niet op het resultaat. Bemiddeling wordt ingeroepen wanneer de onderhandelingspartners niet meer 'on speaking terms' zijn met elkaar, maar toch verder willen onderhandelen.

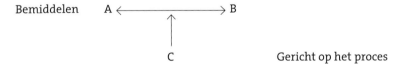

Gericht op het proces

Bij *arbitrage* wordt een derde ingeschakeld door de onderhandelingspartijen met de vraag een bindende uitspraak te doen. Partijen verklaren zich bereid op voorhand deze uitspraak te zullen respecteren. Arbitrage vindt plaats wanneer de onderhandelingen in een impasse geraakt zijn en partijen elkaar in een verlammend evenwicht vasthouden.

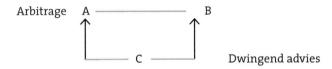

Dwingend advies

6.3.9 Tot slot

De casemanager zal in veel gevallen moeten onderhandelen. Daarbij valt te denken aan zowel het onderhandelen met de cliënt, het onderhandelen met de andere leden van het uitvoeringsteam, als aan het onderhandelen met zorgverzekeraars.

Wanneer een cliënt de beschikking heeft over een persoonsgebonden budget en hij de casemanager daarbij inschakelt, is het van het grootste belang dat de casemanager goed getraind is in onderhandelen.

7
Monitoring

Monitoring vindt plaats nadat het hulpverleningsplan is opgesteld, het uitvoeringsteam is geformeerd, de onderhandelingen zijn afgerond en men met de uitvoering is begonnen. Nu komt het erop aan dat de uitvoering klopt en blijft kloppen met wat was afgesproken.

7

Tijdens de uitvoering zal dus moeten worden vastgesteld of het uitvoeringsplan nog in overeenstemming is met de feitelijke situatie van de cliënt. Immers, zowel door de hulpverlening als door andere oorzaken kunnen veranderingen in de situatie van de cliënt optreden die het nodig maken wijzigingen in de uitvoering van de hulp- en dienstverlening aan te brengen. De functie die de casemanager daarbij vervult wordt monitoring genoemd.

Monitoring is een woord wat als werkwoord in het Nederlands niet voorkomt, behalve in de wereld van de techniek waar het het controleren van een proces betekent. De bedoeling van het woord is duidelijk. Het gaat om: kritisch volgen, bewaken.

In de tekst van dit hoofdstuk zullen we de term 'monitoring' zo veel als mogelijk is gebruiken en alleen daar vervangen door 'kritisch volgen' waar dat nodig is om de leesbaarheid van de tekst te verhogen.

7.1 Waar het om gaat bij monitoring

Zoals we in de inleiding op dit hoofdstuk al aangaven, is het tijdens het uitvoeren van het hulpverleningsplan nodig dat de casemanager in de gaten houdt of de hulp die geboden wordt nog spoort met de behoeften van de cliënt. Monitoring is dus een heel belangrijke functie, want door deze functie kan duidelijk worden of 'het plan werkt'. Maar dat is niet het enige waar het om gaat bij monitoring.

Meer specifiek gaat het erom vast te stellen:

1. of de leden van het uitvoeringsteam het hulpverleningsplan naar aard en inhoud uitvoeren zoals is afgesproken. Het plan is leidraad voor het handelen van ieder teamlid. Eigen interpretaties door teamleden van de bedoeling van het plan, waardoor van koers veranderd wordt, worden via monitoring opgespoord en gecorrigeerd;
2. of de doelen zoals geformuleerd in het hulpverleningsplan van de cliënt ook inderdaad worden gehaald op de wijze waarop afgesproken is en binnen de gestelde tijd. De casemanager kan achterhalen wie ten aanzien van welk punt in gebreke blijft zodat hij de betrokkene(n) alsnog vraagt verantwoordelijkheid te nemen voor een correcte uitvoering van het plan;
3. of de kwaliteit van de hulp- en dienstverlening zodanig is als van de betrokken uitvoerders mag worden verwacht;
4. of het plan, op met name wat langere termijn, leidt tot de vervulling van de behoeften van de cliënt;
5. of er nieuwe behoeften ontstaan zijn bij de cliënt tijdens het uitvoeren van het plan die verandering van het plan noodzakelijk maken. In de loop van de tijd kunnen door veranderingen in het leven van de cliënt, in zijn omgeving of in zijn omstandigheden, nieuwe behoeften ontstaan.

Het is expliciet de taak van de casemanager in zijn rol als coördinator van de hulp- en dienstverlening om de functie van kritische volger van het hulpverleningsproces te vervullen.

7.2 Dimensies van monitoring

De casemanager volgt de uitvoering van het hulpverleningsplan kritisch op de volgende punten.
1. **Prestaties**: de casemanager kijkt naar de mate waarin leden van het uitvoeringsteam inderdaad meewerken aan het behalen van de gestelde doelen, hun specifieke taken verrichten, hun verantwoordelijkheid nemen en de afgesproken tijdlimiet in de gaten houden.
2. **Adequaatheid**: de casemanager kijkt of het hulpverleningsplan inderdaad adequaat is om de cliënt de benodigde steun te verlenen. Dit is in het bijzonder van belang om informatie te krijgen met betrekking tot de vraag of het plan moet worden aangepast op basis van veranderingen in de omgeving van de cliënt of veranderingen in zijn behoeften.
3. **Kwaliteit**: de casemanager bekijkt of de kwaliteit van de dienstverlening zoals die wordt uitgevoerd, goed is.
4. **Resultaat**: de casemanager bekijkt de mate waarin het plan slaagt of juist nog meer problemen oproept.

7.3 Soorten monitoring

De casemanager kan de monitoring-functie op verschillende manieren vormgeven. Het hangt af van de hoeveelheid tijd die hem als casemanager ter beschikking staat, maar ook van zijn taakopvatting, hoe hij de monitoring-functie vorm wil geven. Globaal gezien zijn er twee onderscheidingen te maken ten aanzien van de wijze van het kritisch volgen van de werkzaamheden van het uitvoeringsteam.

De eerste manier kunnen we karakteriseren als *informeel-kwalitatief*. Casemanagers die hun monitoring-functie op deze manier vormgeven gaan vooral af op hun eigen indrukken. Zij gebruiken bij wijze van spreken zichzelf als monitoring-instrument. Zij doen dit op deze manier wanneer zij opzien tegen formele rompslomp, wanneer ze bang zijn als controleur te worden beschouwd. Zij 'gaan eens langs' bij betrokkenen en informeren of er nog opmerkingen zijn, lezen verslagen gemaakt door leden van het uitvoeringsteam, bellen eens op om informatie en zijn voorts stand-by in geval er zich problemen voordoen.

De tweede manier is te karakteriseren als *formeel-kwantitatief*. Deze vorm van monitoring is dus vooraf gestructureerd en vastgelegd in procedures. De casemanager gaat niet af op zijn eigen oordeel of impressies maar neemt als middelen gestandaardiseerde procedures. Het kan zijn dat de casemanager zelf misschien meer zou voelen voor een meer informele wijze van omgaan met monitoring, maar dat bijvoorbeeld vanuit instellingen die deelnemen aan een uitvoeringsteam formele eisen gesteld worden aan de wijze waarop monitoring vorm krijgt. Zij willen bijvoorbeeld 'harde gegevens' verzamelen om te verantwoorden of hun investering in het casemanagement voldoende rendement oplevert.

In andere gevallen kunnen het subsidiërende overheidsinstanties zijn die outputgerichte resultaten willen zien als voorwaarde om hun steun te blijven verlenen. Dit kan ook het geval zijn wanneer bij de uitvoering van het hulpverleningsplan gebruik gemaakt wordt van bepaalde programma's. Het is immers denkbaar dat de cliënt ter realisering van een bepaalde behoefte deelneemt aan een bestaand hulpverleningsprogramma of aan een onderdeel daarvan.

De middelen die de casemanager bij deze vorm van monitoring gebruikt zijn bijvoorbeeld: gestructureerde vragenlijsten of interviewvormen, gestructureerde checklists om verslagen te kunnen beoordelen, gestandaardiseerde functionele schalen die tot doel hebben de ontwikkeling van het functioneren van de cliënt in kaart te brengen.

Monitoring kan ook een bijdrage leveren aan signaleren. We komen aan hierop aan het eind van dit hoofdstuk nog terug.

Welke benadering de casemanager ook kiest, het gaat altijd om het monitoren van de vier items: prestatie, geschiktheid van de hulp- en dienstverlening, de kwaliteit en het resultaat. De keuze voor het soort monitoring wordt mede bepaald door de aard van het hulpverleningsplan en door de rolverdeling die in dat plan is afgesproken.

Moxley (1989) beschrijft zes mogelijke monitoring-modellen waarin de twee soorten monitoring (informeel-kwalitatief en formeel-kwantitatief) worden toegepast op de zelfhulp van de cliënt, op het functioneren van diens sociale netwerk en op het functioneren van de professionele hulp- en dienstverlening. We geven ze hier kort weer.

1. *Informele-kwalitatieve monitoring van de zelfhulp van de cliënt*
In deze wijze van monitoring kijkt de casemanager vooral naar de mate waarin de cliënt zijn eigen vaardigheden, mogelijkheden en capaciteiten gebruikt bij het realiseren van zijn behoefte(n). Kernvragen voor de casemanager zijn hierbij of de cliënt een prestatie levert die in overeenstemming is met het hulpverleningsplan, of de activiteiten die hij onderneemt voldoende zijn om de doelen te bereiken, of de mogelijkheden van de cliënt zoals die omschreven zijn inderdaad uitvoering van het plan mogelijk maken, of de acties op de juiste manier worden ondernomen en of ze leiden tot de vervulling van de behoeften van de cliënt. Instrumenten die de casemanager bij deze vorm van monitoring kan gebruiken zijn: observatie van de cliënt, huisbezoek, gesprekken (ook per telefoon of e-mail) met de cliënt.

2. *Formele-kwantitatieve monitoring van de zelfhulp van de cliënt*
In deze vorm van monitoring past de casemanager een meer systematische benadering toe. De monitoring-vragen zoals onder 1 genoemd, zijn nog steeds van toepassing, maar de casemanager gebruikt een gestructureerde manier van informatie verzamelen en interpreteren. Bijvoorbeeld: de casemanager kan een zelfredzaamheidschaal gebruiken waarmee de casemanager en de cliënt informatie krijgen met betrekking tot de vraag of de cliënt de activiteiten van het dagelijks leven (dat is de prestatie-dimensie) inderdaad uitvoert en hoe goed hij dit doet (dit is het kwaliteitsdimensie).

3. *Informele-kwalitatieve monitoring van het functioneren van het sociale netwerk*
In deze vorm van monitoring let de casemanager op de mate waarin leden van het sociale netwerk een bijdrage leveren aan het bereiken van de doelen zoals omschreven in het hulp- en dienstverleningsplan voor de cliënt. De casemanager kijkt naar de prestaties van de netwerkleden en kijkt of dat wat zij doen in overeenstemming is met de wijze waarop de behoefte(n) van de cliënt gerealiseerd dienen te worden. Daarbij kijkt de casemanager naar de kwaliteit van de activiteiten en naar de mate waarin zij bijdragen aan de realisering van de behoefte(n) van de cliënt. Technieken die de casemanager hierbij kan gebruiken zijn informele ontmoetingen met leden van het netwerk, ongestructureerde vragen om informatie te krijgen en telefonisch en e-mail-contact. Ook in gevallen waarin zich een crisis kan voordoen bij de cliënt zal de casemanager contact opnemen met leden van het netwerk.

4. *Formele-kwantitatieve monitoring van het functioneren van het sociale netwerk*
Bij deze wijze van monitoring verzamelt de casemanager op systematische wijze feiten met betrekking tot de steun die het netwerk aan de cliënt biedt. De casemanager kan leden van

het sociale netwerk vragen een logboek, contactjournaal of dagboek bij te houden waarin zij verslag doen van hoe zij steun bieden en wat dat oplevert aan de cliënt. Een ander hulpmiddel kan zijn het gebruik van schalen waarmee inzicht verkregen kan worden in de frequentie van de ondersteuningsactiviteiten en gestructureerde feedback waarin de leden van het sociale netwerk kunnen aangeven of en in welke mate zij problemen hebben met het vervullen van hun rol in de uitvoering van het hulp- en dienstverleningsplan.

5. *Informele-kwalitatieve monitoring van professionele hulp*
Bij dit type monitoring richt de casemanager zijn aandacht op de activiteiten van professionals die hulp verlenen aan de cliënt. Het centrale punt van monitoring is: prestatie (doen de professionals wat afgesproken is); adequaatheid (zijn deze activiteiten inderdaad geëigend gezien de behoeften van de cliënt), kwaliteit (wordt er goed werk geleverd) en uitkomst (dragen de activiteiten bij aan het realiseren van de behoeften van de cliënt). De casemanager gebruikt instrumenten zoals informele bijeenkomsten of contacten, gaat eens langs bij de instelling, telefoneert, mailt en leest af en toe de verslagen door om de noodzakelijke informatie te verkrijgen om zijn monitor-functie te kunnen uitoefenen.

6. *Formeel-kwantitatieve monitoring van professionele hulpverlening*
De casemanager gebruikt dit type monitoring als er behoefte bestaat aan formele ijkpunten waaraan het werk van de professionals getoetst kan worden. Hij kan dan prestatie, adequaatheid, kwaliteit en resultaat meten door het gebruik van:
- regelmatig vastgestelde vergaderingen waarop de hulp- en dienstverlening wordt bekeken en geëvalueerd;
- systematisch doorlezen van verslagen waarin is beschreven:
  - de aard van de hulp- en dienstverlening;
  - de omvang van de interactie;
  - de adequaatheid van door professionals gemaakte klinische opmerkingen;
  - de voortgang en verbetering van de cliënt;
- gestructureerde instrumenten (checklisten, overzichten, schalen, etc.) waarmee hulpverleners hun bijdrage aan de hulpverlening aan de cliënt kunnen evalueren.

Het zal duidelijk zijn dat een casemanager nooit mag besluiten – onder druk van tijd bijvoorbeeld – de monitoring niet of slecht uit te voeren. Immers, het goed volgen van de uitvoering van het hulpverleningsplan maakt het mogelijk re-assessment te plegen op basis waarvan zo nodig het hele hulpverleningsplan op de helling moet!

7.4 Voorwaarden voor monitoring

Monitoring is niet iets wat zomaar uit de lucht komt vallen tijdens de uitvoering van de hulp- en dienstverlening aan een cliënt. Integendeel: al tijdens het proces van assessment moet duidelijk zijn op welke punten monitoring plaats zal moeten vinden. Goed kritisch kunnen volgen is alleen maar mogelijk als criteria vaststaan, ijkpunten die een rol spelen bij het monitoren.
Dat betekent dat al bij de opstelling van het hulpverleningsplan rekening gehouden moet worden met monitorings-eisen. In het hulpverleningsplan zullen dus concrete criteria moe-

ten staan waaraan de kwaliteit en de voortgang van de hulp- en dienstverlening getoetst kunnen worden.

De leden van het uitvoeringsteam zullen op de hoogte moeten zijn van het hoe en waarom van de monitoring-functie van de casemanager. Dat betekent dat zij de casemanager moeten accepteren in zijn functie waarvan monitoring een onderdeel is.

Afgezien van het feit dat de casemanager zelf aarzelingen kan hebben bij het uitvoeren van de monitoring-functie (zoals gezegd: geen pottenkijker willen zijn) kunnen met name professionele hulpverleners moeite hebben met kritisch gevolgd worden door de casemanager. Dit kan des te meer aan de orde komen wanneer de casemanager niet uit het professionele circuit komt of in de beleving van de professionele hulp- en dienstverleners in professioneel opzicht een lagere status heeft. Uit experimenten met casemanagement in de gezondheidszorg bleken huisartsen geen monitoring door de wijkverpleegkundige te accepteren en de wijkverpleegkundige niet door de gespecialiseerde gezinsverzorgster.

Het is van groot belang dat de kwestie van acceptatie van de casemanager door de leden van het team expliciet besproken wordt bij het formeren van het uitvoeringsteam. Zolang daar aarzelingen over zijn of zelfs weerstand tegen bestaat bij teamleden en dit niet tijdens het formeren van het uitvoeringsteam aan de orde komt, zal het duidelijk zijn dat een openhartig meewerken aan monitoring niet erg waarschijnlijk zal zijn.

> *Ga nu naar het oefengedeelte van de cd-rom. Doe de oefening* 'Monitoring'.

7.5 Monitoring en signaleren

Een afgeleide functie van monitoring is signaleren. Monitoring richt zich in eerste instantie op het volgen van de kwaliteit van de geleverde hulpverlening aan een cliënt of cliëntsysteem (gezin). Maar hierbij kunnen ook factoren zichtbaar worden die het individuele functioneren van hulpverleners overstijgen. Het kan zijn dat de hulp- en dienstverlening gefrustreerd wordt door bepaalde wet- en regelgeving, door de weigering van overheden bepaalde voorzieningen in het leven te roepen, door concentratie van voorzieningen op de ene plaats waardoor ze op een andere plaats verdwijnen en waardoor mensen geconfronteerd worden met vervoersproblemen omdat de voorzieningen slechter bereikbaar zijn, et cetera. Iedere casemanager en iedere hulpverlener zal uit zijn eigen praktijk hier – helaas – vele voorbeelden bij kunnen geven.

Bij signaleren gaat het om het aangeven van verbanden tussen problemen van individuen en/of groepen individuen en maatregelen op micro-, meso-, of macroniveau en van daaruit verantwoordelijken aanspreken op hun verantwoordelijkheid (Van Riet 1995).

De combinatie monitoring- signaleren is bedoeld om enerzijds het op bepaalde punten niet kunnen bereiken van de gestelde doelen los te koppelen van het functioneren van de individuele hulp- en dienstverleners: er is geen sprake van een persoonlijk of functioneel tekort wanneer door oorzaken van buitenaf doelen niet bereikt kunnen worden. Leden van het uitvoeringsteam mogen dan ook niet in de positie gebracht worden dat een structureel tekort opgevat kan worden als een persoonlijk of functioneel tekort.

Anderzijds dienen tekorten die structureel van aard blijken te zijn (en de casemanager kan, wanneer hij in meerdere gevallen met dezelfde tekorten geconfronteerd wordt vaststellen in hoeverre hier inderdaad sprake is van een structureel tekort) gesignaleerd te worden bij de betreffende overheden. Juist het streven naar hulp-op-maat zal eerder duidelijk maken op welke punten er in onze samenleving een discrepantie bestaat tussen ideologie en werkelijkheid!

De combinatie monitoring - signaleren betekent dus dat de casemanager alle resultaten op het terrein waarop hij werkzaam is, moet bezien met een 'dubbele focus': wat is op het conto van het team c.q. teamleden terug te voeren en wat op dat van de overheid/samenleving. Anders gezegd: hij moet een onderscheid kunnen maken tussen belemmeringen die te maken hebben met het functioneren van het uitvoeringsteam (inclusief de cliënt) én belemmeringen die maatschappelijk bepaald zijn. We geven daarom nog even kort het verschil aan tussen individuele problematiek, sociale problematiek en structurele problematiek.

Individueel probleem
Een individueel probleem is een probleem wat in beleving en reikwijdte in eerste instantie de persoonlijke levenssfeer betreft.
Voorbeeld: relatieproblematiek, eenzaamheid, mishandeling. Een individueel probleem is mogelijk op te lossen via beïnvloeding van de betrokken persoon en/of diens sociale netwerk.

Sociaal probleem
Een sociaal probleem is een probleem veroorzaakt door gedrag van mensen, waarvan de gevolgen merkbaar zijn voor mensen buiten de directe levenssfeer van betrokkene(n).
Voorbeeld: overlast veroorzakend gedrag, nalatigheid van huiseigenaren waardoor problemen bij het wonen ontstaan, werkwijzen van banken en postorderbedrijven, et cetera. Een sociaal probleem kan oplosbaar zijn door beïnvloeding van betrokken personen en/of betrokken beleidsorganen en/of bedrijven.

Structureel probleem
Een structureel probleem is een niet-persoonsgebonden probleem, veroorzaakt door overheidsoptreden en/of door wet- en regelgeving, waarvan de effecten in het persoonlijk leven problemen veroorzaken.
Voorbeeld: maatregelen in de sfeer van wonen (landelijk en plaatselijk beleid), arbeidsongeschiktheid, minderhedenbeleid, et cetera. Een structureel probleem kan oplosbaar zijn door beïnvloeding van vertegenwoordigers van publieke instanties (bijvoorbeeld woningcorporaties) en van (semi)overheden.

> Ga nu naar het oefengedeelte van de cd-rom. Doe de oefening 'Sociale of structurele problemen'.

8

Evalueren

De laatste basisfunctie van de casemanager is evalueren. In het vorige hoofdstuk hebben wij beschreven wat de inhoud van het begrip 'monitoring' inhoudt, namelijk het kritisch volgen van de wijze waarop de hulp- en dienstverlening wordt uitgevoerd en of deze nog spoort met de behoeften van de cliënt. Soms worden monitoring en evalueren in een adem genoemd en soms als elkaars equivalent. Wij willen in dit boek toch een onderscheid maken tussen beide begrippen. We gaan er vanuit dat evalueren zowel tijdens de hulp- en dienstverlening plaatsvindt alsook aan het eind ervan.

Er zijn twee belangrijke redenen waarom de casemanager de hulp- en dienstverlening evalueert en eventueel herziet.

De eerste reden heeft te maken met de professionele verplichting van de casemanager aan de cliënt en het uitvoeringsteam om aan te geven in hoeverre de bereikte doelen overeenkomen met wat in het contract is afgesproken: zijn de veranderingen die men pretendeerde in gang te zetten ook werkelijk in gang gezet?

Een tweede reden voor evaluatie is dat een expliciete terugblik op en inventarisatie van fouten en prestaties een waardevolle leerervaring kan zijn voor ieder die bij de hulpverlening betrokken is, inclusief de casemanager.

Een goede evaluatie kan ertoe bijdragen dat de lessen die te leren zijn uit het hulpverleningsproces, geconsolideerd worden. Tevens kan zij ertoe bijdragen dat de cliënt in de toekomst beter met soortgelijke situaties kan omgaan. Zelfs als er fouten gemaakt zijn en niet alle doelen zijn bereikt, kan het feit dat alle betrokkenen leren waardoor de doelen niet bereikt zijn en hoe in de toekomst soortgelijke fouten vermeden kunnen worden, winst opleveren. Dit is met name van belang voor de verdere voortgang van het uitvoeringsteam.

Bij evaluatie gaat het om drie aspecten:
- evaluatie van het hulpverleningsplan met betrekking tot de bereikte doelen en de uitkomsten van de hulpverlening (8.1);
- evaluatie van de gevolgde werkwijzen en het functioneren van het uitvoeringsteam (8.2);
- evaluatie van de tevredenheid van de cliënt (8.3).

evaluatie

Het is de taak van de casemanager ervoor te zorgen dat deze evaluaties plaatsvinden, dat hij ze mogelijk maakt en uitvoert of doet uitvoeren.

8.1 Evaluatie van het hulpverleningsplan, de doelen en de uitkomsten

Evaluatie moet een voortdurende activiteit zijn tijdens het geplande hulpverleningsproces. Na ieder afgeronde taak moet de casemanager kunnen vaststellen of de gestelde doelen zijn bereikt en of de methoden en doelen in het hulpverleningsproces herschikt of opnieuw gedefinieerd moeten worden.

Van tijd tot tijd moeten de casemanager, de cliënt en de leden van het uitvoeringsteam in bredere zin naar het verloop van de hulpverlening kijken en moet de balans van de hulpverlening opgemaakt worden, juist in die gevallen waarin geen tijdslimiet is vastgesteld.

Het hulpverleningplan

De 'route' van de hulpverlening is vastgelegd in een hulpverleningsplan. Geen van de opstellers van het plan heeft de garantie dat het plan ook inderdaad werkt zoals bedoeld. Het plan is een soort optie van wat er gedaan moet worden op basis van een zo goed mogelijk ingeschatte vertreksituatie bij aanvang van de hulpverlening. Het kan echter zijn dat de uitvoering van het plan neveneffecten oproept (Brand 1974) die minder of niet gewenst zijn. Het blijft dus voortdurend de vraag of het plan bijdraagt aan het welzijn van de cliënt.

In de tweede plaats moet gekeken worden naar de kwaliteit van de hulpverlening. De casemanager moet er zeker van zijn dat de hulpbronnen die nodig zijn om het plan uit te voeren adequaat zijn. Een algehele evaluatie van de waarde van het plan moet dus ook inhouden een nagaan of de input voldoende is om de geïdentificeerde behoeften van de cliënt te realiseren.

Er is nog een ander aspect aan de kwaliteit, namelijk proces. Hier raken monitoring en evaluatie elkaar. Wanneer wordt nagegaan wat de waarde van de dienstverlening is, kijkt de casemanager ook of het plan op een geëigende en goede manier wordt uitgevoerd. De casemanager hoeft geen goed effect te verwachten als de activiteiten en taken benoemd in het plan slecht worden uitgevoerd.

In de derde plaats is het nodig vast te stellen of de behoeften van de cliënt en de inhoud en uitvoering van het hulpverleningsplan nog wel in evenwicht met elkaar zijn: het kan zijn dat de behoeften van de cliënt zijn veranderd of verminderd, waardoor het niet nodig is het plan nog steeds 'op volle sterkte' uit te voeren.

Vragen die aan de orde kunnen komen in een evaluatie van het hulpverleningsplan zijn bijvoorbeeld:
- Vindt u dat het hulpverleningsplan nog relevant is?
- Zijn de doelen zoals geformuleerd in het plan of in onderdelen van het plan nog relevant gezien de behoeften van de cliënt?
- Zijn bij de cliënt nieuwe behoeften ontstaan waardoor het huidige plan bijgesteld dient te worden?
- Worden de activiteiten zoals omschreven in het hulpverleningsplan goed uitgevoerd en hebt u de indruk dat uw activiteiten als deelnemer aan de uitvoering van het plan aansluiten op die van de andere teamleden?

Het is van belang dat de casemanager de evaluatiebijeenkomsten goed voorbereidt in die zin dat hij zorgt dat het benodigde materiaal van tevoren beschikbaar is. Het is niet aan te bevelen om van een evaluatiebijeenkomst een soort brainstorming te maken zonder dat aan de deelnemers duidelijk is met welke vragen zij van tevoren hun materiaal hebben moeten doornemen om adequate informatie over de voortgang van de hulpverlening te kunnen leveren. Bij de voorbereiding van de evaluatie door de leden van het uitvoeringsteam kan gevraagd worden of zij alvast wat suggesties willen bedenken voor verbeteringen in het plan als zij menen dat die moeten worden aangebracht.

Het gaat bij het evalueren van het hulpverleningsplan om het in beeld krijgen van de sterke en de zwakke kanten in de uitvoering van het plan en het vaststellen van maatregelen om de kwaliteit te verbeteren.

De doelen
Bij de evaluatie van al of niet bereikte doelen kan de casemanager de volgende stappen zetten.

1. *Vaststellen welk doel bereikt moet zijn*
Dit doel is direct afgeleid van het hulpverleningsplan.

2. *Vaststellen van de sleutelbegrippen die een rol spelen in de evaluatie van al of niet bereikte doelen*

De casemanager moet die begrippen goed specificeren omdat een globale omschrijving niet te meten is. Bijvoorbeeld: vergroting van sociale vaardigheid is niet te meten wanneer niet duidelijk is op basis van welk soort functioneren van de cliënt af te meten is of en in welke mate zijn sociale vaardigheid vergroot is.

3. Beschrijven van de indicatoren

De casemanager moet aangeven welke indicatoren richtinggevend zijn bij de beoordeling van de kwaliteit van de bereikte doelen. Deze indicatoren kunnen slaan op gedrag, op houding, op waarneming of kunnen van fysieke aard zijn zoals werk, huisvesting, et cetera.

4. Aangeven van de middelen waarmee gegevens verzameld zullen worden

Dit betekent dat de casemanager vaststelt welke instrumenten gebruikt zullen worden om bepaalde onderdelen van het plan te onderzoeken. Er is veel geschreven over wat goede instrumenten zouden zijn en ook hoe deze instrumenten op het terrein van de hulpverlening gebruikt kunnen worden.

Er staan de casemanager vele instrumenten ter beschikking zoals vragenlijsten, interviewmiddelen, logboeken van cliënten en gedragsobservaties. Dezelfde instrumenten kunnen gebruikt worden voor zowel evaluatieve doeleinden als voor assessment zodat de casemanager gegevens kan verzamelen die de verandering in de situatie van de cliënt op langere termijn betreffen.

5. Beschrijven van de herkomst van gegevens

Wie en wat zijn de bronnen van de gegevens die de casemanager verzameld heeft? Deze vraag wordt ten dele beantwoord door te weten welke instrumenten gebruikt worden om de relevante gegevens te verzamelen. De casemanager heeft hoe dan ook de beschikking over een reeks bronnen van informatie waardoor hij in staat is een brede keuze te maken. Sommige hiervan betreffen de cliënt, sommige belangrijke anderen, andere professionals, casusverslagen en andere gegevens afkomstig uit instellingsmateriaal.

6. Frequentie van materiaalverzameling

Het is niet nodig informatie slechts op een bepaald vast moment te verzamelen. De casemanager kan gebruik maken van verschillende observatieperioden zodat hij de vorderingen van de cliënt met betrekking tot een bepaald doel over een langere periode kan volgen.

De uitkomsten

Van groot belang bij de evaluatie zijn, uiteraard, de uitkomsten van de hulpverlening tot op dat moment. De uitkomsten kunnen gemeten worden naar de mate waarin de cliënt in staat is beter te functioneren in zijn dagelijks leven. Is zijn zelfstandigheid vergroot, is zijn sociale vaardigheid toegenomen, is hij beter in staat zelfstandig zijn behoeften te realiseren, et cetera?

In feite kunnen we stellen dat alle doelen zoals gesteld in het hulpverleningsplan als vragen in de evaluatie terug moeten komen. Ook hier geldt weer dat er niet te grote en daardoor wat abstracte omschrijvingen van de doelen gemaakt moeten zijn wil het mogelijk zijn op concrete punten te evalueren. De evaluatie van de uitkomsten moet zowel de positieve als de negatieve uitkomsten betreffen. Het is altijd mogelijk dat een situatie (of aspecten daarvan) verslechteren onder invloed van bepaalde interventies. De oplossing van het ene probleem kan een ander probleem aan de oppervlakte brengen.

De evaluatie van de uitkomsten is in zekere zin een kwestie van rekenen: de positieve uitkomsten (zowel bedoelde als onbedoelde, de neveneffecten) moeten gewogen worden ten opzichte van de negatieve uitkomsten (voorzien en onvoorzien). Wanneer winst en verlies vergeleken worden kan een evenwichtig beeld van de situatie verkregen worden. Ook zal bij de uitkomsten gekeken moeten worden naar effectiviteit en efficiency.

Effectiviteit slaat op de mate waarin de gebruikte methoden effectief (doeltreffend) waren in relatie met de uitkomst. *Efficiency* slaat op de krachtsinspanningen en de kosten die besteed zijn om het doel te bereiken. Het mag soms effectief zijn om een punaise met een voorhamer in de muur te slaan, het is niet erg efficiënt omdat het werkje ook gedaan kan worden met gebruikmaking van een minder krachtig werktuig. Een methode is dus efficiënt als de uitkomst bereikt kan worden met een minimum aan kosten. Onder kosten worden dan verstaan: geld, tijd, stress, belasting.

Zou een hulpverlener dezelfde doelen bereikt kunnen hebben door drie maanden met een gezin te werken in plaats van zes? Was de toegevoegde winst in de laatste drie maanden het waard de extra tijd eraan te spenderen? Wat zouden werker en gezin in die tijd anders hebben kunnen doen?

Hoewel dergelijke vragen natuurlijk bij de aanvankelijke planning door de casemanager bezien moeten worden, moeten ze opnieuw aan het eind van de hulpverlening bekeken worden in het licht van de actuele ervaringen. Het mag misschien een spelletje lijken je af te vragen hoe dingen anders gegaan zouden kunnen zijn, maar een dergelijk kritisch onderzoek schept wel het klimaat voor professionele groei.

Een andere vraag die gesteld moet worden bij het evalueren van de uitkomsten betreft ook de evaluatie van de methoden die in de hulpverlening gebruikt zijn. Waardoor zijn er veranderingen opgetreden? Hoe werkten de daarbij gebruikte methoden? Wat bevorderde en wat belemmerde het proces? Trad verandering (positief of negatief) op dankzij of in weerwil van de interventie van het uitvoeringsteam? Kunnen de veranderingen worden toegeschreven aan factoren die het team kan herkennen? Deze vragen kunnen alleen beantwoord worden door middel van goed opgezette evaluaties. Zij kunnen ook inzicht geven op welke manier procedures en technieken werken of niet werken, hoe er in de toekomst verder mee gewerkt kan worden en hoe ze eventueel veranderd kunnen worden.

Ook het punt van goede timing is belangrijk bij het verzamelen van gegevens ten dienste van de evaluatie. Omdat de mogelijkheid bestaat dat de uitkomst aan het eind van de hulpverlening niet de laatste is, kan het wenselijk zijn na verloop van tijd een follow-up evaluatie te plannen. Maar er bestaan ook problemen bij zulke follow-up studies. Zo bestaan er ethische vragen zoals in hoeverre een follow-up na beëindiging van de hulpverlening een overschrijding van het recht van de cliënt op privacy betekent. Er zijn ook praktische problemen. Hoe langer de casemanager wacht met het doen van de follow-up, des te meer vertrouwen hij erin kan hebben dat het gewenste gedrag of de wijzigingen in de omstandigheden van de cliënt blijven bestaan, maar des te moeilijker wordt het ook om te onderscheiden welke effecten te maken hebben met de *hulpverlening* en welke bijvoorbeeld met het dagelijks leven van de cliënt.

8.2 Evaluatie van de werkwijze van het uitvoeringsteam

Een tweede gebied waar de evaluatie zich op dient te richten is het functioneren van het uitvoeringsteam, zowel voor de proceskant als de productkant. Het feit dat er een team van nogal gemengde samenstelling (cliënt, leden van diens sociale netwerk, professionals) aan het werk is betekent wel dat goed gelet moet worden op de effectiviteit ervan. Hierbij zijn twee dimensies van evalueren van belang. In de eerste plaats moet gekeken worden naar de effectiviteit van de interactie in het team.

Moxley (1989) geeft de volgende checklist voor de procesevaluatie van het team:

Ja	Nee	
		1 In het team nemen de leden tijd elkaar op meer persoonlijke basis te leren kennen.
		2 Het team neemt voldoende tijd om alle leden in de gelegenheid te stellen zich te oriënteren op de doelen van de bijeenkomst.
		3 Groepsnormen versterken de samenwerking in plaats van dat ze competitie oproepen.
		4 Leden worden aangemoedigd hun gevoelens en ideeën met betrekking tot het werk van het team te uiten.
		5 Leden worden aangemoedigd en uitgenodigd een bijdrage te leveren aan het teamwork.
		6 Het team bevordert deelname van de cliënt.
		7 Conflicten tussen teamleden mogen openlijk aan de orde komen en er mag aan gewerkt worden.
		8 Teamleden kennen elkaars taken en bevoegdheden in het team.
		9 Leiderschap wordt toegekend aan degene die het best in staat is de taken die vervuld moeten worden te verdelen.
		10 Er zijn teamleden die in staat zijn deelname te bevorderen, spanning te verminderen, actief te luisteren, conflicten op te lossen.
		11 Het team is klein genoeg om de leden in staat te stellen effectief te werken.
		12 Het team bekijkt elke bijeenkomst of het nog steeds goed werkt.
		13 Er worden besluiten genomen die inderdaad van belang zijn om goed werk te leveren.
		14 Besluiten worden meestal met consensus genomen.
		15 Tijdens de teambijeenkomsten kunnen informele trainingen plaatsvinden bedoeld om als team effectiever te leren werken.

In de tweede plaats moet gekeken worden of het werk wat het team doet werkelijk een bijdrage levert m.b.t. de problematiek van de cliënt. Evaluatie van het teamwerk is vormend in die zin dat de evaluatie kan gebeuren tijdens de afronding in iedere bijeenkomst. Deze informatie kan dan tijdens de oriëntatieronde op de volgende bijeenkomst bezien worden. Door op een dergelijke manier te werken kan het team de vinger aan de pols houden met betrekking tot het effect van wat het doet.

Om dit in beeld te brengen maken we opnieuw gebruik van een schema van Moxley (1989).

Ja	Nee		
		1	De behoeften van de cliënt staan centraal in het werk van het team.
		2	Leden zijn op de hoogte van de agenda van iedere vergadering.
		3	Het team bekijkt de agenda bij aanvang van iedere bijeenkomst.
		4	De informatie over en de hulpmiddelen voor het bereiken van het doel van de vergadering zijn adequaat.
		5	De duur van de vergadering is voldoende om de agenda af te werken.
		6	Het team heeft een aantal procedures vastgesteld om goed te kunnen werken.
		7	Tijdens iedere bijeenkomst worden vorderingen gemaakt m.b.t. het bijstellen en uitvoeren van het hulpverleningsplan.
		8	In het plan zijn de opvattingen van de cliënt opgenomen.
		9	In het plan zijn opvattingen van leden van het sociale netwerk opgenomen.
		10	Het team is voldoende toegerust om het werk aan te kunnen.
		11	Aan het eind van iedere bijeenkomst wordt het product van de werkzaamheden bekeken.
		12	Over het geheel genomen werkt het team effectief.
		13	Over het geheel genomen werkt het team effeciënt.

8.3 Evaluatie van de tevredenheid van de cliënt

In toenemende mate zien we dat instellingen op het gebied van de hulpverlening in het kader van kwaliteitszorg tevredenheidsonderzoeken onder hun cliënten doen. Zo is bekend dat verschillende Sociaal Pedagogische Diensten (Vaartjes 1995) al geruime tijd tevredenheidsonderzoeken uitvoeren onder cliënten en hun familieleden. Tevredenheidsonderzoeken zijn het belangrijkste onderdeel van de evaluatie omdat hiermee uiteindelijk de waarde van de hulp- en dienstverlening getoetst wordt. Het gaat er niet om of het team tevreden is, maar het gaat er om dat de cliënt als meest belangrijke participant aan de hulpverlening tevreden is.

Het is ook een van de meest lastige onderdelen van de evaluatie omdat er soms irrationele factoren een rol in spelen. Zo kan het voor de cliënt soms lastig zijn om zijn ontevredenheid over de hulpverlening te uiten als hij zich afhankelijk voelt van de leden van het uitvoeringsteam of als hij op hen is gesteld. Zeker wanneer mensen uit het sociale netwerk van de cliënt bij de uitvoering van de hulpverlening betrokken zijn kan het zijn dat de cliënt zich niet vrij voelt kritiek op hun prestaties te leveren. Het is dan juist de taak van de casemanager cliënt en teamleden te leren feedback te geven en te ontvangen met betrekking tot de vraag wat uiteindelijk de waarde van de hulpverlening voor de cliënt is. Dat vereist kundigheid van de casemanager om een klimaat van niet-veroordeling en van veiligheid te creëren.

De casemanager kan de cliënt uitnodigen zijn evaluerende uitspraken te doen op vier items:
- Ervaart de cliënt de hulpverlening als relevant gezien zijn behoeften?
- Merkt de cliënt in zijn dagelijks leven dat zijn behoeften gerealiseerd worden met behulp van het uitvoeringsteam?

- Ervaart de cliënt de hulpverlening als een bijdrage aan de groei van zijn eigenwaarde, zelfrespect en zelfbepaling?
- Ervaart de cliënt zich als een volwaardig lid van het uitvoeringsteam?

> *Ga nu naar het oefengedeelte van de cd-rom. Doe de oefening* **'Evalueren'**.

Literatuur

Achterhuis, H., *De markt van welzijn en geluk*. Baarn 1980.
Adviescommissie Wet op de Jeugdzorg (1999), *Van antwoord naar vraag. Een nieuw zicht op jeugdzorg.* Den Haag: Ministerie van VWS.
Assenbach, T.M., *Assessment and Taxonomy of child and adolescent psychopathology*. Beverly Hills, Sage, 1985.
Auvine, B., B.Densmore, M.Extrom, S.Poole, M.Shanklin, *A manual for group facilitators*. Madison, WI: Center for Conflict Resolution, 1978.
Baars, H.M.J., *Sociale netwerken van ambulante chronische psychiatrische patiënten*. Maastricht: Rijksuniversiteit Limburg, Proefschrift 1994.
Baars, H.M.J., en M. Verschuren-Schoutissen, Sociale-netwerkanalyse: een diagnostiek van de maatschappelijke inpassing. In: *Handboek Dagbesteding*. Houten april 1998.
Baars, H.J.M., *Handleiding Maastrichtse Sociale Netwerk Analyse*. Sociale Netwerk Studies, Cahier 16. Academisch Psychiatrisch Centrum, Sociale Psychiatrie, Universiteit Maastricht 1997.
Baart, A., Zich afstemmen op de onafgestemden. *Sociale Interventie*. Jaargang 9, 2000(a) 1, 4-21.
Baart, A., Wat me een zorg zal zijn. *Sociale Interventie*. Jaargang 9, 2000(b) 2, 33-36.
Baart, A. en G. van der Laan, Sociale Interventie: koppeling van theorie en praktijk. *Sociale Interventie*. Jaargang 11, 2002.
Bachrach,L.L. Case Management: Toward a Shared Definition In: *Hospital & Community Psychiatry*, 1989, 40 nr.9.
Bauman, Z., Ben ik mijn broeders hoeder? *Sociale Interventie*. Jaargang 9, 2000-2, 20-26.
Beck, U. *Risikogesellschaft. Auf dem Weg in eine andere Moderne*. Suhrkamp, Frankfurt, 1986.
Beenackers, A.A.J.M.,Vangnet & Advies Gooi en Vechtstreek. *Maandblad Geestelijke volksgezondheid* 57 (2002), p. 950-967.
Bekkum, D.van en T.Filedt Kok-Weimar, *Onderweg naar vraaggestuurde zorg, jeugdgezondheidszorg als schakel tussen curatie en preventie*. Maandblad Geestelijke volksgezondheid 55, 6/7 2000.
Benson, J.K., The interorganizational network as a political economy. In:
Administrative Science Quarterly 20, 1975.
Berg, Th.van den, M.Glas, *Trajectbegeleiding werkloze allochtone jongeren*. NIZW Utrecht 1991.
Bersselaar, V. van den (red.), *Zorgvuldig hulpverlenen. Maatschappelijk werk en sociale participatie*. Assen, 1999.
Boer, J.de, Het 'eigen vermogen' is soms onvermogen. In: *Trouw*, 3 januari 1995.
Boersma, T.P., *Bepaling van de hulpvraag van verstandelijk gehandicapten*. Onderzoek uitgevoerd door de vakgroep Orthopedagogiek van de Rijksuniversiteit Groningen in opdracht van de Spd-Drenthe. Groningen 1993.
Boezeman, L., Zonder regionale samenwerking komt van het zorgconsulentschap niets terecht. In: *SOMMA Informatief*, september 1993.

Bool, M. *Casemanagement voor kinderen van verslaafde ouders. Een literatuurverkenning gevolgd door een inventarisatie van casemanagement praktijken in Nederland.* GGZ Nederland. Utrecht 2002.

Braak, J.J. van den en T.A. van Yperen, *Stand van zaken Toegang tot de Jeugdzorg III.* NIZW Utrecht 1997.

Brand, A.Chr.I., *Evaluatie in de hulpverlening. Toetsen als methode en proces.* Samsom, 1974.

Bransen,E, L. Hulsbosch en J. Wolf. *Samenwerkingsprojecten Openbare Geestelijke Gezondheidszorg voor sociaal kwetsbare mensen.* Trimbos-instituut, 2002-6.

Buren, M. van, G. de Haan. *Klappen met één hand kan niet. Een onderzoek naar de afstemming tussen de subjectieve hulpvraag en het objectieve hulpaanbod.* MWGG, Leeuwarden, 1992.

Buseman, E., Jongeren in verpleeghuizen kwijnen weg tussen hoogbejaarden. In: *Zorg + Welzijn*, jrg 1, 10 februari 1995.

Calis,W. en A.Th.G. van Gennep. *De achterkant van de wachtlijst.* Landelijke Protestants-christelijke Stichting Philadelphia Voorzieningen,1990.

Caplan, G., *Principles of Preventive Psychiatry.* London 1964.

Caplan, G., *Support systems and community mental health.* New York: Behavioral Publications, 1974.

Clarijs, R. De veranderde positie van de cliënt. In: *TJJ* februari 1992.

Commissie Dekker. *Bereidheid tot verandering.* Den Haag, 1987.

Commissie Harmonisatie van normen, *Harmonisatie van normen op het terrein van de jeugdhulpverlening III.* Eindadvies aan de Minister van WVC en de Staatssecretaris van Justitie. Den Haag 1992.

Compton, B.R. en B. Galaway., *Social Work Processes.* Brooks/Cole Publishing Company, Pacific Grove, California 1994.

Consumentenbond, *Vastgelopen in de zorg. De grootste zorgfrustraties van consumenten in beeld.* 's-Gravenhage 2002.

Cox, J.M.P. & F.J.Broekhuizen, *Case management in de psychiatrische hulpverlening -de noodzakelijke schakel.* Discussienota Nationaal Ziekenhuisinstituut, Utrecht februari 1989.

Dahrendorf, R., De overbodige klasse. In *NRC-Handelsblad* 8 juli 1987. Supplement Mens en Bedrijf.

Dales, I., *De sociale vernieuwing. Sociale Politiek in de jaren negentig.* Burgerzaal-lezing, 13 maart 1990.

Davies, B. en D. Challis, *Matching resources to needs in community care. An evaluated demonstration of a long-term care model.* Gower, Aldershot, England 1986.

Dekker, E. Vraagsturing: een paar lastige vragen. *Maandblad Geestelijke gezondheidszorg* 57 (2002), p. 149-151.

Diemer, R., Verpleeghuis Hogewey in Weesp kijkt naar wat de bewoners zelf nog kunnen. In: *Trouw,* 20 september 1995.

Doorn J.A.A. van en C.J.M. Schuyt (red). *De stagnerende verzorgingsstaat.* Boom, Meppel/Amsterdam 1982.

Dozier, M., M. Harris en H. Bergman. Social network density and rehospitalisation among young adult patients. In: *Hospital and community Psychiatry* 38, 1, 1987.

Driedonks, G., Werken met netwerken. Een benadering voor ambulante chronische cliënten. *MGv* 1993 nr.5.

Droës, J. *Case management en Rehabilitatie.* Lezing op het congres 'Case management', Ede 1993.

Droës, J. en J.van Weeghel, Perspectieven van psychiatrische rehabilitatie. *MGv,* 49, 1994, 8.

Erickson, G.D., *Personal networks and mental illness.* York University, York, 1976.

Erickson, G.D., A framework and themes for social network intervention. *Family Process, 23,* 187-204.

Fisher, R., en W .Ury, *Succesvol onderhandelen, de Harvard-aanpak.* Utrecht 1981.

Flikweert, M., J. Mak, E. Kromontono, W. Melief, G. van der Laan, *De uitkomsten van de hulpverlening van MJD Groningen. Een onderzoek naar de ervaren baten en tevredenheid van de cliënten van de eerste opvang en het maatschappelijk werk.* Verwey-Jonker Instituut, Utrecht 2002.

Frankl, V., *De zin van het bestaan.* Rotterdam 1978.

Freire, P., Pedagogie van de onderdrukten. Baarn, 1972.

Literatuur

Frick, W.B. *In gesprek met Maslow, Murphy, Rogers.* Nijkerk 1974.

Geerts, G., en Heestermans, H. *van Dale Groot woordenboek der Nederlandse taal.* Twaalfde herziene druk. Van Dale Lexicografie. Utrecht-Antwerpen 1992.

Genugten, M. van der, *Zorgprogramma's: een zorg of een zegen?* Verslag van de conferentie 'Zorgprogramma's in de GGZ: een zorg of een zegen?', georganiseerd door GGZ Nederland en het Trimbos-instituut, op 1 maart 2002 te Ede. Maandblad Geestelijke volksgezondheid 57, 2002.

Germain, C.B., & A. Gitterman, *The Life Model of Social Work Practice. Advances in theory & practice.* Second edition. Columbia University Press, New York, 1996.

Gersons, B.P.R., en A. Blom. De 'borderline' psychiatrische patiënt. Buiten de samenleving. Buiten de kliniek. In: *Tijdschrift voor Sociale Gezondheidszorg* 67, 8, 1989.

GGZ Nederland, *Brancherapport Geestelijke Gezondheidszorg 1993-1997.* Publieksuitgave: *GGZ op koers.* Utrecht 1998.

GGZ Nederland, *Naar herstel en gelijkwaardig burgerschap. Visie op de (langdurende) zorg aan mensen met ernstige psychische aandoeningen.* Utrecht 2009.

Goffman, E., *Totale Instituties.* Rotterdam, 1975.

Goudriaan, G. Casemanagement, bindmiddel of breekijzer. In: *Tijdschrift voor de Sociale Sector,* nr. 9, september/oktober 1989.

Graaff, H.de, Inleiding op: *Case management. Een zorg minder?* Hans de Graaff (red). SWP, Utrecht, 1991.

Grand, N. le, Casemanagement en drugsverslaving. In: *Case management. Een zorg minder?* Hans de Graaff (red). SWP, Utrecht, 1991.

Grunsveld, J.E.H., H. Huysmans en F. Timmer, *Nieuw ontwerp; vernieuwend organiseren voor GGZ-programma's.* GGZ-Nederland/Nzi, Utrecht 1998.

Hageman-Smit, J., *De cliënt en zijn hulpverlener, een paar apart. Een onderzoek naar de positie van de cliënt in de geestelijke gezondheidszorg.* Alphen aan den Rijn, Samsom, 1976.

Heijmans, M.L., *Casemanagement in de toegang tot de jeugdzorg.* Utrecht 1998.

Hendriks, J., *Emancipatie, relaties tussen minoriteit en dominant.* Alphen a.d.Rijn 1981.

Henselmans, H., Case management in de sociale psychiatrie. *MGv.* 1990 nr.5.

Henselmans, H., *Bemoeizorg, ongevraagde hulp voor psychotische patiënten.* Euburon, Delft 1993.

Hermanides-Willenborg, L., Coördineren en revalideren: een project. *MGv* 1994 nr.11.

Hesser, K.E.H. Case management: enkele inleidende notities. In: *Case management in de jeugdhulpverlening,* redactie C.H.C.J.van Nijnatten. Utrecht 1991.

Holman, A.M., *Family Assessment, Tools for Understanding and Intervention.* Sage Human Services Guide 33. Sage Publications, Inc. Newbury Park, California 1983.

Hoogendam, S. & E. Vreenegoor, *Intensief casemanagement & complexe meervoudige problemen.* Bussum, 2002.

Hortulanus, R., In de marge van de samenleving. Oorzaken, probleemdefinities, interventiestrategieën en uitvoeringspraktijk. In: Dr R.P. Hortulanus en drs J.E.M. Machielse (red.) *In de marge. Het Sociaal Debat deel 1.* Elsevier bedrijfsinformatie bv, 's-Gravenhage 2000.

Houten, B.C.van, Techniek, wetenschap en maatschappij in historisch perspectief. In: D.W. Vaags/J. Wemelsfelder (red) *Techniek, innovatie en maatschappij.* Aula Paperback 87, Utrecht 1987.

Houten, D.J. van en M.C.J.Prins, Kwaliteit en zorg: over zorg-Taylorisme en kwaliteit van leven. *Sociale Interventie,* jaargang 4/1995/2.

Houten, D.J. van, *De standaardmens voorbij. Over zorg, verzorgingsstaat en burgerschap.* Elsevier/De Tijdstroom, Maarssen 1999.

Huyser, J. en A. Schene, Gestalte geven aan een zorgprogramma. *Maandblad Geestelijke volksgezondheid. Themanummer Programma's.* 1999-11 pp. 1156-1160.

Intagliata, J., Improving the quality of care for the chronically mentally disabled: the role of casemanagement. *Schizophrenia Bulletin,* 8, 1982, p 655-647.

Intagliata, J., Barry Willer en Gladys Egri, Role of the family in Case Management of the mentally Ill. *Schizophrenia Bulletin*, Vo.12, no 4, 1986.

Intagliata, J., Improving the quality of care for the chronically mentally disabled: the role of casemanagement. In: Stephen M. Rose: *Case Management & Social Work*, New York 1992.

Kamphuis, M., *Het avontuur in St.Paul*. Samsom, Alphen a.d.Rijn 1963.

Kamphuis, M., Casework en Casemanagement: Nieuw voor oud? *LVMW-Nieuws*, 1991 nr.4.

Kendell, R.E. *The role of diagnosis in psychiatry*. Blackwell Scientific Publications, Oxford 1975.

Kerseboom, J. en K. Geelen, *Persoonsgebonden budget in de geestelijke gezondheidszorg. Evaluatie vanuit cliëntenperspectief*. Utrecht 1999.

Keuning, D. en R.de Lange. *Grondslagen van het management*. Stenfert Kroese, Houten 1995.

Knapen, M., Coördinatie in de thuiszorg: Kanttekeningen bij onderzoeksresultaten, in: *Congresbundel van de studieconferentie 'Coördinatie in de thuiszorg'*, Nederlands Studie Centrum, Rotterdam 1988.

Köbben, A.J.F., De zaakwaarnemer. *Intermediair* 19 (1983) 16-22 april.

Koedoot, C.G., A.A.C. Hommel, E.J. van der Horst, C.P.M. Knipscheer. *De ouderen in het project individuele zorgsubsidie Rotterdam, Deel II*. Longitudinaal onderzoek naar de effecten van zorgbemiddeling en zorgsubsidie. Vrije Universiteit, Vakgroep Sociologie en Sociale Gerontologie. Amsterdam 1991.

Kolkman, H. en J. Vissers. De lijnen buitenspel. Structurering van de samenwerking tussen eerste en tweede lijn. *Medisch Contact* 41 ,1986, nr.1.

Kroon, H. en J.Wolf, Casemanagement voor psychische stoornissen. *MGv 2000-1, 56-59*.

Kuhn, Th.S., *The structure of scientific revolutions*. The University of Chicago Press, Chicago 1962. Nederlandse vertaling: *De structuur van wetenschappelijke revoluties*. Boom, Meppel 1972.

Kuypers, P. en J.van der Lans, *Naar een modern paternalisme*. Over de noodzaak van sociaal beleid. De Balie, Amsterdam, 1994.

Laan, G. van der, *Legitimatieproblemen in het maatschappelijk werk*, SWP Utrecht 1990.

Lafaille, R., in: *Maatschappelijk werk in samenwerkingsverbanden met de eerstelijns-gezondheidszorg*. Joint, 's Hertogenbosch, 1982.

Landelijk Platform Jeugdzorg. *Nu doen. Meningen van ouders en jongeren over de jeugdzorg*. 2002.

Lans, J.van der. De toekomst van het lokale welzijnswerk. Meer verbeelding aan de macht. *Tijdschrift voor de Sociale Sector*, januari 1995 nr.1/2.

Lans, J.van der, N. Medema en M.Räkers. *Bemoeien werkt*. Amsterdam 2003.

Leene, F., Chr.Hermsen, J.Stelwagen, De Multifunctionele Eenheid als Paard van Troje? *MGv*, 1995-1, pag.15-27.

Lieshout, P. van en B. Stoelenga. Echelonnering in de geestelijke gezondheidszorg: een historische vergissing. *MGv*, 43, 1988, 3.

Lieshout, P.van. Casemanagement: tien lessen voor de toekomst. In: Hans de Graaff (red), *Casemanagement: een zorg minder?* SWP, Utrecht, 1991a.

Lieshout, P.van. Zorg en welzijn als antenne voor het functioneren van de samenleving. *Tijdschrift voor de sociale sector*, juni/juli 1991b, nr. 6.

Lieshout, P.van, Het cliëntgebonden budget. Doelstellingen en dilemma's. In: *Tijdschrift voor de Sociale Sector* 1994 nr.12.

Lohuis, G., R. Schilperoort & G. Schout, *Van bemoei- naar groeizorg. Methodieken voor de OGGZ*. Groningen 2000.

Lunsingh Scheurleer, M., Het profiel van de casemanager. In: *Casemanagement in de jeugdhulpverlening*, onder redactie van C.van Nijnatten. Uitgave SWP Utrecht 1991.

LVG. Cahier: *Thema innovatiemethode*, Utrecht 1986.

LVG. Congresmap: *Gezondheidscentra, kweekbak of vergaarbak?* Utrecht 1987.

Marshall, M., A. Gray, A. Lockwood & R. Green, *Case managament for People with Severe Mental Disorders*. The cochrane Library, Issue 1, 1998.

Maslow, A.H. *Motivatie en persoonlijkheid*. Rotterdam 1972.
Mastenbroek, W.F.G., *Onderhandelen*. Derde gewijzigde druk. Marka Utrecht 1987.
Meyer, C.H. *Assessment in Social Work Practice*. Columbia University Press. New York 1993.
Ministerie van Welzijn, Volksgezondheid en Cultuur en Ministerie van Justitie, *Regie in de jeugdzorg*. Den Haag 1994.
Ministerie van Volksgezondheid, Welzijn en Sport, 1995a. *De perken te buiten. Meerjarenprogramma Intersectoraal Gehandicaptenbeleid 1995-1998*.
Ministerie van Volksgezondheid, Welzijn en Sport. Beleidsbrief *Persoonsgebonden Budget, Zorg in Portefeuille*. Den Haag, 1995b.
Ministerie van Volksgezondheid, Welzijn en Sport.*Beleidsvisie Geestelijke Gezondheidszorg 1999*. Den Haag 1998.
Ministerie van Volksgezondheid, Welzijn en Sport. *Sturen op doelen, faciliteren op instrumenten. Beleidskader ten behoeve van gemeenten ter ondersteuning van lokaal sociaal beleid*. Den Haag 1998.
Ministerie van Volksgezondheid, Welzijn en Sport. *Beleidskader Wet op de jeugdzorg*. Den Haag, 9 juni 2000.
Ministerie van Volksgezondheid, Welzijn en Sport. *Brancherapport Volksgezondheid. Deelrapport Geestelijke Gezondheidszorg en Maatschappelijke Zorg*. Eerste proeve. Den Haag, 2001.
Ministerie van Volksgezondheid, Welzijn en Sport. *Met zorg kiezen. De toerusting van patiënten en consumenten in een vraaggestuurde zorg*. Den Haag 2001.
Ministerie van Volksgezondheid, Welzijn en Sport. *Nieuwsbrief Jeugdzorg*. 1ᵉ Jaargang nr.4. Den Haag 2002.
Ministerie van Volksgezondheid, Welzijn en Sport. *Erbij horen. Advies taskforce vermaatschappelijking Geestelijke gezondheidszorg*. Den Haag 2002.
Ministerie van Volksgezondheid, Welzijn en Sport. *Voortgangsrapportage jeugdzorg 2003-2006*. Den Haag, september 2002.
Morrice, J.K.W., *Crisisinterventie, praktische richtlijnen voor sociale psychiatrie*. Nijkerk 1980.
Moxley, David P. *The practice of case management*. Sage Human Services Guide 58. Sage Publications Inc. California 1989.
Mueller, D.P. Social networks: a promising direction for research on the relationship of the social environment to psychiatric disorder. *Social Science and Medicine*, 1980 nr.2.
Nagy, I. Boszormenyi en G.M. Spark, *Invisible Loyalties: Reciprocity in Intergenerational Family Therapy*. Harper & Row, New York 1973.
NASW (National Association of Social Workers), Case Management in Health, Education, and Human Service Settings. In: *Policy Statement*, NASW 1987. Dit artikel is als herdruk opgenomen in: S.M. Rose, *Case Management & Social Work*. New York 1992.
Nationale Raad voor de Volksgezondheid, *De zorgconsulent. Conceptadvies*. Zoetermeer, 21 juni 1995.
Nederlandse Vereniging van Maatschappelijk Werkers, *Beroepsprofiel van de maatschappelijk werker*. 10ᵉ herziene druk. Utrecht, 1999.
Nieuwenhuyzen, M. van, Crisis, crisisinterventie en crisis (interventie) centrum. *MGv*, mei 1976.
Nota Sociale Vernieuwing (1990). *Tweede Kamer*, vergaderjaar '89-90, 21455, nr.4.
Nota, P.H., R.A. van der Schaft en T.A. van Yperen, *Toegang tot de jeugdzorg. Functies en systeemeisen*. Utrecht 1997.
Obers, J. Gewóón doen, gewoon dóén. In: *Somma Informatief*, jrg 14, nummer 3, september 1994.
Pauka, T. en R. Zunderdorp. *Banaan voor gevorderden. Ervaringen met cultuurverandering onder ambtenaren en politici*. Nijgh en van Ditmar. 1990.
Philipsen, H. *Case management, teksten*. EvC Organisatiebureau Haarlem en Stichting TWW. Haarlem 1989.

Project Preventie Arbeid en Gezondheid, *Protocol 'Mensen in de ziektewet'*, Amsterdam april 1991.
Projectgroep Toegang, *Toegang tot de jeugdzorg*, eindadvies projectgroep Toegang, mei 1999.
Raiff, N.R. en B. Shore, *Advanced Case Management. New Strategies for the Nineties*. Sage Human Services Guide 66, Newbury Park 1993.
Reinke, B. en J.R. Greenley. Organizational analysis of three community support program models. *Hospital and Community Psychiatry* 37 (1986), 6.
Rest, E. van & D. Roosma. Intersectorale programmering in de jeugdzorg. *Maandblad Geestelijke volksgezondheid* 54 (1999).
Riet, N.van, Signaleren, essentie van en voor maatschappelijk werk. In: *Handboek Maatschappelijk Werk*. Houten-Diegem 1995.
Riet, N. van en H.S.Wouters, *Mondig worden met taal. Over taal en hulpverlening*. Assen 1989.
Riet, N. van en H.S.Wouters, *Macht te boven. Onderhandelen vanuit een onmachtspositie*. Utrecht 1990.
Riet, N.van en H.S.Wouters. *Sociale Vernieuwing, een trendstudie*. Hogeschool van Amsterdam, Maart 1992.
Riet, N. van en H.S. Wouters. *Met het oog op morgen*. Studie toekomstverkenning uitgevoerd in opdracht van de Projectgroep (H)erkende kwaliteit Maatschappelijk Werk en Dienstverlening. Amsterdam 1997.
Riet, N. van en H.S.Wouters. *Helpen=Leren. Emanciperende hulpverlening als methode van het maatschappelijk werk*. Assen 2002.
Riet, N. van. *Social Work. Mensen helpen tot hun recht te komen*. Assen 2006.
Roberts-DeGennaro, M., Developing case management as a practice model. *Social Casework*, 68. 1987, nr. 8.
Room, G., Poverty in Europe. Competing paradigms of analysis. In: *Policy and politics*, 23, 2, p.103-113.
Rose, S.M., *Case management & Social Work Practice*. Longman New York 1992.
Ross, H., *Proceedings of the Conference on the Evaluation of Case Management Programs* (March 5-6, 1979). Los Angeles: Volunteers for Services to Older Persons, 1980.
Rothman, J., *Guidelines for Case Management. Putting Research to Professional Use*. F.E. Peacock Publ.inc. Itasca, Illinois 1992.
Rubin, Allan. Case Management. In: Stephen M. Rose, *Case Management & Social Work Practice*. Longman, New York 1992.
Rycken, J. *Samen werken aan welzijn. Een gemeenschappelijke onderneming van burgers, overheid en welzijnswerk*. Utrecht 1997.
Schadé, E., *De huisarts een zorg*, oratie, Bohn, Scheltema & Holkema, Utrecht/Antwerpen 1989.
Schene, A.H. en H. Verburg (red.), Programma's. Themanummer van het *Maandblad Geestelijke gezondheidszorg*, 1999 nummer 11.
Schnabel, P., Vergroting van de maatschappelijke cohesie door versterking van de sociale infrastructuur. Probleemverkenning en aanzet tot beleid. In: Dr R.P. Hortulanus en drs J.E.M. Machielse (red.) *In de marge. Het Sociaal Debat deel 1*. Elsevier bedrijfsinformatie bv, 's-Gravenhage 2000.
Schumacher, C., Algemeen maatschappelijk werk, 'Houtje touwtje' binnen professionele kaders. In *Tijdschrift voor Agologie*, 1991 nr.4.
Schuyt, Th.N.M. Casemanagement en verzorgingskapitalisme. *Tijdschrift voor Agologie*, 17 (1988), 6.
Schuyt, Th.N.M. Achtergronden van casemanagement. In: *Casemanagement. Een zorg minder?* Hans de Graaff (red). SWP, Utrecht, 1991.
Schuyt, Th. N.M. en M. Steketee (red.) *Zorgethiek. Ruimte binnen regels*. Utrecht 1998.
Sölle, D., *Plaatsbekleding*. Baarn 1966.
Specht, Harry, Mark E. Courtney, *Unfaithful Angels. How Social Work Has Abondoned Its Mission*. New York, The Free Press 1994.

Speck, Ross V. en Carolyn L. Attneave, *Family Networks*. Vintage Books, New York 1973.

Stam, C. De zorgen achter de voordeur. *Zorg + Welzijn, 26 februari 2003, nr.4*.

Steinberg, R.M., G.W. Carter, *Case Management and the Elderly: a Handbook for Planning and Administering Programs*. Lexington, Mass., Toronto 1983.

Stikker, Annie J., *Case-management*. Nederlands Instituut voor Maatschappelijk Werk Onderzoek, Den Haag 1989.

Stoelinga, B. en P. van Lieshout, Functies en programma's in de GGZ: een perspectief. In: *Maandblad Geestelijke Volksgezondheid*, 1991-9.

Vaartjes, J., Kwaliteitsonderzoek levert schat aan informatie op. In: *SOMMA informatief*, jaargang 15 nr.3, 1995.

Tonkens, E. en R. Gabriëls, De dubbele binding in het grote-stedenbeleid. *Tijdschrift voor de Sociale Sector*, maart 2000.

Treffers, Ph.D.D, (red) Jeugdzorgen. *Maandblad Geestelijke volksgezondheid*, 2000, nr. 7/8.

Tronto, J., *Moral boundaries. A political argument for an ethic of care*. New York Londen Routledge 1993.

Veen, R. van der, De morfologie van de marginaliteitsbestrijding. Een kort essay over de complementariteit van structurele maatregelen, professionele dienstverlening en persoonlijke betrokkenheid. *Sociale Interventie*, 2000 – 1, p. 35-41.

Verburg, H., A. Schene en T. van Yperen, Programma's in de GGZ: een kritische analyse. *Maandblad Geestelijke volksgezondheid* 54 (1999) 11 pag. 1217-1226.

Verburg, H., G. Franx en K. Geelen, GGZ programma's: krijgen cliënten wat ze willen? *Maandblad Geestelijke volksgezondheid* 57 (2002) p. 226-229.

Verheij, F. *Behandelingsplanning in de Jeugdhulpverlening, Jeugd GGZ en het Speciale Onderwijs*. SWP, Utrecht, 1993.

Verhulst, F.C., Principes. In: Prof. Dr. F.C. Verhulst en Dr. F. Verhey (red). *Kinder en Jeugdpsychiatrie. Onderzoek en Diagnostiek*. Van Gorcum, Assen/ Maastricht, 1992.

Vugs, I. *Is casemanagement zorgvernieuwend? Zorgcoördinatie en casemanagement voor verstandelijk gehandicapten vanuit het Regionaal Steunpunt Eindhoven en de Kempen*, 1991.

Waal, A. van der. *Jongeren in een verpleeghuis, worden ze wel gehoord?* Hogeschool Rotterdam, 2007.

Watzlawick, P., J. Beavin, D. Jackson. *De pragmatische aspecten van de menselijke communicatie*. Deventer, 1970.

Watzlawick, P., J.H. Weakland, R. Fisch, *Het kan anders, over het onderkennen en oplossen van menselijke problemen*. Van Loghum Slaterus, Deventer 1974.

Weeghel, J. van, Bouwstenen voor regionaal beleid. In: *Tijdschrift voor de Sociale Sector*, 1995 nr.7/8.

Weeghel, J. van en M.Mos, Een zorgprogramma voor mensen met ernstige en langdurige psychische problemen. *Maandblad Geestelijke volksgezondheid* 1999 11 pag. 1144-1155.

Wennink, J. en G. Goudriaan. Casemanagement in de thuiszorg. In: *Casemanagement. Een zorg minder?* Hans de Graaff (red). SWP, Utrecht, 1991.

Willems, A.P., *Coördinatie van zorg*. Niet opeisen maar aanpakken. NIZW 1991a.

Willems, A.P. Casemanagement: een theoretische beschouwing. In: *Studiedagverslag 'Zorg zonder grenzen. Over casemanagement, theorie en praktijk'*. Gelders Instituut voor Welzijn en Gezondheid, 1 november 1991b.

Willems, A.P., Coördinatie van zorg op het continuüm van vraag en aanbod. In: *Casemanagement. Een zorg minder?* Hans de Graaff (red). SWP, Utrecht, 1991c.

Wolf, Judith R.L.M., Case management tussen droom en daad. In: *Sociale Interventie*, jaargang 4 nr.2 1995.

Wolf, Judith R.L.M., Connie Mensink, Petra van der Lubbe, Michel Planije, *Casemanagement voor langdurig verslaafden met meervoudige problemen*. GGZ Nederland 2002.

Wolk, J.L., W.P. Sullivan, D.J. Hartman, The Managerial Nature of Case Management. In: *Social Work.* Vol.39, nr.2, maart 1994.

Wouters, H.S., *Chauffeur en voetganger, een paar apart.* Casemanagement in de hulp- en zorgverlening aan verstandelijk gehandicapte personen. Stellingen en methodische aspecten. Lezing, gehouden op 5 juni 1992 voor het NBGZ. Eemeroord, Baarn.

Wouters, H.S., *Emanciperende hulpverlening.* Deel 2 van het Handboek Begeleidingsmethoden voor mensen met een lichte verstandelijke handicap. Redactie: A.M. Bijman-Schulte en Dr. C.G.C. Janssen. Utrecht 1993.

Wouters, H.S., *Wat is de vraag? Dat is de vraag.* Lezing, gehouden op het Politiek Debat Eindhoven, 6 oktober 1993.

Wouters, H.S., Zaakwaarneming, belangenbehartiging en pleitbezorging in het maatschappelijk werk. In: *Handboek Maatschappelijk Werk*, Houten 1995.

Yperen, T.A. van en L. van Geffen, *Screening, diagnostiek en indicatiestelling.* Toegang tot de jeugdzorg. Utrecht 1997.

Ziekenfondsraad, *Het cliëntgebonden budget voor verstandelijk gehandicapten.* Eindrapportage naar aanleiding van het experiment met een cliëntgebonden budget voor verstandelijk gehandicapten. April 1995.

Ziekenfondsraad, *Notitie ten behoeve van de Landelijke Begeleidingscommissie CGB (cliëntgebonden budget)* d.d. 1 april 1993.

Zwaard, J.van der, Onderwijs als totaalconcept. *Tijdschrift voor de Sociale Sector.* Nr. 5, mei 2000.